PPP项目争端解决实务操作系列

PPP项目争端解决实务操作之一

城镇燃气篇

PPP XIANGMU ZHENGDUAN
JIEJUE SHIWU CAOZUO ZHIYI
CHENGZHEN RANQI PIAN

赵洪升　编著

法律出版社 LAW PRESS

作者简介

赵洪升律师致力于为PPP领域中城镇燃气行业提供专业法律服务，曾担任某特大型央企燃气集团区域投资总监及法务总监，在北京盈科律师事务所担任高级合伙人期间作为主要成员发起创立了盈科PPP法律事务研究中心。拥有近二十个地级市城市燃气投资并购项目经验，区域内整合中小型民营燃气公司的法律服务经验，以直接代理或者幕后策划等方式主导某些城市燃气公司间特许经营权的诉讼，并获得胜诉。

赵律师创办的上海赵洪升律师事务所是一家专业为城镇燃气企业以及相关政府和社会资本合作（PPP）项目提供综合性法律服务的律师事务所。

赵洪升律师拥有良好的处理政府关系经验，参与省部级领导主导的谈判会议三次，厅局级领导主导的项目谈判及区域燃气整合会议十几次，县处级领导主持的项目谈判及区域整合会议数十次，这些宝贵的经验为赵律师解决城镇燃气特许经营权争端及点供争端提供了创新型的法律解决方案。

由于在新常态下，城镇燃气的行业业态发生了巨大变化，赵洪升律师事务所与华东政法大学、最高人民法院、国家发改委、中国人民大学、对外经济贸易大学、深圳大学等院校、机构的法学专家、法官及官员，在2016年6月4日于上海举行了“首届ppp争端行政诉讼研讨会”，会上就城镇燃气的特许经营权争端案件的审判实践进行了深入研讨。

就城镇燃气项目的天然垄断性与反垄断法的博弈,赵律师在华东政法大学、上海政法大学、上海对外经贸大学进行了主题演讲,并与相关法学专家教授进行了深入探讨,这为城镇燃气项目的反垄断案件处理提供了前沿理论支持。

内容简介

本书是到目前为止为数不多的以PPP项目中城镇燃气项目争端问题为主题的书籍之一。本书作者凭借丰富的城镇燃气PPP项目法律实务经验，将自己多年的从业经验和法律实务观点相结合，就当前城镇燃气行业PPP项目争端的相关法律问题予以阐述和分析，希望借此帮助广大读者加深对此问题的了解。

本书一共分为三大章，第一章主要通过案例分析的方式介绍了城镇燃气特许经营争端的不同种类，并从行政和司法角度解读了目前相关部门对各类型争端的行政执法倾向和司法裁判观点；第二章则针对点供和城镇管道燃气特许经营权之争进行阐述，从点供的模式、行政审批要求、优势、劣势等方面着笔，转到立法层面对点供的支持和抵制，最后从案例出发，分析法院对点供与特许经营权纠纷的司法裁判观点及行政主管机关对此问题的执法倾向；第三章则从国家发改委等部门各次公布的相关政策角度分析价格机制改革和反垄断对于天然气行业发展趋势的影响，燃气行业业内人士应在充分了解国家宏观政策的基础上作出经营决定和应对决策。除正文部分外，本书亦将案例中适用的相关法律规定及文章中重点提及的法律文件进行收集并以附件方式添加在各章节尾部，供读者参阅。

序　言

在谋求转变经济增长方式、减少地方政府债务的时代背景下，近年来，国务院及相关部委密集出台系列性政策文件，大力推广政府与社会资本合作(PPP)模式，地方政府也积极跟进，纷纷推介各类基础设施和公共服务项目，2015年因之被称为“PPP元年”。党的十八届五中全会进一步明确提出“创新公共基础设施投融资体制，推广政府和社会资本合作模式”、“创新公共服务提供方式，能由政府购买服务提供的，政府不再直接承办，能由政府和社会资本合作提供的，广泛吸引社会资本参与”。可以预见的是，在未来相当长一段时间内，政府和社会资本合作将成为包括城镇燃气供应在内的基础设施和公共服务供给的主导模式。尽管新《行政诉讼法》已将部分政府特许经营协议纠纷纳入了行政诉讼的受案范围之中，但由于PPP法制供给的不足和司法审查经验的匮乏，目前这类行政案件在我国司法实践中尚不多见，也使PPP改革面临着诸多法律风险。

作为一家专事城镇燃气PPP项目纠纷化解业务的律师事务所，上海赵洪升律师事务所秉承“追求卓越、打造精品”的发展理念，短短一年间就取得了不同凡响的业绩。一方面，该所成功代理了多起城镇燃气PPP项目纠纷案件，为当事人挽回了重大经济损失，也为推动政府依法行政作出了积极贡献；另一方面，该所与本人主持的华东政法大学政府法制研究院密切合作，成功举办了“首届PPP项目争端行政诉讼高端论坛”，得到了与会行政法学者及资深行政法官的充分肯定。除此之外,赵洪升律师还在高校和业界举办了多场城镇燃气 PPP 项目纠纷化解的专题讲座,大大推动了 PPP 观念和制度的社会普及。

这本著作是赵洪升律师事务所打造专业精品所的又一重要举措。初读之后,本人觉得该书具有三大“实点”:一是真实性。全书所选案件均系实践中发生的真实案例,都具有较高的分析价值。二是实用性。在分析具体案例时,作者不仅介绍案情、归纳争点、罗列法条,而且还深入解读当下执法倾向和司法观点,具有非常明显的实用性。三是实战性。作者在分析具体案例时,始终抓住“律师办案应如何应对”这一主线,对于引领更多律师同行进入 PPP 项目争端解决领域具有重要的推动作用。

我自 2005 年以来,一直关注行政任务民营化法制研究,在公用事业特许经营等 PPP 研究领域发表了一系列论文,并出版了个人专著。令人欣慰的是,经过学界同仁的共同努力,这一研究领域逐渐成为行政法学研究热点。我与赵洪升律师结识已近一年,他的军人气质、理想情怀和做事勤勉都给我留下了深刻的印象。在其新著即将付印之际,作为朋友和同道,我欣然接受邀请勉力为序,希望更多有理想、有担当的律师能够参与到法治政府建设的伟大征程之中,推动行政法治大业的实现!

是为序。

华东政法大学行政法学科带头人

章志远教授

2016 年 8 月 28 日于出差途中

目　录

Contents

第一章　城镇燃气特许经营权争端解决

第二章　有关点供与城镇管道燃气的争端解决

第三章 天然气市场的反垄断和反不正当竞争

附　件

第 一 章

城镇燃气特许经营权争端解决

主要内容摘要

前言：城镇燃气特许经营权争端现状和类型

主文：1. 政府越权授予特许经营权导致的纠纷

2. 燃气特许经营权重复授权

3. 特许经营区域界线不清或交叉重叠

4. 空白特许经营权历史遗留问题

5. 政府单方收回特许经营权引起的纠纷

附文：案例中涉及的国家及各省份的燃气管理规定汇编

前　言

目前城镇燃气行业中,因特许经营权问题引起的争端非常多。一方面,由于特许经营权是通过行政机关授予的,特许经营权纠纷往往都是政府一方的行政行为引起的或者间接导致的。另一方面,燃气企业是否获得并持续享有特许经营权直接决定其是否有权在特定区域经营燃气业务,可以说特许经营权是一把打开市场的金钥匙,当这把金钥匙被其他人抢夺时,自然会引起燃气企业的强烈反抗。如按照产生原因划分,可将特许经营权纠纷划分出很多种类,以下则通过案例分析的方法,分别对不同种类的特许经营权争端现状和相关问题进行阐述。

争端类型一

政府越权授予特许经营权导致的纠纷

一、典型案例

案例一　北京 A 管道技术有限公司与 B 县住房和城乡建设局合同纠纷案

(一) 案件当事人

上诉人(一审被告):北京 A 管道技术有限公司(以下简称 A 公司)

被上诉人(一审原告):B 县住房和城乡建设局(以下简称 B 住建局)

(二) 案情简介

B 住建局在没有得到 B 县政府授权的情形下,与 A 公司签订《B 县管道燃气特许经营协议》。协议签订后,政府各职能部门亦配合做了相应审批文件。后由于 B 县政府将特许经营权授予另一公司主体,B 住建局及相关行政职能部门对 A 公司的履约行为加强监管、收紧完工期限,最终要求其停业整顿,并起诉至法院要求解除双方特许经营协议。一审、二审法院虽然认可 B 住建局存在违约行为,但均判决解除双方特许经营协议。

(三) 案件详细经过

2007 年 2 月 1 日,B 住建局的前身——B 县建设规划局与 A 公司签订了

《B县管道燃气特许经营协议》,协议约定:经B县人民政府授权,B住建局与A公司签订协议并于10日内发放特许经营授权书。协议约定授权期限为20年,自2007年2月1日至2027年2月1日,地域为B县行政辖区内。协议签订后,B县政府各职能部门为A公司办理了相关批准手续。但B住建局一直未向A公司提供特许经营授权书,A公司也未取得特许经营授权书。

2007年10月24日,B县发改委向A公司下文同意兴建管道天然气工程。

2008年11月10日,C市燃气管理办公室向B住建局下文同意项目可研究报告结论意见并提出指导性意见。

2009年12月31日,B镇政府向A公司下文要求铺设的煤气管道按时完工。

2009年12月31日,B县人民政府下文要求A公司改变并确定储气站的选址。

2010年6月4日,B住建局向A公司发出一份《补充协议》,对工期进行了约定,并要求A公司所做工程应在B县城市总体规划的框架下合理合法运行,如建立有资质的施工队伍,有完整的图纸等。但该补充协议中A公司以B住建局已引进第二家管道燃气公司为由拒签。

2010年6月4日,B住建局向A公司下发限期履约通知,因A公司未完成管道燃气设施建设,未向县城居民供气,要求A公司向B住建局提供担保,签订补充协议,否则解除特许经营协议。

2010年6月30日,B住建局在B县人民政府授予B县瑞丰天然气有限公司(以下简称瑞丰公司)B县行政辖区内30年的管道燃气业务特许经营权的情况下,与瑞丰公司签订了《B县管道燃气特许经营协议》。

2011年4月,由于A公司不按要求单方面施工,造成李畋景观大道改造工程弱电管、自来水管道等管线破损,影响改造工程及道路交通安全,B住建局于4月26日向A公司下发《关于要求立即停止施工的通知》。

2011年7月11日,由于A公司未取得施工许可证便在兴盛大道埋设燃气管道,B 住建局向 A 公司下发《责令停止违法(章)行为的通知书》。

2011 年 7 月 14 日,B 住建局以 A 公司未按要求及相关规范擅自施工为由,向 A 公司发出《关于解除 B 县管道燃气特许经营协议通知书》。

2011 年 11 月 22 日,B 县发改委下发通知,因 A 公司和瑞丰公司不愿意合并经营,要求两家燃气公司分别缴纳保证金到发改委账号上,依此选择、决定哪家燃气公司在 B 县继续经营管道燃气特许业务,或两家均予以解除。

2011 年 12 月 2 日,A 公司请求某担保公司作出了《不可撤销履约保函》,担保金额为 600 万元。

2012 年 4 月 5 日,经 B 县公安局调查核实,A 公司不具备保函的担保能力。

2012 年 10 月 31 日,由于 A 公司未办理相关资质证书,未经批准建立天然气站,B 住建局向 A 公司下发《安全生产行政执法文书责令限期整改指令书》,责令停业整顿。

2012 年 11 月 1 日,由于 A 公司未经许可擅自向用户供气,B 住建局要求 A 公司将站内天然气移出。

2012 年 11 月 21 日,C 市住建局向 B 住建局发出《督办书》,要求主管部门取缔 A 公司。

2012 年 12 月 3 日,B 住建局向 A 公司发出《关于立即停止违法供气的通知》,内容为:2012 年 11 月 1 日市燃气办执法大队对 A 公司供气设施作出了查封处理,要求 A 公司立即停止违法供气,并进行综合执法,对 A 公司的违法行为坚决予以取缔。

2013 年 4 月 19 日,A 公司提出进行天然气管线跨越栗水河的申请,B 住建局局长签署“因正处于扯皮状态不准施工”的书面回复。

A 公司依据协议,完成了部分工程,但未经有关部门验收。

B 住建局起诉至江西省 B 县人民法院(原审法院),要求解除与 A 公司签订的《B 县管道燃气特许经营协议》。

原审法院判决解除双方签订的特许经营协议。A 公司提起上诉,请求撤销原判,改判驳回被上诉人的诉讼请求。

2015 年 3 月 20 日,江西省 C 市中级人民法院(二审法院)判决驳回上诉,维持原判。

(四)本案争议焦点

1. B 住建局与 A 公司于 2007 年 2 月 1 日签订的《B 县管道燃气特许经营协议》为行政合同还是民事合同?

2. 上述协议是否有效?

3. 上述协议是解除还是继续履行?

4. 上述协议如解除,如何赔偿?

(五)原审法院观点

1. 关于双方签订的协议是行政合同还是民事合同?

B 住建局与 A 公司签订的《B 县管道燃气特许经营协议》是在自愿、平等的基础上订立,合同内容包括了民事合同中关于标的、违约责任、争议解决方法等条款,属民事合同范畴。

2. 关于协议效力。

上述合同订立的前提是要有法律效力的行政授权证书。依据双方协议的约定,B 住建局是“要经 B 县人民政府授权”才能与 A 公司签订协议,其未提交授权证据,也未提交授权证书;A 公司在签订协议后,依据协议第 3.1 条约定“本协议签署 10 日内,甲方向乙方发放特许经营授权书,并向社会公布”,A 公司也未提交授权证书。无行政授权的特许经营证书不能产生后期的民事法律关系,该份民事合同也同时违反《中华人民共和国合同法》第四十四条“法律、行政法规规定应当办理批准、登记等手续生效的,依照其规定”,即合同在诉讼前效力待定。

3. 特许经营协议是解除还是继续履行?

直到一审庭审结束,双方均不能提交授权证书,而且 B 住建局诉请是解除与A公司的协议,视为其不同意继续认可其特许经营协议,该协议显然不能继续履行,其合同效力不再待定,应当予以解除。另外,A公司在该民事合同中违约,具体反映在:第一,所建燃气管道、供气站均未经验收,建立天然气站未办理相关资质证书,未经安全设计审查、批准,不具备经营条件;同时,A公司为尽快获得利益,还非法向部分居民供气;在李畋景观大道改造时,不经主管部门同意擅自施工,造成李畋景观大道其他管线破损,影响了交通安全;在兴盛大道铺埋管线时,亦未取得施工许可证。B住建局、C市燃气办执法大队均对A公司的违法行为下发过停止施工、责令限期整改、停止违法供气等行政通知和指令。自协议签订至今,A公司还一直未按国务院《城镇燃气管理条例》的规定取得燃气经营许可证,未按建设部《市政公用事业特许经营管理办法》的规定及协议的约定完善公司的各项制度,未采取符合法律、法规及相关技术规范的各项措施。A公司的行为已严重违反国家有关法律的规定和协议的约定。第二,A公司一直怠于履行合同。其表现在:首先,B住建局、A公司虽约定了20年的燃气管道独家经营权,双方签订时间为2007年2月1日,之后几年A公司一直未主动取得相关批文,对协议怠于履行,有关行政部门已下文要求A公司尽快完成工期;其次,双方所签订协议中虽未约定履行期限,但根据《中华人民共和国合同法》第六十二条第一款第(四)项之规定,“履行期限不明确的,债务人可以随时履行,债权人也可以随时要求履行,但应当给对方必要的准备时间”,B住建局可以随时要求A公司履行。事实上,B住建局除下文要求外,还于2010年6月4日向A公司发出过一份《补充协议》,对工期进行约定,A公司拒签,继续怠于履行协议。第三,合同已不能履行。(1)A公司未办理有关证照,未经安全设计审查,非法进行施工,其行为已受到有关部门的处罚,有的工程要求取缔,所完成的工程因不合要求,至今无法验收。(2)A公司履约中经济实力不济,履约难度大,2011年12月2日,A公司请求深圳市中正华融担保有限公司作出《不可撤销履约保函》为虚假担保。综上,由于B住建局、A公司双方的违约行为,A公司怠于履行合同,A公司履行合同过程中出现的违法行为及经济实力不济的情况,致使合同目的不能实现。

4. 协议解除的情形下，如何赔偿？

B住建局也存在一定过错：在未经B县人民政府授权的情况下与A公司订立民事合同，致使A公司履行了部分合同约定，现又得不到B县人民政府的特许授权；在未解除与A公司签订协议情况下，又与另一家公司签订协议，致使合同无法继续履行，现起诉解除，双方均有一定责任。A公司因投入生产造成的损失，A公司未提起反诉，且B住建局、A公司对A公司所完成工程量一直未向法院提交报告，无法核对和审计，不予合并审理。经调解未成。一审法院依据《中华人民共和国合同法》第九十四条第一款第（四）项的规定，经第112次审判委员会讨论，判决：解除B住建局与A公司于2007年2月1日签订的《B县管道燃气特许经营协议》。案件诉讼费10,000元，由B住建局、A公司各承担5000元。

（六）当事人辩护意见

1. 关于特许经营协议是否有效。

A公司：

一审判决错误地认定双方签订的《B县管道燃气特许经营协议》为效力待定合同。B住建局是B县负责市政公用事业的唯一主管部门，是签署特许经营协议的合法主体，协议中约定的“本协议签署后10日内，B住建局向A公司发放特许经营授权书，并向社会公布”，是B住建局的一项法定义务，而不是协议成立、生效的要件，且B县发改委和C市燃气管理办公室的文件等均足以证明协议的签订已获得B县政府的批准和授权，法律法规并未规定《管道燃气特许经营协议》需要以“批准、登记”作为生效的前提条件，且协议中关于特许经营授权书的发放和公布的约定，既不属于协议生效的前提条件，更不是协议处于待定状态的要件。一审判决若认定合同效力不再待定，那么协议就属无效合同，不存在解除协议的问题。

B 住建局：

因上诉人不履行约定义务，被上诉人于2010年与瑞丰公司签订《B 县管道燃气特许经营协议》，后瑞丰公司曾就该协议向 B 县人民法院起诉被上诉人，B 县人民法院判决确认双方签订的特许经营协议有效。

2. 特许经营协议是解除还是继续履行？

A 公司：

被上诉人 B 住建局存在违约行为，双方签订的《B 县管道燃气特许经营协议》不应解除。2010年6月，被上诉人与瑞丰公司签订《B 县管道燃气特许经营协议》，之后被上诉人向上诉人发出了一系列的要求整改、暂停施工等文件，其目的就是逼迫上诉人退出投资和经营管理，被上诉人实施了根本的、不可逆转的违约行为，协议目的不能实现是被上诉人的违约行为造成的，违约方提出的要求解除协议的请求不应得到支持。

B 住建局：

上诉人在履行协议的过程中存在违约行为，被上诉人有权要求解除协议。

（七）二审法院观点

1. 关于双方签订的特许经营协议是行政合同还是民事合同。

双方签订《B 县管道燃气特许经营协议》属行政合同的范畴，在法律并未明确规定涉及特许经营协议的纠纷应由行政诉讼程序依行政法律法规进行处理的情形下，一审法院按民事诉讼程序进行处理并无不当。

2. 关于特许经营协议效力。

被上诉人作为市政公用事业的相应主管部门，其具有完全的行为能力，法律并未规定其作为一方主体与相对方签订特许经营协议需经过其他主体授权。而根据相关证据显示，在协议签订后，B 县政府各职能部门为上诉人办理了相关批准手续，上诉人也进行了部分工程建设，B 县政府也已以协调会等形式参与了相应纠纷的处理，对于该《B 县管道燃气特许经营协议》的签订，B 县政府应为明知。另外，法律亦未规定《管道燃气特许经营协议》需要以“批准、登记”作为生效的前提条件，双方签订该协议亦不符合《中华人民共和国合同法》规定的合同效力待定的情形，上诉人与被上诉人签订的《B县管道燃气特许经营协议》应属有效，一审判决认定双方签订的《B县管道燃气特许经营协议》为效力待定的民事合同明显不当，本院予以纠正。

3. 关于特许经营协议是解除还是继续履行的问题。

被上诉人一方作为行政机关，签订该协议的目的并不是实现个人或者组织的利益，更多的是为达到维护或增进公共利益、实现公共管理目标的目的，该协议具有公益性，行政主体享有行政优益权。该协议约定“本协议签署后10日内，B住建局向A公司发放特许经营授权书，并向社会公布”，特许经营授权书的取得，是上诉人获得特许经营权并开展相应业务的前提条件，上诉人与被上诉人均未提供证据证实被上诉人已经向上诉人颁发了该特许经营授权书，而实际上被上诉人已经将该特许经营权授予了其他主体，被上诉人存在违约行为，其向法院起诉要求解除该协议，以其行为表示将不予发放特许经营授权书给上诉人。同时，被上诉人作为主管部门，在其明确表示要解除协议的情形下，该协议实际上已经无法履行，上诉人将无法经营B县管道燃气业务，且该协议更多的涉及公共利益，而上诉人在实际的履行过程中亦存在违约行为，至于协议解除后的赔偿问题，双方可以另行处理。因此，上诉人提出的“被上诉人存在违约行为”的上诉理由成立，但其认为不应解除《B县管道燃气特许经营协议》的理由不能成立，本院不予支持。

二、相关法律规定

（一）特许经营权授权主体

根据以下法律规定，特许经营权授权主体为“县级以上地方人民政府有关行业主管部门或政府授权部门”。本案中B住建局在法律上有权授予燃气企业特许经营权，与A公司签署的协议应当有效。但在政府内部，其未获得其上级B县人民政府的授权，在B县人民政府将特许经营权授予其他企业时，B住建局则只能被动违约。对于A公司来说，B住建局并未越权授权，但就B县人民政府和B住建局来说，他们实际上属于“越权授权”，由此产生案例一的诉讼争端。相关规定如下：

《基础设施和公用事业特许经营管理办法》

第九条第一款 县级以上人民政府有关行业主管部门或政府授权部门（以下简称项目提出部门）可以根据经济社会发展需求，以及有关法人和其他组织提出的特许经营项目建议等，提出特许经营项目实施方案。

《天然气基础设施建设与运营管理办法》

第五条 国家发展改革委、国家能源局负责全国的天然气基础设施建设和运营的管理工作。

县级以上地方人民政府天然气主管部门负责本行政区域的天然气基础设施建设和运营的行业管理工作。

《江西省燃气管理办法》（全文见附件）

除案例一所述种类的越权授权，实践中，还存在开发区、工业新区管委会等县级以下行政机构未经上级授权，擅自将特许经营权授予企业的情形。

（二）合同解除条件

根据《中华人民共和国合同法》的相关规定，“当事人一方延迟履行债务或者有其他违约行为致使不能实现合同目的”时，另一方当事人可以解除合同。我们认为本案B住建局应该是依据该条款起诉，请求解除双方特许经营协议。但实际情形是B住建局先将特许经营权授予另一公司主体、存在重大违约行为在先，并通过行政监管权力在一定程度上阻碍A公司履约。这种情形下的A公司的违约是否会致使不能实现合同目的应当予以审查。然而，二审法院却是以B住建局已经将特许经营权授予其他主体的违约行为致使合同目的不能实现,且B住建局"明确表示或者以自己的行为表明不履行主要债务"为由判决合同应当解除,我们认为构成法律适用错误。

《中华人民共和国合同法》

第九十四条　有下列情形之一的,当事人可以解除合同:

……

(二)在履行期限届满之前,当事人一方明确表示或者以自己的行为表明不履行主要债务;

(三)当事人一方迟延履行主要债务,经催告后在合理期限内仍未履行;

(四)当事人一方迟延履行债务或者有其他违约行为致使不能实现合同目的;

……

三、有关越权授权的行政执法倾向和司法裁判观点

(一)特许经营权越权授权的行政执法倾向

越权授权实际是行政主管部门的违法行政许可行为,对于一般违法行政行为来说,利益受损方即行政相对人,但城镇燃气特许经营权的越权行为的利益受损方往往不仅仅是行政相对人(被授权燃气公司),处理不当还有可能会直接损害公共利益。此外,越权授权机构的授权被撤销,行政行为人还会面临内部处分以及大额违约赔偿的双重损失。因此,当燃气主管部门的越权授权行为受到上级主管部门的处理或者被要求作出冲突性行政行为时,越权授权的燃气主管部门往往会因为违约成本过高而利用其行政优越性打压被授权的燃气企业,给对方履约造成阻碍,最终达到解除特许经营协议、收回特许经营权的目的。上述案例一中,为配合B住建局达到的解约目的,B镇政

府、B 县人民政府、B 县发改委、B 县公安局、C 市住建局、C 市燃气办执法大队等相关行政机构均作出相关行政行为,对燃气企业采取收紧完工期限、变更储气站选址、要求提供担保、不颁发施工许可、严厉执法直至责令停业整顿等行政手段,阻碍燃气公司继续履约。从该案例中,我们明显感觉到政府在该份协议中的强势地位。

(二)特许经营权越权授权的法院司法裁判观点

从案例一中,我们可以看到一个奇怪的现象,即 B 住建局作为主要违约方却提起诉讼,要求解除双方特许经营协议,且一审法院和二审法院均在确认其构成违约的前提下,仍然判决支持 B 住建局的诉请,可以看出法院对于行政机关为一方当事人的案件裁判并不等同于一般民事合同纠纷。

1. 法院在民事诉讼中审查特许经营合同是否能够继续履行时,会考虑公权力这个重要因素。由于案例一依据民事诉讼程序处理,民事审判庭对于行政行为人的不当行为无权做出要求纠正的判决,有鉴于此,法院在预见该行政行为会继续实施的基础上,认为双方特许经营协议无继续正常履行的可能性,由此判决解除双方特许经营协议。

该案例实际反映了城镇燃气特许经营权争端的几个突出问题:一是民事诉讼程序对行政机关公权力的约束性有限,民事诉讼审判庭在无权纠正行政行为的情形下审理合同纠纷容易出现法律适用的扭曲;二是特许经营协议的合同效力、合同解除问题是应当适用民事诉讼程序还是行政诉讼程序的问题没有定论,对完善相关立法的需求强烈;三是司法管辖公正性考量,由于城镇燃气特许经营协议中均由当地行政机关作为合同一方当事人,相关合同纠纷可否约定由其他地区法院或者仲裁机构管辖以保障裁判公正性,亦是值得思考的问题。

2. 行政机关为阻碍燃气企业履约而采取的行政监管、处罚等相关行政行为形成的证据材料,法院可能予以采纳。以上提及的民事诉讼程序中,法院不会对行政行为人的行政行为作出审查及判决,那么对于与案件有关的其他行政主体作出的行政行为的正当性就更加不会审查,而是倾向于直接采纳作为燃气企业存在违约行为的相关证明。即使在行政诉讼中,除非企业方将所有相关行政行为人均列为被告起诉,否则法院也无法对一系列的行政行为一一进行审查,对燃气企业而言十分不利。

3. 鉴于城镇燃气属于影响国计民生的社会基础设施建设行业,法院需要衡量怎样裁判能够使公共利益受到的影响最小,且需要将公共利益放在首位、合同双方当事人的利益放在次位进行考量。

四、律师办案如何应对

从案例一中我们可以看出燃气企业相较于行政机关而言,在特许经营协议纠纷中是处于明显弱势地位的。尽管如此,律师如为燃气企业方代理该类纠纷,根据实际案件情况的不同,仍可从以下几个方面考虑代理策略:一是衡量争议解决的方式选择和不同解决方式的利弊,是需要主动提起诉讼,还是等待行政机关采取措施。二是如果走诉讼程序,在当前司法管辖规定不明确的环境下,考虑是采取民事诉讼程序还是行政诉讼程序。这一点需要预先考虑燃气企业希望通过诉讼程序达到的目的后再行选择。三是仔细考量诉讼相对方的选择和具体诉讼请求事项,是选择告官、告被授权的竞争企业,还是告非直接的行政行为机关,是以停止侵害、合同继续履行还是请求经济赔偿等为诉求,均需要在综合衡量后予以选择。

争端类型二

燃气特许经营权重复授权

一、典型案例

案例二　广西D市A管道燃气发展有限公司与B人民政府特许经营合同纠纷案

(一)案件当事人

再审申请人(一审原告、二审上诉人):广西D市A管道燃气发展有限公司(以下简称A公司)

被申请人(一审被告、二审上诉人):B人民政府(以下简称B政府)

被申请人(原审第三人):B住房和城乡建设局(以下简称B住建局)

被申请人(一审第三人、二审上诉人):广西C能源有限公司(以下简称C公司)

二审上诉人:D市市政和园林管理局(以下简称D市市政局)

(二)案情简介

B住建局在县政府授权下与A公司签订特许经营协议,协议签订3年之后又与C公司签订内容一致的特许经营协议。A公司因此起诉要求B政府撤销与C公司签署的特许经营协议。法院判决B政府的行政行为违法,但因撤销合同会损害公共利益,不支持A公司的撤销合同请求。

（三）案件详细经过

2010年4月23日，经B政府授权，B住建局与A公司签订了《B管道燃气特许经营协议书》（以下简称《特许经营协议》），A公司因此取得合同约定的管道燃气特许经营权。

2013年2月25日，B政府与C公司签订《特许经营合同》。在B政府与C公司签订《特许经营合同》之时，与A公司签订的《特许经营协议》并未依法解除或者撤销，两份合同在约定的特许经营权地域和期限上基本一致。

A公司因上述B政府和B住建局重复授权的行政行为提起诉讼，因不服广西壮族自治区高级人民法院（2014）桂行终字第35号行政判决，向中华人民共和国最高人民法院申请再审。

2015年12月30日，最高人民法院裁定驳回A公司的再审申请。

（四）本案争议焦点

在认定重复授权的行政行为违法的情形下，是否应当撤销后签署的特许经营合同？

（五）当事人辩护意见

A公司意见：

1. 原判决适用法律、法规错误，且足以影响裁判公正。B政府没有在法定期间内提供证据，应当认定其与C公司签订《特许经营合同》的行政行为没有证据和依据，依法应予撤销；本案不存在行政行为所依据的客观情况发生重大变化、为公共利益的需要之说，一、二审认定撤销B政府的具体行政行为将会给公共利益造成重大损失，没有事实依据，且适用法律错误，该行政行为应当予以撤销。

2. B政府与C公司签订的合同为违法无效的行政合同。C公司的投资本质上是违法投入，在一审确认具体行政行为违法后，仍扩大的违法损失，依法不应予以保护，该投入不应视为公共利益。A 公司的合同在先且有效，应受到法律的保护；C 公司的合同在后且违法，不应予以保护。A 公司的利益是合法利益，保护合法利益才是真正的保护公共利益。

3. 被诉的 B 政府的具体行政行为违法，已经侵犯了 A 公司的合法权益。A 公司有权对 B 政府作出的行政行为的合法性与合理性和据以作出该行为的证据是否充分要求司法机关审查。因该具体行政行为违法，事后的授权和补救并不能弥补其作出具体行政行为时的缺陷，事后的证据不能作为证明行政行为作出当时具备合法性的证据使用，该行政行为依法应撤销。

B 政府意见：

1. B 政府不存在法定期限内未提交证据的问题。

2. B 政府与 C 公司签订《特许经营合同》是因为 A 公司怠于履行其与 B 住建局签订的协议。

3. 撤销 B 政府与 C 公司签订的《特许经营合同》必然造成公共利益受到重大损失。

4. A 公司的再审申请不符合《中华人民共和国行政诉讼法》第九十一条规定的再审条件。

B 住建局意见：

1. B 政府与 C 公司签订《特许经营合同》是因为 A 公司怠于履行与 B 住建局签订的协议。

2. 撤销 B 政府与 C 公司签订的《特许经营合同》会给公共利益造成重大损失。

3. A 公司的再审申请不符合《中华人民共和国行政诉讼法》第九十一条规定的再审条件。

C 公司意见：

1. B 政府与 C 公司签订《特许经营合同》合法有效，不可撤销。

2. 本案诉讼标的系行政法律关系，不是平等主体之间的民事法律关系，不存在合同签订在先、履行在先的理由。

3. A公司主张B政府没有在法定期限内提供证据，应当认定该行政行为没有证据和依据，该主张不成立。

（六）最高人民法院观点

B政府终止A公司的特许经营权，将该经营权授予C公司，系属擅自改变已生效的行政许可的行政行为，违反法定程序，亦损害了A公司的信赖利益，一、二审法院确认被诉行政行为违法，并无不当。

但是，被诉行政行为违法，并不必然撤销该行政行为。《最高人民法院关于执行〈中华人民共和国行政诉讼法〉若干问题的解释》第五十八条规定，被诉具体行政行为违法，但撤销该具体行政行为将会给国家利益或者公共利益造成重大损失的，人民法院应当作出确认被诉具体行政行为违法的判决，并责令被诉行政机关采取相应的补救措施；造成损害的，依法判决承担赔偿责任。本案中，首先，C公司在签订《特许经营合同》后已经基本完成市政管道铺设，基本建成管道燃气门站等管道燃气供气设施，并已取得D市市政局试运行的批复，可见C公司对工程已有大量投入，燃气供应也已进入试运行阶段，部分辖区内的居民开始接受供气。若撤销该合同，将导致已使用燃气的用户暂停用气，延后尚未使用燃气的居民的用气时间，影响居民的生活；其次，若撤销该合同，A公司如无法接收C公司已建燃气设施，将导致工程重复建设，浪费市政资源，增加社会管理成本；最后，从燃气工程建设的速度和进度来看，C公司明显优于A公司，更符合政府行政管理目的，更有利于实现行政管理职能，维护公共利益。因此，撤销该合同将造成社会公共利益损失，二审法院适用上述司法解释第五十八条规定，确认被诉行政行为违法，责令相关行政机关于判决生效六个月内给予A公司合理弥补，并无不当。故A公司关于一、二审判决适用法律错误、被诉行政行为应予撤销的主张不能成立，本院不予支持。

二、相关法律规定

案例二中，法院以撤销重复授权的特许经营合同会损害公共利益为由，未能支持A公司的请求。一方面，司法解释规定撤销违法行政行为将会给公共利益造成重大损失的，法院不应判决撤销，但应责令行政机关采取补救措施、承担赔偿责任。另一方面，最高人民法院关于适用行政诉讼法的司法解释中，明确规定政府特许经营协议系为实现公共利益而由行政机关签订的行政协议，行政机关因公共利益需要单方变更、解除协议的，应判决补偿原告损失。根据前述规定，由于城镇燃气特许经营协议均为实现公共利益的行政协议，行政机关变更或解除或不履行协议大多数情形下又可理解为实现公共利益的需要，那么是否意味着行政协议中的行政机关只要依法补偿燃气企业，就可以违反特许经营协议约定？

此外，上述两个司法解释的应用还存在两个问题未能解决：

（一）如何判断撤销违法行政行为会给公共利益造成重大损失？法律规定上对此没有判断标准、判断程序等方面的要求，法院的自由裁量范围较大。

（二）由于燃气特许经营协议的项目投资资金量较大，行政机关违约给燃气企业造成的实际损失和预期利润损失金额自然也很大。该损失是否由行政机关予以全额赔偿还是只是予以适当补偿、行政机关无能力全额赔偿的情形下如何补救等问题也没有解决。这些问题关系到燃气企业的切身利益，司法裁判及相关立法应予以考虑，保障燃气企业的合法权益。相关规定如下：

《最高人民法院关于执行〈中华人民共和国行政诉讼法〉若干问题的解释》

第五十八条　被诉具体行政行为违法，但撤销该具体行政行为将会给国家利益或者公共利益造成重大损失的,人民法院应当作出确认被诉具体行政行为违法的判决,并责令被诉行政机关采取相应的补救措施;造成损害的,依法判决承担赔偿责任。

《最高人民法院关于适用〈中华人民共和国行政诉讼法〉若干问题的解释》

第十一条　行政机关为实现公共利益或者行政管理目标,在法定职责范围内,与公民、法人或者其他组织协商订立的具有行政法上权利义务内容的协议,属于行政诉讼法第十二条第一款第十一项规定的行政协议。

公民、法人或者其他组织就下列行政协议提起行政诉讼的,人民法院应当依法受理:

(一)政府特许经营协议;

(二)土地、房屋等征收征用补偿协议;

(三)其他行政协议。

第十五条　原告主张被告不依法履行、未按照约定履行协议或者单方变更、解除协议违法,理由成立的,人民法院可以根据原告的诉讼请求判决确认协议有效、判决被告继续履行协议,并明确继续履行的具体内容;被告无法继续履行或者继续履行已无实际意义的,判决被告采取相应的补救措施;给原告造成损失的,判决被告予以赔偿。

原告请求解除协议或者确认协议无效,理由成立的,判决解除协议或者确认协议无效,并根据合同法等相关法律规定作出处理。

被告因公共利益需要或者其他法定理由单方变更、解除协议,给原告造成损失的,判决被告予以补偿。

《广东省燃气管理条例(2010 年修订)》(全文见附件)

三、有关特许经营权重复授权的行政执法倾向和司法裁判观点

（一）行政机关对重复授权的行政执法倾向

根据以上司法解释，行政机关签署特许经营协议的行为实际是行政行为，且其行政属性要高于其合同属性。在这个大前提下，当双方履约过程中出现问题，政府方时常会产生缺乏契约意识的表现，重复授权即属于该类表现。即使行政机关是在燃气企业未能按时、按质、按量履约的情形下，考虑到公共利益需求而将已经出让的特许经营权又重复授予其他主体，我们也能感觉到这种行为方式的生硬甚至蛮横，更何况这依法可被认定为违约、违法。在特许经营协议纠纷中，行政机关更妥善的做法应当是本着依法行政精神和遵守契约精神，对燃气企业的履约期限、要求、解约条件等作出明确约定，并在协议履行过程中履行其监管职责、控制违约风险，在燃气企业出现违约、履约不能等客观情况时，依约、依法与其解约，再将特许经营权授予他方继续履行。

（二）法院对重复授权的司法裁判观点

从案例二中可以看出，法院对于重复授权的行政协议是否应当撤销，主要考虑的是撤销对公共利益的影响，而其判断的依据又是两家燃气企业的合同履行程度及履约能力，通俗的说是看两家企业中哪一家的"生米已经煮成熟饭"。以该标准判决对公共利益的影响可能最小，但是如果撤销后授权的特许经营协议是否一定会给公共利益造成重大损失，能否通过责令行政机关采取补救措施来减小对公共利益的影响，都需要根据具体案件进行斟酌。法院在对此类案件进行裁判时，除需要考虑公共利益因素外，还应当着重考虑燃气企业的合法权益不受损害，毕竟不能仅以公共利益为由要求燃气企业为

行政机关的违约行为埋单。

四、律师办案如何应对

针对案例二的情形,如作为燃气企业方的代理人,办案律师在了解上述法院裁判考量因素的基础上,一方面可从政府守约义务和赔偿责任角度,给予行政机关一定的压力;另一方面可从撤销违法行为必要性且撤销对公共利益不会产生重大损害的角度着手,进行相关证据收集,除需证明其履约状况和履约计划外,甚至还可为政府的具体补救措施做相关提议,从政府方的角度考虑解脱困境的办法。

争端类型三

特许经营区域界线不清或交叉重叠

一、典型案例

案例三　商丘A燃气有限公司与商丘B燃气有限公司侵权责任纠纷案

(一)案件当事人

再审申请人(一审原告、二审上诉人):商丘A燃气有限公司(以下简称A公司)

被申请人(一审被告、二审被上诉人):商丘B燃气有限公司(以下简称B公司)

(二)案情简介

A公司与商丘市政府签订《城市管道燃气特许经营协议》,约定其特许经营权的行使地域范围为“商丘市城市规划区内”。后B公司与商丘市睢阳区政府签订《投资建设天然气加气母站项目合同书》,经营管道天然气。A公司遂向法院起诉B公司侵犯其特许经营权。但案件审理中,双方对商丘市的城市规划区的具体范围有争议,而人民法院最终以城市规划区范围应由行政机关确定为由,对案件不予审理,驳回起诉。

（三）案件详细经过

2007年12月27日，A公司与商丘市政府授权的商丘市政管理局（商丘市城市管理局）签订《城市管道燃气特许经营协议》，该协议第3.2条“特许经营权期限”约定：本协议之特许经营权有效期限为30年，自2004年8月28日起至2034年8月28日止；第3.3条“特许经营权地域范围”约定：本协议之特许经营权行使地域范围为“商丘市城市规划区内”。该协议第十五章显示共有附件十，其中附件三作为“特许经营区域范围图示”。

2012年10月27日，河南省弘泰燃气有限公司（以下简称弘泰公司）与睢阳区政府签订《投资建设天然气加气母站项目合同书》，约定由弘泰公司投资建设城市基础设施（含燃气管道）；经营品种为管道天然气（LNG、CNG）；项目地址：商丘市归德南路西侧，迎宾大道以南、富商东路以北。后弘泰公司被B公司吸收合并。

2014年4月21日，A公司以B公司侵犯其特许经营权为由，向河南省商丘市中级人民法院提起诉讼，请求法院判令：1. B公司立即停止在商丘市城市规划区内铺设管道、销售管道燃气等一切侵犯A公司管道燃气特许经营权的行为；2. B公司自行拆除或依法强制拆除在商丘市城市规划区域内铺设的燃气管道，工业、商业、民用等相关管道燃气设施；3. B公司赔偿因侵犯A公司特许经营权给A公司造成的损失565万元；4. 诉讼费用由B公司承担。

2014年7月5日，河南省商丘市中级人民法院作出民事裁定，对A公司的特许经营区域范围问题不予审理，驳回A公司对B公司的起诉。A公司不服该民事裁定，向河南省高级人民法院提出上诉。

河南省高级人民法院查明：1.《城市管道燃气特许经营协议》显示共有附件十，A公司在一审时不认可附件三（“特许经营区域范围图示”）的存在。后经一审法院向参与协议签订过程的原市政管理局人员及A公司授权签约代表质证证实，协议签订时存在附件三，且A公司对此事实当庭予以认可。

但一、二审A公司未提供该协议附件三。2.2012年2月10日，商丘市城市管理局向商丘市政府提交的调查报告提出："根据市规划局提供的《商丘市（2005－2020）城市总体规划》，商丘市城市规划区应涵盖睢阳产业集聚区；睢阳区政府在产业集聚区建设管道燃气违反了商丘市政府与A公司签订的《管道燃气经营协议》"。3.2013年6月28日，商丘市城乡规划局向商丘市政府提交的情况说明中提出：A公司的特许权行使范围应依照《商丘城市总体规划（1993－2010）》界定的范围，面积为56平方公里。范围大致为：北至黄河路（现约在规划田园路北侧）、西至君台路、南至古城外环和北海路、东至睢阳大道。4.2014年3月24日，商丘市政府法制办公室的处理意见及建议：关于双方特许经营范围的界定问题，赞同商丘市城乡规划局的意见，即A公司特许经营权范围为56平方公里；同时提出该协议所指"商丘市城市规划区域内"实际应指《城市规划法》所指城市规划区中的城市市区。

2014年9月19日，河南省高级人民法院作出民事裁定：驳回上诉，维持原裁定。A公司不服河南省高级人民法院（2014）豫法民一终字第186号民事裁定，向中华人民共和国最高人民法院申请再审。

2015年10月16日，最高人民法院裁定驳回A公司的再审申请。

（四）案件争议焦点

城市规划区域范围的确定是否属人民法院民事案件裁判范畴。

（五）当事人辩护意见

A公司意见：

1.根据《中华人民共和国城市规划法》[①]、《河南省人民政府关于商丘城市总体规划的批复》（豫政文〔1995〕190号），（1994－2010年）规划文本所明确的商丘城市规划区域范围是：包括王坟在内的496.51平方公里土地总面

① 2008年被《中华人民共和国城乡规划法》所废止。

积。商丘市城乡规划局、商丘市政府法制办将该市56平方公里城市规划建设用地范围等同于城市规划区域范围的意见不能成立。

2. 案涉协议约定的特许经营权区域范围，应根据法律对“城市规划区域”的明确规定确定，无需该协议图示附件进一步证明。与法律规定、省政府批复不一致的图示、意见均不能作为认定商丘市城市规划区域的依据。一审、二审法院以A公司未能提供上述图示附件及相关政府部门关于商丘市城市规划区域意见不一致为由，驳回A公司起诉错误。

B公司意见：

1. 案涉《城市管道燃气特许经营协议》未经过招投标、评审和公示，违反了强制性法律规定应认定为无效。

2.《商丘城市总体规划(1993－2010)》确定的城市规划建设用地范围为56平方公里。B公司施工的范围均在该56平方公里以外，不存在对A公司的侵权。

3. A公司计算损失的依据不成立，B公司是否取得燃气特许经营证与A公司损失之间无法律上的因果关系。

4. 案涉《城市燃气管道特许经营协议》附件三为特许经营区域范围图示，A公司不提交该份证据，依法应对其产生不利的法律后果。

(六)法院观点

一审法院观点：

案涉《城市管道燃气特许经营协议》第3.3条约定，特许经营权行使地域范围为“商丘市城市规划区域内”。本协议附件三为特许经营区域范围图示，该附件可以直观表示A燃气特许经营的区域范围，故本案不属于合同解释的问题。鉴于A公司未提交该附件，本院根据双方当事人提交的现有证据，不能确定A公司特许经营的区域范围，故无法证明B公司对其构成侵权。商丘市人民政府作为特许经营的批准机关，有权对其区域范围进行明确；本院对A公司的特许经营区域范围问题不予审理。

二审法院观点：

案涉特许经营协议中第3.3条约定特许经营权地域范围为“商丘市城市规划区内”，该约定对于A公司特许经营区域范围的面积及四至界定并不明确，而作为该协议内容的重要组成部分的附件三“特许经营区域范围图示”，A公司未能提供。由于双方当事人对于该协议授予A公司特许经营的区域范围产生争议，且商丘市城市管理局、商丘市城乡规划局以及商丘市政府法制办公室对协议约定A公司特许经营的区域范围也存在不同意见，依据当事人提交的现有证据不能明确界定A公司特许经营的区域范围。而关于特许经营区域范围的界定或确认问题，属于政府的行政职权范围，不属于民事案件审理的范围。因此，原审裁定驳回A公司的起诉并无不当。故裁定驳回上诉，维持原裁定。

最高人民法院观点：

A公司依据案涉《城市管道燃气特许经营协议》关于其特许经营权区域范围为“商丘市城市规划区域内”的约定，主张B公司在商丘市睢阳区进行的相关燃气管道建设等行为对A公司构成侵权。B公司则认为商丘市睢阳区不属上述协议约定的商丘市城市规划区域范围。故双方就B公司相关行为是否构成侵权的争议，源于对商丘市城市规划区域的不同认识。该争议的解决，不能回避商丘市城市区域范围的认定问题。而城市规划区域应由行政机关依法确定。但本案中，商丘市相关部门对该市城市规划区域范围的意见并不一致。商丘市人民政府或其他有权机关亦未就商丘市城市规划区域的范围作出明确的认定。根据《最高人民法院关于适用〈中华人民共和国行政诉讼法〉若干问题的解释》第十一条的规定，政府特许经营协议属行政机关为实现公共利益或者行政管理目标，在法定职责范围内，与公民、法人或者其他组织协商订立的具有行政法上权利义务内容的协议。如前所述，在行政机关未明确本案《城市管道燃气特许经营协议》所涉商丘市城市规划区域范围的情况下，直接认定A公司依该协议所享有特许经营权的区域范围，超出人民法院民事裁判的范畴。但是一审、二审裁定以A公司未能提供该图示故不能证明其特许经营区域范围为由驳回其起诉不当。上述裁定关于界定城市规划区域范围属政府行政职权的意见正确,在该范围未经行政机关依法确定前,驳回A公司基于此提起的侵权诉讼,并无不当。

案例四　兰陵A燃气有限公司与B人民政府行政诉讼案

(一)案件当事人

上诉人(原审原告):兰陵A燃气有限公司(以下简称A公司)
被上诉人(原审被告):B人民政府(以下简称B政府)

(二)案例简介

2013年5月,C县住建局发文,对C县境内的两家管道天然气公司(A公司和D公司)的经营区域界线进行划分。2015年4月,B政府办公室作出关于"天然气企业经营区域协调专题会议纪要"。A公司主张该会议纪要侵犯其合法权益,提起行政诉讼。一审法院认为会议纪要未对A公司的权利义务产生影响,不属于行政诉讼范围。二审法院认为会议纪要内容影响了A公司的权利义务,撤销一审裁定,要求原审法院继续审理。

(三)案件详细经过

2013年5月15日,C县住房和城乡建设局下发苍建发(2013)15号"关于对C县境内两家管道天然气企业经营区域界线划分和进一步加快镇镇通天然气工作进度的决定",该决定对于经营区域划分的内容为"A公司和临沂D燃气有限公司(以下简称D公司)的区域划分为:目前县城城区由A公司建设管理。经济开发区区域中,以莲花路为界,以南由A公司建设管理,以北由D公司建设管理,其中经济开发区范围内两家企业已投资建设的区域继续由其各自经营管理",对两家公司在各个乡镇的经营区域进行了划分,并要求"天然气经营区域界线划定后,A公司和D公司必须共同遵守,对历史遗留问题及时解决,严禁跨区域到对方区域进行天然气经营活动,严禁天然气管道交叉铺设……”

2015年4月22日,被告B政府办公室下发第(5)期关于“天然气企业经营区域协调专题会议纪要”,除相关部门负责人到会外,A公司和D公司的经理均参加了会议,会议纪要内容如下:“要依法治气。两家公司的燃气经营许可证要尽快办理,并及时办理前期规划手续及施工许可……严格工作监管。县住建部门要按照2013年15号文件规定,以莲花路延长线为界划分两家燃气公司经营区域,并做好执法牵头工作,对燃气公司建设经营申请,做到快报快批;开发区对两家燃气公司在其境内的施工要搞好协调,并及时向住建部门通报情况……两家燃气公司要按照住建部门划分的区域建设经营;对此次两家燃气公司跨区域施工的问题要本着‘宜粗不宜细’的原则尽快解决,有争议的工程必须立即停止”。

原告A公司主张被告B政府作出的会议纪要侵害了其合法权益,提起行政诉讼。

2015年8月24日,临沂市中级人民法院作出(2015)临行初字第305号行政裁定,驳回起诉。A公司不服该裁定,向山东省高级人民法院提起上诉,请求撤销原审法院裁定,指令原审法院继续审理或改判撤销被诉会议纪要。

2016年5月24日,山东省高级人民法院裁定:1.撤销临沂市中级人民法院(2015)临行初字第305号行政裁定;2.指令临沂市中级人民法院继续审理。

(四)案件争议焦点

B政府2015年4月22日作出的关于“天然气企业经营区域协调专题会议纪要”是否影响原告A公司的权利义务?

(五)原审法院观点

《最高人民法院关于执行〈中华人民共和国行政诉讼法〉若干问题的解

释》第一条第二款第(六)项规定"对公民、法人或者其他组织权利义务不产生实际影响的行为"不属于行政诉讼受案范围。本案中的被诉会议纪要要求两家公司经营区域的划分按照 2013 年 15 号文件的规定内容予以执行,会议纪要中并未对原告的权利义务进行设定,对原告的权利义务未产生实际影响,故原告对于会议纪要的起诉,不属于行政诉讼受案范围。

对于原告于诉讼中增加的诉讼请求,首先,苍建发(2013)15 号决定系针对特定事项做出的具有针对性的意见,其不是原告所主张的规范性文件;其次,该决定系 C 县住房和城乡建设局作出,而非本案被告作出,原告并未以 C 县住房和城乡建设局作为被告进行起诉;最后,《最高人民法院关于执行〈中华人民共和国行政诉讼法〉若干问题的解释》第四十五条规定"起诉状副本送达被告后,原告提出新的诉讼请求的,人民法院不予准许,但有正当理由的除外",原告对于增加的诉讼请求部分,未能给予正当理由。故对于原告增加的诉讼请求部分,不予审理。裁定驳回原告 A 公司的起诉。

(六)当事人辩护意见

A 公司上诉理由:

1. 原审法院认定事实错误。被诉会议纪要的内容涉及五项具体要求,都直接涉及上诉人的特许经营权及项目经营建设施工,与上诉人企业利益紧密关联。会议纪要的内容超出了 C 县住房和城乡建设局苍建发(2013)15 号文件,对上诉人企业的运营产生了重大影响。

2. 被上诉人的会议纪要明显产生了实际影响,已经导致上诉人企业难以建设经营,原审法院裁定直接认定"未产生实际影响",属于适用法律错误。

3. 原审法院裁定所援引的《最高人民法院关于执行〈中华人民共和国行政诉讼法〉若干问题的解释》第一条第二款第(六)项规定与新司法解释不一致,不应作为本案裁判的依据。

4. 被上诉人的会议纪要内容违反《中华人民共和国行政许可法》的规定。

5. 原审法院不对苍建发(2013)15 号文件进行合法性审查是错误的。

(七)二审法院观点

高级法院认为:

会议纪要通常是政府内部的决议,是行政机关在行政管理过程中形成的机关公文,用于记载和传达行政机关有关会议情况和议定事项,它在转化为对外发生法律效力的行政行为之前,通常不具有法律上的强制执行力,也不会对行政管理相对人的权利和义务产生直接影响。本案中上诉人起诉的是2015年4月22日B政府办公室第(5)期关于"天然气企业经营区域协调专题会议纪要",该会议纪要有"两家燃气公司要按照住建部门划分的区域建设经营;对此次两家燃气公司跨区域施工的问题要本着'宜粗不宜细'的原则尽快解决,有争议的工程必须立即停止"等内容,规制了行政管理相对人的权利和义务,由内部决议转化为对外的行政行为并付诸了实施,此种情况下的政府会议纪要,就由内部的决议转变成了行政行为,对行政管理相对人的权利义务产生了实际影响。原审法院认定被上诉人作出的会议纪要对上诉人的权利义务未产生实际影响,上诉人对于会议纪要的起诉不属于行政诉讼受案范围,适用法律错误,应当予以纠正。

二、相关法律规定

(一)案例三相关法律规定

本案中,人民法院以特许经营权行使的地域范围即城市规划区域范围应由行政机关确定为由,裁定不予审理驳回起诉,应当是依据《中华人民共和国民事诉讼法》(以下简称《民事诉讼法》)第一百二十四条第三款的规定,"依照法律规定,应当由其他机关处理的争议,告知原告向有关机关申请解决"。但本案中人民法院是否可据此直接判决驳回原告的侵权之诉我们认为值得商榷，理由有二：1.《民事诉讼法》及其司法解释规定，涉及公共利益的相关事实，人民法院应当依职权调查，即人民法院有权向相关行政机关确认原被告的特许经营范围。尽管案例三中各行政主管部门对城市规划区域范围的认定意见不一致，但仍可依据行政机构的职能和上下级关系进行确认。2.平等主体之间的侵权纠纷应由人民法院依据民事诉讼法管辖，双方无法通过行政争端解决程序解决双方的侵权之诉，因此，即使在人民法院不予审理应由行政部门确认的相关事实的情况下，人民法院应当裁定中止诉讼，并告知案件当事人申请相关行政部门进行确认。

《中华人民共和国民事诉讼法》

第六十四条　当事人对自己提出的主张，有责任提供证据。

当事人及其诉讼代理人因客观原因不能自行收集的证据，或者人民法院认为审理案件需要的证据，人民法院应当调查收集。

人民法院应当按照法定程序，全面地、客观地审查核实证据。

第一百二十四条　人民法院对下列起诉，分别情形，予以处理：

（一）依照行政诉讼法的规定，属于行政诉讼受案范围的，告知原告提起行政诉讼；

……

（三）依照法律规定，应当由其他机关处理的争议，告知原告向有关机关申请解决；

……

第一百五十条　有下列情形之一的，中止诉讼：

……

（五）本案必须以另一案的审理结果为依据，而另一案尚未审结的；

（六）其他应当中止诉讼的情形。

中止诉讼的原因消除后，恢复诉讼。

《最高人民法院关于适用〈中华人民共和国民事诉讼法〉的解释》

第九十二条　一方当事人在法庭审理中,或者在起诉状、答辩状、代理词等书面材料中,对于己不利的事实明确表示承认的,另一方当事人无需举证证明。

对于涉及身份关系、国家利益、社会公共利益等应当由人民法院依职权调查的事实,不适用前款自认的规定。

自认的事实与查明的事实不符的,人民法院不予确认。

第九十四条　民事诉讼法第六十四条第二款规定的当事人及其诉讼代理人因客观原因不能自行收集的证据包括:

(一)证据由国家有关部门保存,当事人及其诉讼代理人无权查阅调取的;

(二)涉及国家秘密、商业秘密或者个人隐私的;

(三)当事人及其诉讼代理人因客观原因不能自行收集的其他证据。

当事人及其诉讼代理人因客观原因不能自行收集的证据,可以在举证期限届满前书面申请人民法院调查收集。

第九十六条　民事诉讼法第六十四条第二款规定的人民法院认为审理案件需要的证据包括:

(一)涉及可能损害国家利益、社会公共利益的;

(二)涉及身份关系的;

(三)涉及民事诉讼法第五十五条规定诉讼的;

(四)当事人有恶意串通损害他人合法权益可能的;

(五)涉及依职权追加当事人、中止诉讼、终结诉讼、回避等程序性事项的。

除前款规定外,人民法院调查收集证据,应当依照当事人的申请进行。

《河南省城镇燃气管理办法》(全文见附件)

(二)案例四相关法律规定

《中华人民共和国行政诉讼法》

第四十九条　提起诉讼应当符合下列条件:

(一)原告是符合本法第二十五条规定的公民、法人或者其他组织;

(二)有明确的被告;

(三)有具体的诉讼请求和事实根据;

(四)属于人民法院受案范围和受诉人民法院管辖。

《最高人民法院关于执行〈中华人民共和国行政诉讼法〉若干问题的解释》

第一条　公民、法人或者其他组织对具有国家行政职权的机关和组织及其工作人员的行政行为不服,依法提起诉讼的,属于人民法院行政诉讼的受案范围。

公民、法人或者其他组织对下列行为不服提起诉讼的,不属于人民法院行政诉讼的受案范围:

(一)行政诉讼法第十二条规定的行为;

(二)公安、国家安全等机关依照刑事诉讼法的明确授权实施的行为;

(三)调解行为以及法律规定的仲裁行为;

(四)不具有强制力的行政指导行为;

(五)驳回当事人对行政行为提起申诉的重复处理行为;

(六)对公民、法人或者其他组织权利义务不产生实际影响的行为。

《最高人民法院关于适用〈中华人民共和国行政诉讼法〉若干问题的解释》

第三条　有下列情形之一,已经立案的,应当裁定驳回起诉:

(一)不符合行政诉讼法第四十九条规定的;

……

《山东省燃气管理条例》(2016年修正)(全文见附件)

三、对于特许经营区域范围不清或交叉重叠的行政执法倾向和司法裁判观点

(一)行政机关的执法倾向

由于燃气特许经营权需要通过行政机关与燃气企业签署特许经营协议来授予,因此特许经营权的行使区域实际主要由两个方面决定:一个是签订协议的行政机关的权限范围;另一个则是双方所签订协议的具体约定区域范围。如授权机关的权限不清或协议约定不明,则政府与燃气企业之间以及企业与企业之间就会因为特许经营权行使区域范围不清或交叉重叠而产生相关纠纷。上述案例三即在双方特许经营协议约定的"城市规划区域"不明确的情形下产生,相关政府机关对于该区域的界定亦没有一致意见。而案例四中政府部门在同时授权两家燃气企业特许经营权的情形下,又试图通过会议纪要的方式使两家企业和平相处,友好解决双方对于模糊地段的争议。由此可见,燃气特许经营区域范围不清或交叉重叠引起的纠纷往往都与政府授权机构有直接关系。但获得特许经营权的企业之间因此产生纠纷后,政府机关又很难轻松的解决问题,时常还会出现政府内部各部门观点不一致的现象。

(二)法院的司法裁判观点

上述案例三中,最高人民法院认为特许经营范围和约定城市规划区域均应由行政机关确定,裁定对此不予审理;案例四中一审法院认为关于处理两家燃气企业经营区域协调的会议纪要并没有影响原告的权利义务,裁定不属于行政诉讼受案范围。上文已经提及对于案例三中最高院的裁决我们认为值得商榷,而案例四中二审法院撤销了原审法院裁决,要求其继续审理。由此,我们可初步感觉到人民法院对于此类问题的回避态度,主要原因可能包

括：1. 在民事诉讼中，由于特许经营权行使区域是依政府授权确定，决定了法院判决需要注重参考授权行政机关的意见，且在侵权诉讼中，法院对于特许经营协议的约定审核容易，但对政府授权范围的调查难度大；2. 该类案件案情不但复杂，而且法院的判决结果对于当地燃气行业的局势发展和变化也会产生重要影响，法院自然会谨慎处理，尤其是当一方当事人为政府机关时。

四、律师办案如何应对

在案例三中，双方争议焦点为商丘市城市规划区域具体范围。由于商丘市相关部门对该市城市规划区域范围的意见并不一致，商丘市人民政府或其他有权机关亦未就商丘市城市规划区域的范围作出明确的认定，在法院无法受理的情况下，应当寻求当地人民政府或其他有权机关就城市规划区域的范围作出明确的认定。待当地政府或其他有权机关认定城市规划区域后，认定双方的特许经营权的区域范围，以此分析两家燃气公司之间是否具有侵权责任。

在案例四中，针对政府的会议纪要，按照《国家行政机关公文处理办法》，会议纪要适用于记载、传达会议情况和议定事项。如果会议纪要仅仅作为记录会议情况之用，并在行政机关内部传阅，则不存在对外发生效力的问题。但现实中，行政机关经常直接执行会议纪要的内容，对行政相对人的权利义务产生直接影响，这实际上是以“会议纪要”之名，行“行政决定”、“行政指导”、“行政许可”、“行政处罚”、“行政规范性文件”、“行政合同”等之实。此类的“会议纪要”规制了相对人的权利和义务，由内部决议转化为对外的行政行为并付诸了实施，由此，可作为具体行政行为，相对人可进行行政诉讼。

争端类型四

空白特许经营权历史遗留问题

一、典型案例

案例五　鞍山市B燃气工程有限公司与黑龙江A置业发展有限公司、黑龙江C化工有限公司建设工程施工合同纠纷案

(一)案件当事人

上诉人(原审被告):黑龙江A置业发展有限公司(以下简称A公司)
被上诉人(原审原告):鞍山市B燃气工程有限公司(以下简称B公司)
原审被告:黑龙江C化工有限公司(以下简称C公司)

(二)案情简介

D煤气公司(国有独资)与E公司就双鸭山市的煤气管网工程签订工程建设合同,之后D煤气公司进行改制,经双鸭山政府授权,D煤气公司的管网资产使用权和特许经营权均授予A公司,A公司承担D煤气公司的经营性债务。前述转让、授权完成后,D煤气公司的股权由C公司100%收购。E公司的债权债务由B公司承继。B公司因部分工程款未得到支付向法院提起诉讼,要求A公司全额支付。诉讼过程中,双方对债务承担方、工程款数额以及工程质量问题均存在争议。案件程序经过中级法院一审、高级法院二审、

最高人民法院裁定再审、中级法院一审重审、高级法院二审重审，最终B公司请求的经审计局审计的工程款部分得到法院支持。

（三）案件详细经过

1999年，双鸭山市D煤气有限公司（以下简称D煤气公司）成立。

2001年9月、2002年4月，D煤气公司先后两次就双鸭山市煤气管网工程对外招标，辽宁省E工程公司（以下简称E公司）两次中标，标价分别为1,353,602.00元、2,497,331.00元。

2001年10月1日、2002年6月29日，D煤气公司与E公司分别按中标价签订了建设工程施工合同。双方约定，施工内容为土石方工程、庭院管网及户内设施安装、管网安装，承包方式为包工包料。工程质量须达到国家或专业质量检验评定标准的合格条件。达不到约定质量标准，返修为优质工程。工程质保期为1年，保修期为3年。一期施工范围为花园、电大，工期为2001年10月5日至同年12月18日。二期施工范围为文南小区、环卫小区、东辰小区、体育场东，工期为125天。如发生工程量增减，按实际工程量做预算处理……上述工程在E公司施工后，由D煤气公司接收并投入使用。此外，E公司按照D煤气公司的要求对三合园、春城小区进行了煤气管网安装的施工。

2002年12月19日，D煤气公司在工商行政管理局重新登记为双鸭山市D有限公司（以下简称D公司）。后分立出双鸭山市D有限公司煤气公司，负责安装后煤气工程的营运工作，亦称双鸭山市D有限公司煤气分公司（以下简称D煤气分公司），该公司未进行工商登记。

2004年8月，E公司被注销，其权利义务由B公司承继。

2004年11月6日，双鸭山市审计局根据市政府的指示，对D公司提供的管网工程竣工决算资料进行了审计。同年12月7日，作出了双审决(2004)审计决定书，该决定对于报送的E公司工程款5,573,307.00元，核减不合理工程造价221,438.00元，确定E公司施工工程价款为5,351,869.00元。

2004年12月,双鸭山市大地城市建设开发投资有限公司(以下简称大地公司)经双鸭山市人民政府授权,处置D煤气分公司的资产使用权和特许经营权。大地公司与中国黑龙江亚泰资源投资有限公司(以下简称亚泰公司)签订了双鸭山市管道煤气特许经营协议。协议的主要内容为:D煤气分公司的资产,大地公司具有所有权。亚泰公司通过偿债、投资和上交资产使用费取得特许经营权和煤气管网的使用权、维护权、收益权。对于原D煤气分公司的经营性债务,由亚泰公司偿还(诉争工程款亦作为经营性债务移交)。特许经营期限为30年。

2005年3月10日,亚泰公司投资开办了A公司履行特许经营协议。A公司成立后,E公司按照A公司的要求对益寿小区的煤气管网工程进行了施工,工程竣工后,双方未进行决算。至今,D煤气公司及A公司共给付B公司工程款4,625,111.10元。

B公司向法院起诉称,2001年10月1日、2002年6月30日,E公司与D煤气公司签订煤气管网工程施工合同,并在合同外完成部分工程。2004年11月末,双方进行决算后的价款为5,573,307.00元,并报政府审计部门进行审计。B公司为配合审计,将决算资料交D公司报审计局,审计后的工程价款为5,351,869.00元,扣除已付款,尚欠726,757.90元。B公司又依A公司要求,对益寿山等工程进行施工,工程款为119,360.61元。请求判令A公司给付846,018.51元,并按银行贷款利率计息,C公司对726,757.90元欠款及利息承担连带责任。

2007年1月30日,双鸭山市中级人民法院作出(2006)双民商初字第44号民事判决,驳回B公司的诉讼请求。B公司不服该判决,向最高人民法院申诉。

2007年5月8日,双鸭山市人民政府与C公司签订了产权转让协议,约定C公司受让D公司的100%股权。D公司的原有的债权、债务均由C公司收购后的D公司承继。

2010年3月30日,最高人民法院作出(2009)民申字第1845号民事裁定书,指令黑龙江高级人民法院再审。

2011年4月1日,黑龙江高院作出(2010)黑监民再字第43号民事裁定书,撤销一、二审判决,发回原审法院重审。诉讼期间,A公司提出了鉴定申请,请求对B公司施工质量进行鉴定,被双鸭山名宣司法鉴定中心退鉴;提起反诉,请求判令B公司对工程进行返修,达到质量优良,并承担返修费用。

2013年12月12日,原审法院作出(2011)双民初字第6号民事判决:1. A公司于判决发生法律效力后10日内给付B公司工程款726,757.90元,自2004年12月8日起按照中国人民银行发布的同期同类贷款利率计息,至本判决确定的自动履行期的最后一日;2. 驳回B公司其他诉讼请求及A公司的反诉请求。

A公司不服该判决,向黑龙江高院提起上诉,请求改判驳回B公司的诉讼请求,支持A公司的反诉请求并对B公司施工的质量是否合格及修复费用进行鉴定。

二审庭审中A公司提供了两份证据:1. 黑龙江省建设厅《关于双鸭山市煤气管道质量管理相关事项的批复》,该批复意见为双鸭山市燃气管道工程系基础设施工程,其工程质量管理,应依据《建设工程质量管理条例》规定执行。A公司欲证明B公司作为承包人应在合理使用寿命内对基础工程承担民事责任。2. 双鸭山市天威司法鉴定所的鉴定报告。A公司欲证明原审法院曾对相同的事实、相同的鉴定申请和鉴定材料,对其他案件的煤气管网工程质量问题作出了鉴定,名宣司法鉴定中心在本案中拖延鉴定及退鉴的行为违法。B公司质证称建设厅的批复不是规范性文件,不具有法律效力,鉴定报告与本案无关。

二审法院另查明事实:

2002年11月13日,省国资委同意组建双鸭山市D有限公司(即D公司),性质为国有独资。

- D公司整体资产出售项目评估报告书中显示E公司工程款账面价值为937,816.83元,评估价值为937,816.83元。

● 本院在本案再审期间，曾到双鸭山市审计局进行调查，该局工作人员表示审计后作出决算明细表，决算资料退回原单位，明细表上的报审金额就是决算金额。该调查笔录已经二审质证，各方当事人对该笔录真实性未持异议。

● 2013 年 10 月 31 日，名宣司法鉴定中心出具退鉴函，主要内容为根据 B 公司竣工验收证书，工程已经通过验收，在 A 公司无法提交图纸、隐蔽工程记录、材质检验报告等材料的情况下，没有依据判明如存在质量问题是由设计错误、材料瑕疵或是施工所致等理由退鉴。退鉴后原审法院未组织当事人质证。

2014 年 7 月 2 日，黑龙江省高级人民法院判决驳回上诉，维持原判。

(四) 案件争议焦点

1. A 公司是否作为工程款的债务承受主体？

2. 审计结论能否作为 B 公司主张工程款的依据？

3. 关于 A 公司主张 B 公司承担返修责任及是否程序违法的问题。

(五) 当事人辩护意见

A 公司意见：

● 原审意见：

B 公司未提供结算工程款的依据，审计结论不能作为确定工程款的依据。B 公司主张的 119, 360. 61 元工程款是其单方结算的，不应合并审理。该公司施工的中标工程质量不合格。

● 上诉理由：

1. 原审判决违反法定程序，应撤销原判。(1) 原审法院委托鉴定期间，A 公司既没有接到补充证据的通知，也没有收到鉴定被退回的通知，原审法院剥夺了 A 公司申请法院采集鉴定材料和申请重新委托鉴定机构的诉讼权利。(2) 原审法院已经对同一事实、同一鉴定材料的其他案件的煤气管网工程质量问题，委托其他鉴定机构作出了质量鉴定。因此，A 公司认为名宣司法鉴定中心拖延鉴定及退鉴是违法的。(3)原审法院未经开庭审理就作出驳回反诉请求的判决，违反法定程序。

2. 原审判决认定事实错误，应予撤销。(1)审计结论既不是当事人之间约定的工程款结算依据，也不是法定的结算依据。一审判决依据审计结论来证明合同双方结算了工程款，没有合同依据和法律依据。(2)本案两份合同是通过招投标方式订立的，工程价款为规定价格，B 公司实际得到的工程款已经超出合同约定的数额，其请求再行给付工程款没有依据。(3)B 公司应提供证据证明诉讼请求 726, 757. 90 元是如何计算的。

3. B 公司应承担工程质量责任。A 公司原审中已经出示证据证明 B 公司施工的工程质量不合格，给 A 公司造成巨大的经济损失和安全隐患。燃气管道工程系基础设施工程，现正在保修期内。依据《建筑工程质量管理条例》第四十条、第四十一条规定，在保修期内发生质量问题，施工单位应当承担保修义务。

二审庭审中增加上诉理由：

1. 原审庭审中 B 公司明确表示不同意将 D 公司的债务转移给 A 公司，要求 C 公司承担责任，而原审判决 D 公司承担责任不当。

2. B 公司原审中提供的竣工验收证据，只有三合园小区的是原件，其主张工程均经过竣工验收，证据不足。

3. B 公司承认有 716 户没有施工，决算时不包含该部分价款，但未提供证据，而原审法院却要求 A 公司承担举证责任是错误的。

C 公司意见：

B 公司与 D 煤气公司是在 2001 年 10 月 1 日和 2002 年 6 月 30 日签订的建设工程施工合同，而 C 公司收购的 D 公司是 2002 年 12 月 19 日成立，上述两企业无任何关系。该工程至今没有进行最终结算，施工方无权索要工程款。

B 公司意见：

- 二审答辩意见：

原审判决认定基本事实清楚，适用法律正确。1. A 公司要求对工程质量进行鉴定,纯系滥用诉权。涉案工程在 2004 年就投入使用,现在要求对工程质量是否合格进行鉴定不应支持。2. A 公司只是承债受让 D 公司的全部实物资产和特许经营权,无抗辩权。3. 在上诉人拒绝出具决算资料的情况下,审计局的工程决算资料中发包方报送的工程决算数额就应为工程决算款。该资料明确了工程决算价格为 5,573,307.00 元。4. A 公司在庭审中出具的自己的财务账中明确记载欠 E 公司 89 万元,说明 A 公司向双鸭山市政府承诺购买的资产扣除的是 89 万元,更说明 B 公司要求的数额比实际欠款数额少。5. 关于 A 公司要求承担保修义务问题:合同约定的工程保修期早已超过,上诉人在使用 8 年后要求承担保修义务不应该得到支持。

针对 A 公司二审增加的上诉理由答辩称:

其原审中明确表示不同意债务由 D 公司转移给 A 公司,但要求 A 公司和 C 公司共同承担责任;B 公司的竣工资料虽有部分是复印件,但工程竣工验收是事实;B 公司承认了 716 户没有施工,并未主张该部分工程款。

- 反诉抗辩意见:

B 公司与 A 公司之间不存在合同关系。A 公司只是购买了原 D 公司的资产特许经营权,不是合同的主体,不享有合同权利和义务,其不具备反诉的主体资格。该工程于2004 年 11 月竣工投入使用,当时的 D 公司和 A 公司均未向 B 公司提出任何要求,现其请求已经超过诉讼时效。

(六)法院观点

原审法院认为:

E 公司与 D 煤气公司签订的建设工程施工合同,是双方当事人的真实意思表示,且不违反法律、行政法规的强制性规定,应确认其合法有效。E 公司已经按照约定完成了施工义务,D 煤气公司应当支付工程款。由于 D 煤气公司重新登记后,该煤气公司被分立到 D 煤气分公司,而 D 煤气分公司的资产使用权和特许经营权被大地公司处置给亚泰公司,亚泰公司开办了 A 公司履行特许经营协议。根据该协议,诉争工程款已作为原 D 煤气分公司的经营性债务转移给 A 公司。并且，A 公司在经营期间，也向 E 公司支付了部分工程款。E 公司作为债权人应当知道该笔债务已经转移的事实，其并未提出异议，应认定债务转移成立。B 公司承继了 E 公司的权利、义务，其有权主张诉争工程款。该工程款应由转移后的债务人 A 公司给付。E 公司主张 C 公司承担连带责任的请求，缺乏法律依据，不予支持。由于审计局的工程决算资料是 D 公司报送，应视为其对决算价款的认同。B 公司提出以审计核减后的价款确定工程款，依据充分（5，351，869.00 元扣减已付款 4，625，111.10 元后，尚欠 726，757.90 元），其要求自审计决定作出之日起，按照银行贷款利率计息的请求，符合法律规定，应予支持。

B 公司按照 A 公司的要求完成的对益寿山等进行施工的工程，双方没有进行决算，B 公司仅根据自己单方结算的价款主张工程款，证据不足，应不予确认。B 公司提出的其他请求缺乏事实根据和法律依据，不予支持。

B 公司施工的工程，已实际交付使用多年。A 公司主张施工质量不合格，无充分证据证实，其反诉主张 B 公司应该对该工程进行返修的请求，缺乏事实依据，不予支持。

二审法院认为：

D 煤气公司与 E 公司签订的两份建设工程施工合同，原审判决认定合法有效正确，本院予以确认。A 公司作为本案煤气管网安装施工合同的权利义务承受人，其对作为给付 B 公司工程款的义务主体不持异议，仅主张 B 公司未提供结算资料原件，审计结论不能作为给付工程款的依据及该工程存在质量问题，B 公司应承担返修责任。

关于审计结论能否作为 B 公司主张工程款的依据问题。B 公司主张工程款，应当提供工程决算材料或其他足以证明其主张的事实客观存在的证据。B 公司对其不持有决算资料原价的原因已作出合理解释，提供了双审决（2004）审计决定书等审计文件，按照审减后数额请求给付工程款，扣减已取得工程款 4，625，111.10 元，主张尚欠其工程款为 726，757.90 元。D 公司作为国有独资公司对外发包工程，工程竣工后应向审计机关提供工程结算资料;双鸭山市审计局依据D公司送审的决算资料,经审计核减后的工程价款为5,351,869.00元。双鸭山市审计局作出的决算明细表载明的报送审计金额5,573,307.00元,应为承发包双方结算金额。承发包双方虽未在合同中约定以审计结论为结算依据,但审计结论是在D公司提供的承发包双方结算材料的基础上作出的,现B公司认可审计结论确定的数额且该数额较报审数额有所核减,故B公司据此主张工程款证据充分,本院予以支持。A公司以B公司未提供工程款数额来源证据为由提出上诉,其理由显属不能成立。A公司承继D公司的权利,其应当持有双方结算的证据。现A公司主张未施工的716户工程款包含在审计结论中,应由其提供证据证明。两份合同虽约定工程价款为固定价格,但还约定如发生设计变更或工程量增减另行计取。因此,双方基于工程发生设计变更或工程量增加致使结算得出的工程造价超过合同约定的固定价格符合合同约定,且D公司和A公司实际付款金额已超过固定价格,故A公司关于工程为固定价格不应再行给付工程款的理由不能成立,不予支持。

原审庭审中B公司不同意D公司的债务转移至A公司,但明确要求A公司承担责任。原审依据A公司承继了D公司债务的事实,判决其承担责任并无不当。

关于A公司主张B公司承担返修责任及是否程序违法问题。A公司在本案发回重审后对工程质量问题提出反诉,提供的《关于原煤气公司债务问题的调查报告》及《关于监理公司对地下管线保湿防腐处理未予认证的情况说明》不能证明其主张成立。诉争工程虽属基础设施工程,应当由施工方在合理使用年限中承担保修义务,但双方在合同中明确约定保修期为三年,工程已经实际交付使用多年,早已超过合同约定的保修期,现A公司申请对工程是否合格进行鉴定缺乏事实和法律依据。据此,原审法院对鉴定机构的退鉴意见未组织当事人质证并未损害A公司的利益。

案例六 河北A房地产开发有限公司与北京B大地燃气有限责任公司、怀来C投资有限公司建设工程合同纠纷案

(一)案件当事人

原告:河北A房地产开发有限公司(以下简称A公司)

被告一:北京B大地燃气有限责任公司(以下简称B公司)

被告二:怀来C投资有限公司(以下简称C公司)

(二)案情简介

原告A公司与被告一B公司就原告工业区内的天然气设施、管网建设和天然气供应签订协议,合同履行了一部分时,怀来县住建局发文,规定仅获得特许经营权的第三方燃气公司可在该区域经营天然气业务。因此,被告连同特许经营公司发函给原告,要求解除原被告合同,由特许经营公司接管,原告对此不予同意。双方因此产生纠纷,原告诉至法院要求解除合同并由被告赔偿损失,并请求判令已建设施所有权归原告所有。人民法院最终以情势变更导致双方合同目的无法实现为由,判决解除双方协议,驳回原告其他诉请。

(三)案件详细经过

2012年7月,被告一在项目所在地怀来县注册了被告二C公司。

2012年11月22日,原告与被告一因怀来县官厅湖南岸观澜墅项目签订《观澜墅项目燃气配套及供应协议书》。

2012年11月25日,原告又与被告二签订了与上述协议内容一致的《观澜墅项目燃气配套及供应协议书》。

2012年11月26日,原告与被告一、被告二签订了三方协议,该协议约定

原告与被告二于2012年11月25日签订的协议书，双方均认可不承担任何权利和义务及对双方不具有任何法律约束力。

原告和被告一在协议中约定，由被告一在原告工业园区内建天然气供应站一座，及项目总地图地界内中压管网、庭院管网及户内燃气管道及设施，并保证燃气系统实施，最终通气点火用气；一期工程必须通气并达到点火条件的第三批180户的最后期限为2014年6月10日；一期剩余住宅产品和二期、三期、四期产品的天然气配套项目工期内容，按甲方（本案原告）适时书面确认的具体要求执行。双方也约定了天然气供应站所占土地由原告提供，被告一购买，其产权由原告协助被告一办理至被告一名下；被告一须在项目所在地注册登记公司，并负责办理完成该站区的燃气经营许可证等。最后，双方约定，在被告一履约的前提下，其拥有天然气供气站、气站地上设备及管网的所有权。协议签订后，被告一依约投资建设天然气供应站一座，并于2014年7月初完成了一期工程的施工，一期第三批180户因原告未依约支付工程款，未点火通气。一期工程中被告一未能按期履约完成，原告认可有未能及时提供有些部分的现场施工条件的原因。双方就天然气供应站所占土地未办理土地规划、土地款支付、产权转移等相关手续。

2013年8月，怀来县住房和城乡规划建设局（怀建字〔2013〕29号）《关于进一步加强和规范我县燃气市场管理的通知》第二条要求“与开发企业签订天然气经营协议的燃气企业，必须取得怀来县政府授权的区域天然气特许经营权，未取得特许经营权的燃气企业，禁止在怀来县范围从事燃气经营活动”。

2014年9月，该局又发出《关于规范官厅镇、小南辛堡镇燃气设施建设、燃气经营权的紧急通知》，其内容已清楚的说明：2013年9月，怀来县人民政府授予北京中燃翔科油气技术有限公司在官厅镇、小南辛堡镇区域燃气特许经营权；2013年9月前，各住宅小区已经建设的燃气设施以及开展的燃气供应服务，应移交北京中燃翔科燃气技术有限公司运营管理，相关权益、责任、义务交接由各主体协商处理。

2014年7月18日，由于被告一未取得在官厅镇区域的燃气特许经营权，被告二和怀来中燃翔科燃气有限公司共同致函原告，要求解除合同，由怀来中燃翔科燃气有限公司接收经营，并负担原被告一的合同义务，原告回函未予认可。此后，原告连续通知被告一继续履行合同，但双方未能就一期剩余工程（二、三标段）及后期工程达成合意，被告一未再进场施工。

因双方上述纠纷，原告诉至法院，请求判令：1. 依法判决解除原告与二被告签订的《观澜墅项目燃气配套及供应协议书》，并判决观澜墅项目的供气站及相关设备归原告所有；2. 依法判决二被告赔偿原告违约金521,700元；3. 依法判决二被告赔偿原告经济损失480,000元；4. 本案的诉讼费用由被告承担。

2015年1月29日，河北省怀来县人民法院判决解除原告与被告一签订的观澜墅项目燃气配套及供应协议；驳回原告A公司的其他诉讼请求。

（四）案件争议焦点

燃气建设工程合同在履行过程中，政府主管部门规定仅获得特许经营权的企业能够从事合同涉及内容，是否构成双方合同解除的原因？

（五）当事人辩护意见

二被告意见：

1. 为观澜墅项目所建的供气站及相关设备应归C公司所有，理由有三：（1）首先由于不可抗力，政府将官厅地区的特许经营权批复给怀来中燃翔科燃气有限公司，我公司处于对燃气供气的长期稳定性考虑，与怀来中燃翔科燃气有限公司合作，由该公司继续履行原合同。在此期间，我公司一直保证供气站的安全稳定供气，为园区业主提供相应的服务，并没有给原告带来实质上的损失；（2）根据合同第四款第一条1.1，原告应按照12万元每亩的价格出让给我公司5亩土地。由于原告的原因，用于供气站建设的土地只有不到3亩，并且原告一直以土地问题未解决为由既不支付工程款，也不进行土地的转让；(3)由于土地原因，原告不能提供相应的规划手续，致使我公司无法办理相关手续，责任应由原告承担。

2. C公司并无违约。C公司与原告签订的《观澜墅项目燃气配套及供应协议书》中第六条2.3中明确为173.90万元的工程，我公司已全部完成。原告所诉的一期剩余二、三标段的燃气管网工程未按期进场施工，合同第六条5.2中明确这需根据实际进度由甲乙双方另行及时签订补充协议。由于原告拖欠949,680元工程款未支付以及政府原因，导致补充协议无法签订。

3. 关于第三批180户未通气点火，主要原因在原告方。按照合同约定第六条第三款3.8，原告应支付12.6万元，而原告迟迟不予支付，因此我公司未予通气。

4. 早在2014年7月18日前，原告已与怀来中燃翔科有限公司进行了实质性的接触，只是因为价格未达成一致，所以又要求我公司继续履约，因此原告的行为可以视为对项目转让的默认。

(六)法院观点

原告与被告一和原告与被告二签订的《观澜墅项目燃气配套及供应协议书》及原告与被告一、被告二的三方协议，是三方真实意思表示，属有效合同。三方协议中，明确原告与被告二签订的协议不具有任何法律约束力，属双方自行终止协议的权利和义务，本案不再做处理。原告与被告一在履行双方协议过程中，就工期的适当延误、分期工程款中每期的未完全支付，应当视为双方认可的在实际施工过程中、特殊情况发生下的适时调整，不构成根本违约。原告以被告一未于2014年6月10日前完成一期第三批180户的通气点火工作为理由，请求解除合同不成立。由于第三方的原因，被告一未能取得区域燃气特许经营权，致使其燃气经营的合同目的不能实现，被告一不再继续履行合同的行为，符合《合同法司法解释(二)》第二十六条关于情势变更原则的规定，因此原告与被告一的协议应予解除，该解除原因不可归责于协议双方。综上，对原告要求二被告赔偿原告违约金521,700元的诉请，不予支持。

被告一在原告项目宗地内，投资建设的天然气供应站及其相关的配套设备，双方应遵循有利于天然气设施建设、燃气供应服务的原则协商解决相关事宜。对原告要求观澜墅项目的供应站及相关设备归其所有的诉请，不予支持。原告的实际损失无充分证据证明，对原告要求二被告赔偿经济损失480,000元的诉请，不予支持。

二、相关法律规定

（一）案例五相关法律规定

《中华人民共和国合同法》

第六十条　当事人应当按照约定全面履行自己的义务。

《最高人民法院关于审理建设工程施工合同纠纷案件适用法律问题的解释》

第十七条　当事人对欠付工程价款利息计付标准有约定的，按照约定处理；没有约定的，按照中国人民银行发布的同期同类贷款利率计息。

《最高人民法院关于民事诉讼证据的若干规定》

第二条　当事人对自己提出的诉讼请求所依据的事实或者反驳对方诉讼请求所依据的事实有责任提供证据加以证明。

没有证据或者证据不足以证明当事人的事实主张的，由负有举证责任的当事人承担不利后果。

《最高人民法院关于审理与企业改制相关的民事纠纷案件若干问题的规定》

第三十五条　以收购方式实现对企业控股的，被控股企业的债务，仍由其自行承担。但因控股企业抽逃资金、逃避债务，致被控股企业无力偿还债务的，被控股企业的债务则由控股企业承担。

《黑龙江省燃气管理条例》（全文见附件）

(二)案例六相关法律规定

《中华人民共和国合同法》

第六十条第一款　当事人应当按约定全面履行自己的义务。

第九十四条　有下列情形之一的,当事人可以解除合同:

(一)因不可抗力致使不能实现合同的;

(二)在履行期限届满之前,当事人一方明确表示或者以自己的行为表明不履行主要债务;

(三)当事人一方迟延履行主要债务,经催告后在合理期限内仍未履行;

(四)当事人一方迟延履行债务或者有其他违约行为致使不能实现合同目的;

(五)法律规定的其他情形。

《最高人民法院关于适用〈中华人民共和国合同法〉若干问题的解释(二)》

第二十六条　合同成立以后客观情况发生了当事人在订立合同时无法预见的、非不可抗力造成的不属于商业风险的重大变化,继续履行合同对于一方当事人明显不公平或者不能实现合同目的,当事人请求人民法院变更或者解除合同的,人民法院应当根据公平原则,并结合案件的实际情况确定是否变更或者解除。

《中华人民共和国民事诉讼法》

第六十四条　当事人对自己提出的主张,有责任提供证据。

当事人及其诉讼代理人因客观原因不能自行收集的证据,或者人民法院认为审理案件需要的证据,人民法院应当调查收集。

人民法院应当按照法定程序,全面地、客观地审查核实证据。

《河北省燃气管理办法》(全文见附件)

三、对于空白特许经营权历史遗留问题的行政执法倾向和法院司法裁判观点

(一)行政执法倾向

这里讲的“空白特许经营权”是指原来在某特定区域没有特许经营权规定,或者仅政府直接授权的国有独资企业所有的特许经营权。而在特许经营权的从无到有,或者从国有转为社会资本所有的这个过程中,已经处于履约过程的燃气建设工程很容易因债权债务承继问题产生相关合同纠纷。上述案例五即是国有企业改制过程中,燃气资产和特许经营权转让给社会资本后,相关工程款债务承继的纠纷。案例六是燃气企业工程和供气合同履约过程中,行政部门发文规定仅某一家获得特许经营权的燃气企业可在当地经营燃气业务,其他企业需要将现有项目移交给该燃气企业,导致原工程合同双方无法继续正常履约。对于新获得特许经营权的燃气企业来说,前述纠纷均是在其获得授权之前产生的法律关系,或多或少都会与其产生联系,因此我们称之为获取授权时的历史遗留问题。

我们注意到,该类工程合同纠纷产生的根本原因是行政机关仅有权通过授权或者行政决定的方式明确特许经营权的授予对象,而无权通过行政行为干涉已存在工程合同双方的合同行为。相对来说,授权行政机关对燃气企业的约束力较大,但对于工程合同的甲方来说约束力较小。基于这个原因,行政机关在处理“空白”区域的特许经营权问题时,应在两个方面予以重视:1. 对燃气企业的约束性规定需要明确具体,使燃气企业在已建燃气项目的接管过程中有法、有文可依,尤其是对相关债权、债务的承继范围等,做到规范、顺畅接管;2. 积极听取已有工程项目中合同双方的意见,帮助协调双方的争议,并提供参考解决方案或过渡方法,使其行政行为给原合同双方造成的利益损失降到最低。

(二)法院司法裁判观点

在空白区域授予特许经营权产生的工程合同纠纷,是因行政机关的行政行为直接引起的民商事纠纷,因此法院在对此类案件进行裁判时,既需要从公平公正的角度维护案件当事人的合法权益,又需要考虑到行政行为本身及行政行为作出后的结果导向。一方面,如果案件当事人双方中,如有一方因授予特许经营权的行政行为受益,而另一方因该行政授权行为遭受损失,那么法院应考虑在这种失衡状态中尽量找到平衡点。另一方面,由于民商事法庭不会对行政行为本身进行裁判,往往只能接受既存的授权事实,且因特许经营权的授权有相关法律依据,人民法院在裁判时可按照案例六中的做法将其视为导致双方原合同无法继续履行的客观情况变化,并依此判决解除涉案合同。在政府部门没有制定好接管方案的情形下,法院判决解除合同但以双方均无过错为由不对任何一方的损失作出赔偿,则可能会产生政府的强制行为损害案件双方当事人利益的情况。

四、律师办案如何应对

针对案例五的情形,律师建议相关燃气施工企业在与国有企业合作过程中,应密切关注国有企业的改制,并在国有企业改制过程中及时要求权利义务承继方确认相关合同义务及债务;对新产生的债务也应及时与合同权利义务承继方予以书面确认,通过明确合同双方主体的方式维护自身合法权益。针对案例六的情形,律师认为原告燃气设施工程发包方的利益实际因政府的行政行为遭受损害,既然原被告的工程合同是在政府授予特许经营权之前签订,应当考虑法不溯及既往的原则,且本案的判决结果也将直接影响特许经营燃气企业的利益,应当将其一并作为案件当事人,共同确定是否转移合同权利义务以及转移合同的条件等具体事项,以便最大限度地减小政府授予特许经营权的行为对用气方的利益损害。

争端类型五

政府单方收回特许经营权引起的纠纷

一、典型案例

案例七　阿克苏市A有限公司与中国B建设有限责任公司新疆分公司建设工程施工合同纠纷案

(一)案件当事人

上诉人(原审被告):阿克苏市A有限公司(以下简称A公司)

被上诉人(原审原告):中国B建设有限责任公司新疆分公司(以下简称B新疆分公司)

(二)案情简介

享有集中供热特许经营权的A公司与B新疆分公司签订《阿克苏市市政建设管网工程承包合同》,合同履行中途,政府方单方解除与A公司的特许经营合同、收回特许经营权,导致A公司未依照前述工程合同约定按时支付工程款,B新疆分公司遂起诉要求解除双方合同。人民法院判决支持B新疆分公司的解除请求。

(三)案件详细经过

2011年9月5日,A公司经阿克苏市建设局批准设立。

2012年8月2日，甲方A公司与乙方B新疆分公司签订《阿克苏市市政建设管网工程承包合同》，约定由乙方承包阿克苏市集中供热管网工程中的土石方开挖、管道安装工程，承包方式为包工包料；开工日期为2012年9月6日，竣工日期为2014年9月30日；开工后的每月25日，乙方据实报告工作量，经监理、甲方代表签字后方可有效，次月5日甲方按80%支付工程进度款；若届时不能兑现，视为甲方违约，造成民工工资不兑现，引起一切后果由甲方负责，违约金按总价的千分之五赔偿给民工；管网工程的结算办法以实际发生的工程量和图纸变更签字为依据进行结算，图纸以内的土石方开挖中不可抗拒的地理土质变化（如石山爆破、粘碱土使用免爆机械）双方另行确定，工程价格归入结算；甲乙双方预审工程决算，确定合理后签字送达法定审计部门审定；经审定后，甲方在一个月之内一次性付清。若甲方违约，按余款的总价千分之五计算违约金；因一方违约致使合同不能履行，另一方欲终止或解除合同，应提前10日以书面形式通知对方，方可终止或解除合同，并由违约方承担因此造成的损失等。

2012年9月6日，B新疆分公司按时进场进行施工，现B新疆分公司所建第四标段工程已完工交付使用。在施工过程中，因A公司未依照约定期间支付工程款，B新疆分公司无法继续施工。

2013年，因A公司无力履行《阿克苏市集中供热项目投资合同书》确定的义务，阿克苏市招商局解除了与A公司之间的合同。

2013年8月15日，阿克苏市人民政府办公室向A公司发出通知，最终A公司退出阿克苏市供热市场。

2014年11月11日，B新疆分公司向A公司发出解除合同通知书，要求终止与A公司之间的合同。随后，B新疆分公司诉至原审法院，要求解除与A公司之间的合同，原审法院判决解除双方合同。

2015年4月28日，A公司不服阿克苏市人民法院（2014）阿市民初字第3946号民事判决，提出上诉。

2015年7月27日，二审法院判决驳回上诉，维持原判。

(四)案件争议焦点

A公司延迟付款的行为是否符合B新疆分公司解除合同的条件？

(五)当事人辩护意见

A公司上诉理由：

上诉人与被上诉人之间的《阿克苏市市政建设管网工程承包合同》，是基于上诉人与阿克苏市政府签订的《新疆阿克苏市集中供热BOT项目特许经营协议》而签订的。合同标的均为“阿克苏市集中供热项目”。2013年市招商局解除与上诉人签订的《阿克苏市集中供热项目投资合同书》，并非解除上诉人与市政府签订的特许经营合同。市政府发出的“所建管网政府已收回”的通知，是市政府单方面的行为。对于“阿克苏市集中供热项目”，上诉人至今仍具有特许经营权。市政府意欲收回“阿克苏市集中供热项目”并改由他方实施，涉及的法律关系是合同权利义务的转让，在此前提下，上诉人与被上诉人的合同关系也是该项目转让的一部分。如今转让问题还在商谈，而“阿克苏市集中供热项目”仍在继续建设中乃是事实，合同工程款的延误支付均是由此原因造成。市政府与被上诉人多次商谈工程价款的结算问题，也证明了这一点。因此，上诉人与被上诉人之间的合同一直在实际履行当中，现阶段被上诉人与市政府商谈工程价款，是合同权利义务的转让，不符合合同解除的要件。原审判决认定法律关系、适用法律错误，请求予以撤销并改判双方继续履行合同。

(六)法院观点

B新疆分公司与A公司于2012年8月2日签订的《阿克苏市市政建设管网工程承包合同》系双方真实意思表示，内容不违反法律规定，应属有效，双方均应按约定履行各自义务。在合同履行过程中，A公司未按合同约定向B新疆分公司履行已建工程的全部付款义务。依照双方合同约定：“因一方违约致使合同不能履行，另一方欲终止或解除合同，应提前十天以书面形式通知对方，方可终止或解除合同，并由违约方承担因此造成的损失等”，就此，B 新疆分公司依照双方之约定向 A 公司发出合同解除通知书，要求终止双方之间的合同，在期限内 A 公司未提出异议，故现 B 新疆分公司要求解除合同符合双方约定及法律规定，本院予以支持。

案例八　A 人民政府与和田 C 燃气有限责任公司、新疆 B 建设集团有限公司其他合同纠纷

（一）案件当事人

上诉人（原审被告、反诉原告）：A 人民政府（以下简称 A 政府）

被上诉人（原审原告、反诉被告）：新疆 B 建设集团有限公司（以下简称 B 公司）

被上诉人（原审原告、反诉被告）：和田 C 燃气有限责任公司（以下简称 C 公司）

（二）案情简介

因 A 政府单方解除与 B 公司签订的天然气利用项目合同（涉及项目建设以及特许经营内容），双方分别到人民法院提起民事诉讼和反诉，政府方请求解除双方合同，B 公司及其设立的项目公司——C 公司请求继续履行合同。本案诉讼程序自 2008 年 12 月启动，先后经历了中级人民法院、高级人民法院民事诉讼程序，最终于 2014 年 7 月由最高人民法院作出民事裁定，历时长达五年半。尽管历经了长期的民事诉讼程序才由高院判决燃气公司方胜诉，但本案上诉到最高人民法院后的最终结果却是让人意外，原因在于最高人民法院并未对本案事实进行审查，而是直接裁定该案不属于民事诉讼范围，而属于行政诉讼范围，因此裁定撤销原民事判决并驳回双方诉讼请求。

(三)案件详细经过

2004 年 4 月 14 日,B 公司与 A 政府就 A 天然气利用项目工程的投资建设签订《A 天然气利用项目合同》,约定:项目投产正式经营始由 B 公司自主经营 20 年后,B 公司将在和田建造的天然气项目工程所有权全部交与 A 政府,A 政府取得对该工程所有权后如需对外承包或出租经营,在同等条件下,B 公司有有限承包或租赁经营权。合同并就工期及资金投入使用、项目工程进度、施工监理和验收、双方的权利和义务等内容进行了约定。

2004 年年底,A 陆续使用天然气。

2005 年 5 月 12 日,A 政府与 B 公司就双方前述合同签订补充合同,就 A 政府利用国债资金入股该工程项目、双方相互协助义务、采购安装事宜、违约责任及奖罚办法等进行了补充约定。

2005 年 8 月 31 日,和田行署专员办公会《关于解决 A 天然气锅炉改造工程指挥部暂借资金问题的会议纪要》根据 A 天然气锅炉改造工程指挥部的请求,就 C 公司暂借资金问题进行了专题研究。纪要内容确定:由地区财政、A 政府、和田县各筹集资金 200 万元,共计 600 万元,暂借给 A 天然气锅炉改造工程指挥部,再由 A 天然气锅炉改造工程指挥部转借给 C 公司。该项资金由 A 天然气锅炉改造工程指挥部监管使用,专项用来购买输气管线等相关材料。A 天然气锅炉改造工程指挥部与 C 公司签订借款合同,并制订严格的还款计划和方案。该项资金由 A 天然气锅炉改造工程指挥部负责必须于 2005 年 12 月 31 日之前归还地区财政、A 政府、和田县。

2005 年 9 月 6 日,A 政府与 B 公司就上述 600 万元借款签订合同书,借款期限自 2005 年 9 月 10 日起至 2005 年 12 月 25 日止。借款自 2005 年 11 月 1 日起从 B 公司销售天然气收入中取出全额归还 A 政府并汇入 A 政府指定银行账户,至归还清全部借款、可能发生的违约金。A 政府不收利息,如 B 公司违约,A 政府收取罚款。在该合同项下的借款及违约金全部清偿前,B 公司不得自行收取或转移天然气销售收入,首先保证归还 A 政府资金。此合同约定的借款已发放给B公司。

2005年10月27日,A政府与B公司签订合同书,约定由A政府给B公司借款100万元,借款用于购置敷设高压、次高压线管、门站设备。借款期限自2005年10月27日起至2005年12月25日止。该合同约定的其他条款与上述借款合同内容基本一致。此合同约定的借款已发放给C公司。

2005年12月8日,A天然气锅炉改造工程指挥部就燃气公司无端拖欠民工工资问题召开会议,会议纪要确定了支付工程款及拖欠民工工资的资金来源和支付依据。

2006年2月20日,B公司与A政府签订合同书,就2004年4月14日签订的《A天然气利用项目合同》达成补充条款,约定:B公司必须在2006年3月30日前还清所借A政府的借款700万元。……如B公司不在规定期限内归还欠款,A政府将视为B公司无此经济能力并违约,同时废止双方2004年4月14日签订《A天然气利用项目合同》第五条第八款约定的"A政府不再允许第三方在A敷设天然气管道和建汽车加气站(除较大型工业用气的管道外)"。A政府有权面向社会引进投资商重新敷设天然气管道和建汽车加气站。该合同在B公司落款处加盖的公章为"和田C燃气有限责任公司"。

C公司企业法人营业执照记载其全称为"和田C燃气有限责任公司",2005年度,C公司年检报告书记载其公司印鉴式样,其中公章全称为"和田C燃气有限责任公司"。

2007年9月14日,和田行署专员办公会议纪要《关于协调解决C公司供热欠款问题会议纪要》就地直单位、A政府、和田县拖欠C公司欠款问题进行了专题研究。纪要要求:行署办公室负责协调地直单位、A政府、和田县政府各自负责所辖单位的清欠工作……如个别单位无故拖延不缴,可采取强制措施不予供气,责任由欠款单位自负。

2007年10月29日,和田行署专员办公室会议纪要《关于协调天然气供暖问题的会议纪要》,就2007年冬季供暖问题进行了研究,其中指出:部分采暖用气单位未及时缴纳气款,成为C公司不能及时回笼资金并及时支付塔西南公司气款的重要原因。

2008年2月22日,A政府办公室致乌市晨报函称:贵报今天刊登的《和田天然气供暖矛盾重重,政府四次协调皆无果,A今冬第四次大停暖》消息严重失实,A政府对此深感震惊,文章给社会造成恶劣影响,损害了政府形象。……2005年、2006年由于居民、供热商不能按时向燃气公司交款,燃气公司无法向塔西南公司交款,导致塔西南公司降压限气,居民于是不能正常取暖。2007年市委、市政府经过认真协调、催交气款,居民的取暖问题基本上得到了解决,根本不存在大面积停暖问题,更没有燃气公司无故停气的行为。

2008年9月10日,A国家税务局出具《关于C公司基本情况的报告》,称C公司无欠税情况。

2008年9月12日,A政府向B公司、C公司出具合同解除通知函,称根据《市政公共事业管理办法》第10、18、25条和《新疆维吾尔自治区市政公用事业特许经营条例》第31、34条以及《城市燃气管理办法》第18条之规定,市政府决定依法解除与该公司所签订的《A天然气利用项目合同》。根据《中华人民共和国合同法》的相关规定,本通知函送达之日起即发生法律效力,即产生合同解除的法律后果。

2008年9月12日,A政府向A建设局出具A政函(2008)99号《关于同意接管B公司及其子公司C公司在A城市燃气供应运营业务的批复》,其内容记载:市政府同意建设局接管B公司及其子公司C公司在A城市燃气供应运营业务。

2008年9月18日,C公司向A建设局提出听证申请,要求对其作出的接管通知依法举行听证会。

2008年9月23日,由A建设局、A城管局主持,B公司、C公司法定代表人参加了就A建设局接管C公司天然气经营权事由召开的听证会,B公司、C公司法定代表人在会上表达了不同意接管的意见。同日,A建设局向B公司与C公司送达了《关于全面接管C公司在A天然气供应经营权业务的决定书》,决定对两公司在A经营的天然气供用气及运行业务的经营权由该局派人员进驻实行全面强制接管。同日,A 人民法院根据 A 建设局的申请作出(2008)和市民保字第 37 号诉前财产保全民事裁定书,裁定对 C 公司售气系统及相关天然气用户资料予以查封。同时,C 公司向 A 政府出具《关于〈合同解除通知函〉的复函》,认为 A 政府单方解除合同不符合法律规定,A 政府作出的《合同解除通知函》已严重违约,其将随时追究政府的违约责任。

2008 年 11 月 27 日,和田地区国税局稽查局作出和地国税稽处(2008)1 号税务处理决定书,称对 C 公司 2006 年 1 月 1 日至 2007 年 12 月 31 日的增值税、所得税纳税情况进行了检查,认为该公司未申报收入,导致少缴应纳增值税、企业所得税的行为,应当依法按补税处理。

2008 年 12 月 22 日,A 政府将 B 公司诉至 A 人民法院,要求解除双方签订的《A 天然气利用项目合同》及《补充合同》。A 人民法院受理后,B 公司提出管辖权异议申请。

2009 年 1 月 21 日,B 公司与 C 公司诉至原审法院即新疆维吾尔自治区高级人民法院称:本案合同不具备法定解除条件及情形,A 政府解除合同的行为无效,其依法应继续履行合同。同时,A 政府强行接管 B 公司与 C 公司价值 2. 1 亿元的供气经营财产及经营权,严重侵害了两公司合法财产及经营权。请求:一、依法确认 A 政府解除合同的行为无效,判令 A 政府继续履行合同;二、判令 A 政府返还价值 2. 1 亿元的天然气供气经营财产及经营权。

A 政府反诉称:B 公司自投资 A 天然气利用工程项目的建设开始,资金短缺延误施工进度;不断拖欠民工工资,引发农民工群体上访;B 公司投入天然气经营不久,又拖欠塔西南油田天然气款,一度使 A 天然气供应中断,导致大面积无天然气停暖;所借 A 政府 600 万元周转资金,到期迟迟不予归还;投资施工建设的 A 天然气利用工程项目均未经验收合格便通气非法经营;在经营过程中未经批准同意擅自转让其特许经营权给其他公司经营;已经严重丧失了商业信誉和社会信誉。请求:一、依法判决解除 A 政府与 B 公司签订的《A 天然气利用工程项目合同》及《补充合同》;二、要求 B 公司归还借款及垫资款 21, 965, 199. 56 元;三、由 B 公司承担本案全部诉讼费用。

2009年5月30日,经新疆维吾尔自治区高级人民法院立案庭协调,和田地区中级人民法院作出(2009)和中立终字第22号民事裁定,裁定将A政府诉B公司的案件移送新疆维吾尔自治区高级人民法院与本案合并审理。

2010年12月,原审法院委托中介部门对B公司、C公司2004年起在和田经营天然气的全部投入往来账目及A政府在B公司、C公司投入经营天然气期间的垫付资金、2008年9月23日A建设局全面接管B公司、C公司在A天然气供应经营权业务之后的全部经营收入、支出(含已向B公司、C公司所支付的部分)进行鉴定。

2012年6月,双方当事人收到鉴定报告的征求意见稿,并均提交了对于鉴定报告征求意见稿的异议书。其后,双方均提交了书面的终止鉴定申请。

诉讼中,B公司与C公司以A政府强行接管其公司财产和经营权后,致使其公司在长达三年期间无任何收入,其公司无法支付公司职工的薪酬、公司管理费用、拖欠的施工劳务费及本案的诉讼费、代理费、鉴定费用为由,请求法院依法裁定A政府先予给付其公司经营收入600万元。原审法院于2011年2月24日作出由A政府向B公司、C公司先行给付300万元的民事裁定。后经该院协调,就先予执行的款项A政府同意支付300万元,但要求支付至法院账户。该款项汇至该院账户后,根据B公司、C公司的申请,已向B公司、C公司支付25万元(缴纳鉴定费),余款仍在该院账户。

原审法院判决:一、A政府单方解除其与B公司签订的《A天然气利用项目合同》的行为无效,B公司、C公司与A政府继续履行该合同及其补充合同,A政府向B公司、C公司交还其下属A建设局强行接管的B公司与C公司在A经营的天然气供用气及运行业务的经营权和财产;二、驳回B公司、C公司的其他诉讼请求;三、驳回A政府的反诉请求。A政府已交纳至该院的先予执行款项的余额275万元予以退还。

A政府不服原审法院的上述民事判决,向中华人民共和国最高人民法院提起上诉。请求:一、撤销(2009)新民二初字第1号民事判决第一项和第三项;二、改判支持A政府原审全部反诉请求;三、判令B公司和C公司承担全部诉讼费用。

2014 年 7 月 7 日，最高院以本案不属于民事诉讼范围为由裁定：一、撤销新疆维吾尔自治区高级人民法院(2009)新民二初字第 1 号民事判决；二、驳回新疆 B 建设集团有限公司、和田 C 燃气有限责任公司的起诉以及 A 人民政府的反诉。

(四)案件争议焦点

本案应适用民事诉讼程序还是行政诉讼程序？

(五)当事人辩护意见

A 政府意见：

原审意见：A 政府代理人认为本案双方当事人之间签订的《A 天然气利用项目合同》及其《补充合同》并非简单的平等主体之间处分其民事权利义务的合同，而是 A 政府作为行政机关、出于履行社会公共事务管理职能的需要而签订的，该合同以 A 政府特许 B 公司在 A 经营天然气这一必要的法律事实为前提，是具有一定的行政属性的特许经营合同，而非联营合同纠纷。

上诉理由：1. C 公司并无诉讼主体资格，原审法院对其主体资格的认定错误。根据原审法院查明的事实，“和田 C 燃气有限责任公司”并非依法设立并经工商登记的公司法人。2. 原审法院关于本案合同性质及法律关系的认定错误。本案诉争的《A 天然气利用项目合同》及《补充合同》并非平等主体之间处分民事权利义务的合同，而是行政机关出于履行社会公共事务管理职能就市政公用事业所签订的行政合同。3. A 政府通过合法有效的行政行为依法撤销 B 公司的特许经营权，并在此基础上解除与其之间的合同，具有充分事实和法律依据。4. 原审判决未能正确适用民事诉讼的举证规则，驳回 A 政府要求 B 公司与 C 公司归还借款及垫资的诉讼请求错误。鉴定未能完成是由于 B 公司撤回其鉴定资料所致，应视为其不能就反驳 A 政府反诉请求提供相应证据，故应承担相应不利后果。5. 原审法院存在程序违法，严重损害当事人诉讼权利和实体权利,而且导致案件事实认定错误。

B 公司和 C 公司意见:

二审答辩称:

1. A 政府认为 C 公司并非经工商登记的公司法人,违背事实。2. A 政府的诸多行为表明,其作出的《合同解除通知函》是民事法律行为,而非行政行为,且《市政公用事业特许经营管理办法》、《新疆维吾尔自治区市政公用事业特许经营条例》均发布和生效于本案合同签订之后,不应适用于本案合同。3. A 政府列举的 B 公司、C 公司的违法和违约行为与事实不符,其所提供的证据不具有证明力。4. 原审判决未违反民事诉讼的举证规则。5. A 政府上诉所称的五组 30 份证据,在一审两次庭审中已由 A 政府原委托代理人提交并经过质证。综上,原审判决认定事实清楚,适用法律正确,应予维持。请求驳回 A 政府的上诉请求,维持原判。

(六)法院观点

原审法院观点:

关于合同性质的问题:首先,行政法上的特许经营是一种行政许可。行政许可是指行政主体应行政相对人的申请,通过颁发许可证、执照等形式,依法赋予行政相对人从事某种活动或实施某种行为的权利或资格。2004 年 7 月 1 日施行的《中华人民共和国行政许可法》规定直接涉及国家安全、公共安全等特定活动的可以设定行政许可。该法第三十七条规定行政机关对行政许可申请进行审查后,除当场作出行政许可决定的外,应当在法定期限内按照规定程序作出行政许可决定。2004 年 5 月 1 日起施行的建设部《市政公用事业特许经营管理办法》第二条规定,城市供水、供气、供热、公共交通、污水处理、垃圾处理等行业,依法实施特许经营的,适用本办法。第八条规定主管部门应当依照招、投标并进行公示的程序选择投资者或经营者。获得特许经营权的企业在特许经营期间存在第十八条规定擅自转让等情形的,主管部门应当依法终止特许经营协议,取消其特许经营权,并可以实施临时接管。

其次,B 公司与 A 政府于 2004 年 4 月 14 日签订的《A 天然气利用项目合同》第五条关于 B 公司的权利义务第七项规定:A 政府协助 B 公司办理城市燃气经营资质、特许经营证。关于 A 政府的权利义务第一项规定:如果 A 政府争取到国家投资,在 B 公司同意的情况下,A 政府可按国家投资额与 B 公司投资额的比例实施股份制。合同还约定,在工程施工中,由 A 政府聘请有资质的监理单位对工程质量进行监理,监理费由 A 政府承担。合同第八条约定:本合同生效后,双方均不得擅自修改或废止;如发生纠纷,双方协商解决,如协商不成,则在异地法院仲裁。2005 年 6 月 30 日双方就《A 天然气利用项目合同》签订的补充合同中约定:天然气供热项目的国债资金到位后,拨付 2000 万元,作为 A 政府的股份注入 B 公司投资建设的 A 天然气利用项目中。A 政府于 2008 年 9 月 12 日向 B 公司、C 公司发出合同解除通知函称根据我国《中华人民共和国合同法》的相关规定,本通知函送达之日起即发生法律效力,即产生合同解除的法律后果。此后,由 A 人民法院根据 A 建设局对被申请人 C 公司的诉前财产保全申请,于 2008 年 9 月 23 日依据《中华人民共和国民事诉讼法》第九十三条第一款的规定作出了(2008)和市民保字第 37 号民事裁定,裁定对被申请人 C 公司售气系统及相关天然气用户资料予以查封。因此,从本案合同关于 A 政府要协助 B 公司办理城市燃气经营资质、特许经营证的约定及 A 政府如争取到国家投资,则与 B 公司按投资额比例实施股份制,工程施工中由 A 政府负责建立方面的工作及费用的约定表明本案合同与行政法意义上的行政许可尚不一致。双方产生纠纷后,A 政府亦是按照《中华人民共和国合同法》的规定通知 B 公司、C 公司解除合同,并不存在撤销其特许经营权的相应的行政决定。其后 A 建设局经 A 政府同意作出了《关于全面接管 C 公司在 A 天然气供应经营权业务的决定书》,对该公司在 A 经营的天然气供用气及运行业务的经营权由该局派人员进驻实行全面强制接管,并进而向 A 人民法院申请了诉前财产保全。故 A 政府就本案纠纷所采取的措施也表明其并未将本案合同作为行政合同对待,本案亦不存在行政法意义上的撤销特许经营权的行为。现双方当事人亦均就本案纠纷提起民事诉讼,本案作为民商事案件审理并无不妥。

关于本案是否属于联营合同的问题:根据《中华人民共和国民法通则》第五十一条至第五十三条关于联营的规定表明,企业之间或企业与事业单位之间的联营或要组成新的经济实体,或要共同经营,或按照合同约定各自独立经营。故从本案双方当事人所签合同内容来看,并不具备上述特征,即不属于联营合同的性质。根据本案双方当事人签订合同的内容及《最高人民法院关于印发修改后的〈民事案件案由规定〉的通知》的规定,本案案由定为合同纠纷为妥。

最高人民法院观点:

本院经审理认为,本案所涉《A天然气利用项目合同》及其《补充合同》系由A政府作为一方当事人根据其行政机关公权力所签订,体现了其依据有关市政公用事业管理法规,对天然气的利用实施特许经营,行使行政职权的行为。虽然B公司作为一方当事人的目的在于获取一定经济利益,但案涉合同本身是要对天然气这一公共资源进行开发利用,建设并提供公共产品和服务,从而满足公众利益的需要,体现出政府实施行政管理的公益性目的。另外,案涉合同内容虽然存在对双方权利义务的约定,在一定程度上体现了双方协商一致的特点,但其中关于特许经营权的授予、经营内容、范围和期限的限定、价格收费标准的确定、设施权属与处置、政府对工程的监管等内容,均体现了政府在合同签订中的特殊地位。本案所涉特许经营权的授予虽属于行政许可行为,但在《市政公用事业特许经营管理办法》已明确市政公用事业市场化方向,允许并鼓励通过签订合同的形式推进基础设施的建设以及提供服务的情况下,亦不宜因行政许可系因合同方式取得而否定其行政性质。此外,本案中,A政府解除合同的依据以及向A建设局出具批复同意其接管B公司和C公司天然气运营业务的行为,在性质上应属于行政行为,B公司和C公司针对A政府解除合同、强行接管其相关财产及经营权而提起本案诉讼,应当属于《中华人民共和国行政诉讼法》第十二条第一款第(七)项"人民法院受理公民、法人或者其他组织提起的下列诉讼:……(七)认为行政机关侵犯其经营自主权……"规定的行政诉讼受案范围。综上所述,本院认为,本案所涉合同以及当事人之间讼争的法律关系虽然存在一定民事因素，但双方并非平等主体之间所形成的民事法律关系，因此本案不属于人民法院民事案件受理范围，当事人可依据相关行政法规定另行提起行政诉讼。原审法院将此作为民事纠纷予以受理并作出实体判决不当，应予纠正。据此，A政府请求解除合同以及要求B公司和C公司返还垫款的反诉请求，亦不属于民事案件的受理范围，本院亦不予处理。

二、相关法律规定

（一）案例七相关法律规定

《中华人民共和国合同法》

第九十三条　当事人协商一致，可以解除合同。

当事人可以约定一方解除合同的条件。解除合同的条件成就时，解除权人可以解除合同。

第九十六条第一款　当事人一方依照本法第九十三条第二款、第九十四条的规定主张解除合同的，应当通知对方。合同自通知到达对方时解除。对方有异议的，可以请求人民法院或者仲裁机构确认解除合同的效力。

（二）案例八相关法律规定

《新疆维吾尔自治区市政公用事业特许经营条例》

第三十一条　特许人应当制定特许经营项目应急预案；发生突发事件时，应当采取有效措施或者安排组织临时接管，保证公共产品供应、服务的连续和稳定。

第三十四条　特许经营者有下列情形之一的，特许人应当责令其限期改正，逾期不改的，特许人有权撤销特许经营权，并终止特许经营协议：

(一)违反本条例规定以特许经营项目的运营权设定担保,或者擅自转让、出租特许经营项目的运营权,或者擅自处置、抵押特许经营设施、设备的;

(二)未按照法律、法规及有关标准、规范和特许经营协议约定从事特许经营活动,不履行普遍服务义务,或者不履行养护、维修和更新改造义务,危及公共利益、公共安全的;

(三)因经营管理不善,造成重大质量、生产安全责任事故,不适宜继续从事特许经营活动的;

(四)擅自停业、歇业的;

(五)法律、法规、规章禁止的其他情形。

《城市燃气管理办法》①

第十八条　燃气供应企业应当遵守下列规定:

(一)燃气的气质和压力应当符合国家规定的标准。保证安全稳定供气,不得无故停止供气;

(二)禁止向无《城市燃气企业资质证书》的单位提供经营性气源;

(三)不得强制用户到指定的地点购买指定的燃气器具;

(四)禁止使用超过检验期限和检验不合格的钢瓶;

(五)禁止用槽车直接向钢瓶充装液化石油气;

(六)其他应当遵守的规定。

《中华人民共和国行政许可法》

第三十七条　行政机关对行政许可申请进行审查后,除当场作出行政许可决定的外,应当在法定期限内按照规定程序作出行政许可决定。

《市政公用事业特许经营管理办法》②

第二条　本办法所称市政公用事业特许经营,是指政府按照有关法律、

---

① 该办法已于2011年被废止。——编者注
② 该办法已于2015年被修改。——编者注

法规规定,通过市场竞争机制选择市政公用事业投资者或者经营者,明确其在一定期限和范围内经营某项市政公用事业产品或者提供某项服务的制度。

城市供水、供气、供热、公共交通、污水处理、垃圾处理等行业,依法实施特许经营的,适用本办法。

第八条　主管部门应当依照下列程序选择投资者或者经营者:

(一)提出市政公用事业特许经营项目,报直辖市、市、县人民政府批准后,向社会公开发布招标条件,受理投标;

(二)根据招标条件,对特许经营权的投标人进行资格审查和方案预审,推荐出符合条件的投标候选人;

(三)组织评审委员会依法进行评审,并经过质询和公开答辩,择优选择特许经营权授予对象;

(四)向社会公示中标结果,公示时间不少于20天;

(五)公示期满,对中标者没有异议的,经直辖市、市、县人民政府批准,与中标者(以下简称“获得特许经营权的企业”)签订特许经营协议。

第十条　主管部门应当履行下列责任:

(一)协助相关部门核算和监控企业成本,提出价格调整意见;

(二)监督获得特许经营权的企业履行法定义务和协议书规定的义务;

(三)对获得特许经营权的企业的经营计划实施情况、产品和服务的质量以及安全生产情况进行监督;

(四)受理公众对获得特许经营权的企业的投诉;

(五)向政府提交年度特许经营监督检查报告;

(六)在危及或者可能危及公共利益、公共安全等紧急情况下,临时接管特许经营项目;

(七)协议约定的其他责任。

第十八条　获得特许经营权的企业在特许经营期间有下列行为之一的,主管部门应当依法终止特许经营协议,取消其特许经营权,并可以实施临时接管:

（一）擅自转让、出租特许经营权的；

（二）擅自将所经营的财产进行处置或者抵押的；

（三）因管理不善，发生重大质量、生产安全事故的；

（四）擅自停业、歇业，严重影响到社会公共利益和安全的；

（五）法律、法规禁止的其他行为。

第二十五条　主管部门应当建立特许经营项目的临时接管应急预案。

对获得特许经营权的企业取消特许经营权并实施临时接管的，必须按照有关法律、法规的规定进行，并召开听证会。

《中华人民共和国民法通则》

第五十一条　企业之间或者企业、事业单位之间联营，组成新的经济实体，独立承担民事责任、具备法人条件的，经主管机关核准登记，取得法人资格。

第五十二条　企业之间或者企业、事业单位之间联营，共同经营、不具备法人条件的，由联营各方按照出资比例或者协议的约定，以各自所有的或者经营管理的财产承担民事责任。依照法律的规定或者协议的约定负连带责任的，承担连带责任。

第五十三条　企业之间或者企业、事业单位之间联营，按照合同的约定各自独立经营的，它的权利和义务由合同约定，各自承担民事责任。

《中华人民共和国合同法》

第九十四条　有下列情形之一的，当事人可以解除合同：

（一）因不可抗力致使不能实现合同目的；

（二）在履行期限届满之前，当事人一方明确表示或者以自己的行为表明不履行主要债务；

（三）当事人一方迟延履行主要债务，经催告后在合理期限内仍未履行；

（四）当事人一方迟延履行债务或者有其他违约行为致使不能实现合同目的；

（五）法律规定的其他情形。

《中华人民共和国行政诉讼法》

第十二条　人民法院受理公民、法人或者其他组织提起的下列诉讼：

（十一）认为行政机关不依法履行、未按照约定履行或者违法变更、解除政府特许经营协议、土地房屋征收补偿协议等协议的；

《中华人民共和国民事诉讼法》

第一百一十九条　起诉必须符合下列条件：

（一）原告是与本案有直接利害关系的公民、法人和其他组织；

（二）有明确的被告；

（三）有具体的诉讼请求和事实、理由；

（四）属于人民法院受理民事诉讼的范围和受诉人民法院管辖。

第一百二十四条　人民法院对下列起诉，分别情形，予以处理：

（一）依照行政诉讼法的规定，属于行政诉讼受案范围的，告知原告提起行政诉讼；

（二）依照法律规定，双方当事人达成书面仲裁协议申请仲裁、不得向人民法院起诉的，告知原告向仲裁机构申请仲裁；

（三）依照法律规定，应当由其他机关处理的争议，告知原告向有关机关申请解决；

（四）对不属于本院管辖的案件，告知原告向有管辖权的人民法院起诉；

（五）对判决、裁定、调解书已经发生法律效力的案件，当事人又起诉的，告知原告申请再审，但人民法院准许撤诉的裁定除外；

（六）依照法律规定，在一定期限内不得起诉的案件，在不得起诉的期限内起诉的，不予受理；

（七）判决不准离婚和调解和好的离婚案件，判决、调解维持收养关系的案件，没有新情况、新理由，原告在六个月内又起诉的，不予受理。

《最高人民法院关于适用〈中华人民共和国民事诉讼法〉若干问题的意见》

186. 人民法院依照第二审程序审理的案件，认为依法不应由人民法院受理的,可以由第二审人民法院直接裁定撤销原判,驳回起诉。

三、政府单方收回特许经营权的行政执法倾向

(一)行政执法倾向

上述案例七是因政府方收回特许经营权间接导致的特许经营企业与其工程承包商纠纷,案例八则是因政府方强制收回特许经营权并强制接管而直接产生的政府方与特许经营企业之间的纠纷。城镇燃气特许经营合同的签订是政府方通过与社会资本方签署特许经营协议来帮助其履行行政职能的方法和途径,因此特许经营合同实际是行政职能和民事合同的结合产物。这里所指的行政职能即政府方对特定经营者的特许授权职能,而授权的根本目的在于以低成本、低风险、高效率的方式为广大社会民众提供燃气,如政府部门认为该根本目的无法得到实现时,则可能提前收回授予经营者的特许经营权,终止双方签订的特许经营合同。但政府方收回特许经营权的启动及相关措施应当遵循一定的准则和程序,以尽量避免因收回城镇燃气特许经营权及经营项目而导致过多的纠纷。如因政府方收回时处理不当,导致相关纠纷对广大群众利益产生不利影响,那么政府方的单方收回则是得不偿失的。

为避免因政府单方收回城镇燃气特许经营权而产生纠纷,或因此使社会公众无法按计划正常使用燃气,需要政府对收回特许经营权的制度要求进行充分理解,并做好相关预防措施。特许经营权的收回实际涉及收回的触发条件、收回的程序、收回后的接管、对经营者的合理补偿。前述四个方面如任何一方面处理不妥当,都可能直接导致政府方、特许经营方、下游承包商等各方合作主体之间产生纠纷,从而影响整个城镇燃气项目的进展。

1. 政府单方收回城镇燃气特许经营权的触发条件。首先,政府方应遵守契约精神,严格按照特许经营合同约定履行自身义务,不得因自身负有的行

政职能而随意收回特许经营权。政府方的行政职能实际更是其责任和义务，如政府方随意违约造成城镇燃气项目受阻，使国家及社会公众的利益受损，则构成失职。其次，特许经营权收回的触发条件可分类为可归责于燃气特许经营方的条件和不可归责于燃气特许经营方的条件。前者包括特许经营方违法、违约等行为致使合同无法继续履行，以不正当手段取得特许经营项目等；后者包括不可抗力、客观情况发生重大变化、法律法规及政策调整等。特许经营权收回的触发条件类别不同，对特许经营者的补偿方案应有所不同。无论触发条件是否可归责于燃气特许经营方，政府在对是否收回特许经营权作出决定时，均应当以社会公众利益为衡量标准。最后，由于法律对于政府收回特许经营权的规定比较笼统，政府方及经营方应在特许经营合同中对政府单方收回的条件、程序、补偿等做明确、具体的约定，这样政府方可依照约定履行收回权利，经营方亦可依照约定进行抗辩。

2. 政府单方收回城镇燃气特许经营权的程序。(1)通知。政府方应向经营者正式通知收回特许经营权的决定、收回原因及收回时间等。(2)协商。通知发出后，双方应就收回特许权后的具体处理事宜进行协商，包括收回项目公司债权债务处理、人员安置、设施移转以及政府后续管理事务。如果双方能够协商一致的，可以签订协议，根据协议规定的程序处理后续事务；如果双方协商不能一致的，政府认为需要，可以强制收回特许经营权。(3)评估。双方应对被收回的城镇燃气项目的人员、资产、债权债务等进行评估，以为双方协商及实际收回、接管时确定具体方案提供参考。(4)收回。双方协商确定或政府单方确定强制收回方案后，按照方案计划有条不紊的进行特许经营项目的收回。(5)接管。特许经营项目收回后，政府可自行接管项目或选择第三方经营者接替，接管应以继续正常运营、不间断为社会公众提供城镇燃气服务为目标进行展开。

3. 政府单方收回城镇燃气特许经营权后的接管。(1)确定并公告接管的程序、接管主体、接管对象、接管费用承担方、监督制度等。(2)接管应注意不改变原特许经营合同约定的权利、义务、责任等内容。

4. 政府单方收回城镇燃气特许经营权的补偿。由于社会资本投资城镇燃气项目的根本目的在于其逐利性，而特许经营权的收回会直接阻断该逐利性，从而打击社会资本参与 PPP 城镇燃气项目的积极性，并可能采取阻挠政府收回的措施。因此，政府在收回特许经营权时，应根据收回情形的不同对社会资本进行公平、合理的补偿，而补偿的具体范围及项目双方可通过特许经营合同进行事先约定，以免出现收回情形时双方发生争议。具体补偿方案，应根据收回是否可归责于特许经营者而区别对待，如可归责于特许经营者，应综合考虑特许经营者的履约情况和造成损失的情况衡量补偿金额。如不可归责于特许经营者，则可在特许经营者的资本投入、预期收益等基础上协商确认补偿金额。

（二）法院司法裁判观点

与上述其他燃气特许经营权的争端类型相比，因政府单方收回特许经营权导致的纠纷应该是最难调和的一种争端，因为政府方决定收回授权时，一般都是政府方和燃气企业方之间的矛盾已经变得非常激烈的时候，原特许经营企业与下游建设承包商之间也会随之产生纠纷，且因收回的同时政府方往往需要强制接管，双方的利益矛盾会因此激化。

对于被取消特许经营权的燃气企业与其工程承包商之间的此类合同纠纷，尽管燃气企业的违约行为是由于政府方收回授权导致，其自身无法控制，但对于其工程承包商来说，工程承包商与政府方之间并无直接合同关系，因此法院在裁判时，仅倾向于审查双方之间的履约及违约事实，案例七属于此类情形。

对于因收回特许经营权产生的政府方与燃气企业双方之间的纠纷，法院在审理时存在当前法律依据模糊的难题，因此裁判结果的可预测性较差。案件应属于民事案件受案范围还是行政诉讼受案范围目前在实务和理论界还是存在争议。鉴于政府方的行政优越性存在，双方斗争过程中政府方容易占据主动地位，从这个角度来说似乎使用行政诉讼程序较为公平。但如果从双方纠纷属于违约、合同解除纠纷的角度来看,合同法对于该类纠纷的规定较为完善,民事诉讼程序又更为适合。案例八中,政府方动用了税务稽查、公安介入、建设局强制接管等多种方式支持己方解除协议、收回授权的决定。虽然原审法院在审理过程中对于政府方有偏颇的各种主张和行为均予以驳斥,但最高人民法院认为该类纠纷应属于行政诉讼受案范围,不予审理。需要注意到最高人民法院在做出该裁定时,行政诉讼法关于解除政府特许经营协议属于行政诉讼受案范围的司法解释还没有发布,能够充分体现最高人民法院将其归为行政诉讼范围的倾向性。

四、律师办案如何应对

对于城镇燃气企业而言,当出现政府单方收回其燃气特许经营权的情形时,燃气企业通常都处于十分被动的局面。从保护城镇燃气企业的角度出发,由于政府有着行使行政权力的天然优势,因此律师建议在不到必要的时候或者准备工作没有做好的情况下暂缓考虑直接通过诉讼的方式解决与政府方的纠纷,且诉讼的目的也需要事先考虑周全。另外,从风险预防的角度,城镇燃气企业在与政府方签订特许经营协议时,应详细明确地约定特许经营权收回的条件、程序等条款,尽可能地增加政府不得随意收回特许经营权的限制性条款及违约责任条款,以保障整个协议可以持续有效履行。

案例中涉及的国家及各省份的燃气管理规定汇编

城镇燃气管理条例

（2010 年 11 月 19 日国务院令第 583 号公布
自 2011 年 3 月 1 日起施行）

第一章　总　　则

第一条　为了加强城镇燃气管理，保障燃气供应，防止和减少燃气安全事故，保障公民生命、财产安全和公共安全，维护燃气经营者和燃气用户的合法权益，促进燃气事业健康发展，制定本条例。

第二条　城镇燃气发展规划与应急保障、燃气经营与服务、燃气使用、燃气设施保护、燃气安全事故预防与处理及相关管理活动，适用本条例。

天然气、液化石油气的生产和进口，城市门站以外的天然气管道输送，燃气作为工业生产原料的使用，沼气、秸秆气的生产和使用，不适用本条例。

本条例所称燃气，是指作为燃料使用并符合一定要求的气体燃料，包括天然气（含煤层气）、液化石油气和人工煤气等。

第三条　燃气工作应当坚持统筹规划、保障安全、确保供应、规范服务、节能高效的原则。

第四条　县级以上人民政府应当加强对燃气工作的领导，并将燃气工作纳入国民经济和社会发展规划。

第五条　国务院建设主管部门负责全国的燃气管理工作。

县级以上地方人民政府燃气管理部门负责本行政区域内的燃气管理工作。

县级以上人民政府其他有关部门依照本条例和其他有关法律、法规的规定,在各自职责范围内负责有关燃气管理工作。

第六条　国家鼓励、支持燃气科学技术研究,推广使用安全、节能、高效、环保的燃气新技术、新工艺和新产品。

第七条　县级以上人民政府有关部门应当建立健全燃气安全监督管理制度,宣传普及燃气法律、法规和安全知识,提高全民的燃气安全意识。

第二章　燃气发展规划与应急保障

第八条　国务院建设主管部门应当会同国务院有关部门,依据国民经济和社会发展规划、土地利用总体规划、城乡规划以及能源规划,结合全国燃气资源总量平衡情况,组织编制全国燃气发展规划并组织实施。

县级以上地方人民政府燃气管理部门应当会同有关部门,依据国民经济和社会发展规划、土地利用总体规划、城乡规划、能源规划以及上一级燃气发展规划,组织编制本行政区域的燃气发展规划,报本级人民政府批准后组织实施,并报上一级人民政府燃气管理部门备案。

第九条　燃气发展规划的内容应当包括:燃气气源、燃气种类、燃气供应方式和规模、燃气设施布局和建设时序、燃气设施建设用地、燃气设施保护范围、燃气供应保障措施和安全保障措施等。

第十条　县级以上地方人民政府应当根据燃气发展规划的要求,加大对燃气设施建设的投入,并鼓励社会资金投资建设燃气设施。

第十一条　进行新区建设、旧区改造,应当按照城乡规划和燃气发展规划配套建设燃气设施或者预留燃气设施建设用地。

对燃气发展规划范围内的燃气设施建设工程,城乡规划主管部门在依法核发选址意见书时,应当就燃气设施建设是否符合燃气发展规划征求燃气管理部门的意见；不需要核发选址意见书的，城乡规划主管部门在依法核发建设用地规划许可证或者乡村建设规划许可证时，应当就燃气设施建设是否符合燃气发展规划征求燃气管理部门的意见。

燃气设施建设工程竣工后，建设单位应当依法组织竣工验收，并自竣工验收合格之日起 15 日内，将竣工验收情况报燃气管理部门备案。

第十二条 县级以上地方人民政府应当建立健全燃气应急储备制度，组织编制燃气应急预案，采取综合措施提高燃气应急保障能力。

燃气应急预案应当明确燃气应急气源和种类、应急供应方式、应急处置程序和应急救援措施等内容。

县级以上地方人民政府燃气管理部门应当会同有关部门对燃气供求状况实施监测、预测和预警。

第十三条 燃气供应严重短缺、供应中断等突发事件发生后，县级以上地方人民政府应当及时采取动用储备、紧急调度等应急措施，燃气经营者以及其他有关单位和个人应当予以配合，承担相关应急任务。

第三章 燃气经营与服务

第十四条 政府投资建设的燃气设施，应当通过招标投标方式选择燃气经营者。

社会资金投资建设的燃气设施，投资方可以自行经营，也可以另行选择燃气经营者。

第十五条 国家对燃气经营实行许可证制度。从事燃气经营活动的企业，应当具备下列条件：

（一）符合燃气发展规划要求；

（二）有符合国家标准的燃气气源和燃气设施；

（三）有固定的经营场所、完善的安全管理制度和健全的经营方案；

（四）企业的主要负责人、安全生产管理人员以及运行、维护和抢修人员经专业培训并考核合格；

（五）法律、法规规定的其他条件。

符合前款规定条件的，由县级以上地方人民政府燃气管理部门核发燃气经营许可证。

申请人凭燃气经营许可证到工商行政管理部门依法办理登记手续。

第十六条　禁止个人从事管道燃气经营活动。

个人从事瓶装燃气经营活动的，应当遵守省、自治区、直辖市的有关规定。

第十七条　燃气经营者应当向燃气用户持续、稳定、安全供应符合国家质量标准的燃气，指导燃气用户安全用气、节约用气，并对燃气设施定期进行安全检查。

燃气经营者应当公示业务流程、服务承诺、收费标准和服务热线等信息，并按照国家燃气服务标准提供服务。

第十八条　燃气经营者不得有下列行为：

（一）拒绝向市政燃气管网覆盖范围内符合用气条件的单位或者个人供气；

（二）倒卖、抵押、出租、出借、转让、涂改燃气经营许可证；

（三）未履行必要告知义务擅自停止供气、调整供气量，或者未经审批擅自停业或者歇业；

（四）向未取得燃气经营许可证的单位或者个人提供用于经营的燃气；

（五）在不具备安全条件的场所储存燃气；

（六）要求燃气用户购买其指定的产品或者接受其提供的服务；

（七）擅自为非自有气瓶充装燃气；

（八）销售未经许可的充装单位充装的瓶装燃气或者销售充装单位擅自为非自有气瓶充装的瓶装燃气；

（九）冒用其他企业名称或者标识从事燃气经营、服务活动。

第十九条　管道燃气经营者对其供气范围内的市政燃气设施、建筑区划内业主专有部分以外的燃气设施，承担运行、维护、抢修和更新改造的责任。

管道燃气经营者应当按照供气、用气合同的约定,对单位燃气用户的燃气设施承担相应的管理责任。

第二十条 管道燃气经营者因施工、检修等原因需要临时调整供气量或者暂停供气的,应当将作业时间和影响区域提前48小时予以公告或者书面通知燃气用户,并按照有关规定及时恢复正常供气;因突发事件影响供气的,应当采取紧急措施并及时通知燃气用户。

燃气经营者停业、歇业的,应当事先对其供气范围内的燃气用户的正常用气作出妥善安排,并在90个工作日前向所在地燃气管理部门报告,经批准方可停业、歇业。

第二十一条 有下列情况之一的,燃气管理部门应当采取措施,保障燃气用户的正常用气:

(一)管道燃气经营者临时调整供气量或者暂停供气未及时恢复正常供气的;

(二)管道燃气经营者因突发事件影响供气未采取紧急措施的;

(三)燃气经营者擅自停业、歇业的;

(四)燃气管理部门依法撤回、撤销、注销、吊销燃气经营许可的。

第二十二条 燃气经营者应当建立健全燃气质量检测制度,确保所供应的燃气质量符合国家标准。

县级以上地方人民政府质量监督、工商行政管理、燃气管理等部门应当按照职责分工,依法加强对燃气质量的监督检查。

第二十三条 燃气销售价格,应当根据购气成本、经营成本和当地经济社会发展水平合理确定并适时调整。县级以上地方人民政府价格主管部门确定和调整管道燃气销售价格,应当征求管道燃气用户、管道燃气经营者和有关方面的意见。

第二十四条 通过道路、水路、铁路运输燃气的,应当遵守法律、行政法规有关危险货物运输安全的规定以及国务院交通运输部门、国务院铁路部门的有关规定;通过道路或者水路运输燃气的,还应当分别依照有关道路运输、水路运输的法律、行政法规的规定，取得危险货物道路运输许可或者危险货物水路运输许可。

第二十五条　燃气经营者应当对其从事瓶装燃气送气服务的人员和车辆加强管理，并承担相应的责任。

从事瓶装燃气充装活动，应当遵守法律、行政法规和国家标准有关气瓶充装的规定。

第二十六条　燃气经营者应当依法经营，诚实守信，接受社会公众的监督。

燃气行业协会应当加强行业自律管理，促进燃气经营者提高服务质量和技术水平。

第四章　燃 气 使 用

第二十七条　燃气用户应当遵守安全用气规则，使用合格的燃气燃烧器具和气瓶，及时更换国家明令淘汰或者使用年限已届满的燃气燃烧器具、连接管等，并按照约定期限支付燃气费用。

单位燃气用户还应当建立健全安全管理制度，加强对操作维护人员燃气安全知识和操作技能的培训。

第二十八条　燃气用户及相关单位和个人不得有下列行为：

（一）擅自操作公用燃气阀门；

（二）将燃气管道作为负重支架或者接地引线；

（三）安装、使用不符合气源要求的燃气燃烧器具；

（四）擅自安装、改装、拆除户内燃气设施和燃气计量装置；

（五）在不具备安全条件的场所使用、储存燃气；

（六）盗用燃气；

（七）改变燃气用途或者转供燃气。

第二十九条　燃气用户有权就燃气收费、服务等事项向燃气经营者进行查询，燃气经营者应当自收到查询申请之日起5个工作日内予以答复。

燃气用户有权就燃气收费、服务等事项向县级以上地方人民政府价格主管部门、燃气管理部门以及其他有关部门进行投诉，有关部门应当自收到投诉之日起 15 个工作日内予以处理。

第三十条 安装、改装、拆除户内燃气设施的，应当按照国家有关工程建设标准实施作业。

第三十一条 燃气管理部门应当向社会公布本行政区域内的燃气种类和气质成分等信息。

燃气燃烧器具生产单位应当在燃气燃烧器具上明确标识所适应的燃气种类。

第三十二条 燃气燃烧器具生产单位、销售单位应当设立或者委托设立售后服务站点，配备经考核合格的燃气燃烧器具安装、维修人员，负责售后的安装、维修服务。

燃气燃烧器具的安装、维修，应当符合国家有关标准。

第五章 燃气设施保护

第三十三条 县级以上地方人民政府燃气管理部门应当会同城乡规划等有关部门按照国家有关标准和规定划定燃气设施保护范围，并向社会公布。

在燃气设施保护范围内，禁止从事下列危及燃气设施安全的活动：

（一）建设占压地下燃气管线的建筑物、构筑物或者其他设施；

（二）进行爆破、取土等作业或者动用明火；

（三）倾倒、排放腐蚀性物质；

（四）放置易燃易爆危险物品或者种植深根植物；

（五）其他危及燃气设施安全的活动。

第三十四条 在燃气设施保护范围内，有关单位从事敷设管道、打桩、顶进、挖掘、钻探等可能影响燃气设施安全活动的，应当与燃气经营者共同制定燃气设施保护方案，并采取相应的安全保护措施。

第三十五条 燃气经营者应当按照国家有关工程建设标准和安全生产管理的规定,设置燃气设施防腐、绝缘、防雷、降压、隔离等保护装置和安全警示标志,定期进行巡查、检测、维修和维护,确保燃气设施的安全运行。

第三十六条 任何单位和个人不得侵占、毁损、擅自拆除或者移动燃气设施,不得毁损、覆盖、涂改、擅自拆除或者移动燃气设施安全警示标志。

任何单位和个人发现有可能危及燃气设施和安全警示标志的行为,有权予以劝阻、制止;经劝阻、制止无效的,应当立即告知燃气经营者或者向燃气管理部门、安全生产监督管理部门和公安机关报告。

第三十七条 新建、扩建、改建建设工程,不得影响燃气设施安全。

建设单位在开工前,应当查明建设工程施工范围内地下燃气管线的相关情况;燃气管理部门以及其他有关部门和单位应当及时提供相关资料。

建设工程施工范围内有地下燃气管线等重要燃气设施的,建设单位应当会同施工单位与管道燃气经营者共同制定燃气设施保护方案。建设单位、施工单位应当采取相应的安全保护措施,确保燃气设施运行安全;管道燃气经营者应当派专业人员进行现场指导。法律、法规另有规定的,依照有关法律、法规的规定执行。

第三十八条 燃气经营者改动市政燃气设施,应当制定改动方案,报县级以上地方人民政府燃气管理部门批准。

改动方案应当符合燃气发展规划,明确安全施工要求,有安全防护和保障正常用气的措施。

第六章 燃气安全事故预防与处理

第三十九条 燃气管理部门应当会同有关部门制定燃气安全事故应急预案,建立燃气事故统计分析制度,定期通报事故处理结果。

燃气经营者应当制定本单位燃气安全事故应急预案,配备应急人员和必要的应急装备、器材,并定期组织演练。

第四十条 任何单位和个人发现燃气安全事故或者燃气安全事故隐患

等情况，应当立即告知燃气经营者，或者向燃气管理部门、公安机关消防机构等有关部门和单位报告。

第四十一条 燃气经营者应当建立健全燃气安全评估和风险管理体系，发现燃气安全事故隐患的，应当及时采取措施消除隐患。

燃气管理部门以及其他有关部门和单位应当根据各自职责，对燃气经营、燃气使用的安全状况等进行监督检查，发现燃气安全事故隐患的，应当通知燃气经营者、燃气用户及时采取措施消除隐患；不及时消除隐患可能严重威胁公共安全的，燃气管理部门以及其他有关部门和单位应当依法采取措施，及时组织消除隐患，有关单位和个人应当予以配合。

第四十二条 燃气安全事故发生后，燃气经营者应当立即启动本单位燃气安全事故应急预案，组织抢险、抢修。

燃气安全事故发生后，燃气管理部门、安全生产监督管理部门和公安机关消防机构等有关部门和单位，应当根据各自职责，立即采取措施防止事故扩大，根据有关情况启动燃气安全事故应急预案。

第四十三条 燃气安全事故经调查确定为责任事故的，应当查明原因、明确责任，并依法予以追究。

对燃气生产安全事故，依照有关生产安全事故报告和调查处理的法律、行政法规的规定报告和调查处理。

第七章 法律责任

第四十四条 违反本条例规定，县级以上地方人民政府及其燃气管理部门和其他有关部门，不依法作出行政许可决定或者办理批准文件的，发现违法行为或者接到对违法行为的举报不予查处的，或者有其他未依照本条例规定履行职责的行为的，对直接负责的主管人员和其他直接责任人员，依法给予处分；直接负责的主管人员和其他直接责任人员的行为构成犯罪的，依法追究刑事责任。

第四十五条 违反本条例规定，未取得燃气经营许可证从事燃气经营活动的，由燃气管理部门责令停止违法行为，处5万元以上50万元以下罚款；有违法所得的，没收违法所得；构成犯罪的，依法追究刑事责任。

违反本条例规定，燃气经营者不按照燃气经营许可证的规定从事燃气经营活动的，由燃气管理部门责令限期改正，处3万元以上20万元以下罚款；有违法所得的，没收违法所得；情节严重的，吊销燃气经营许可证；构成犯罪的，依法追究刑事责任。

第四十六条 违反本条例规定，燃气经营者有下列行为之一的，由燃气管理部门责令限期改正，处1万元以上10万元以下罚款；有违法所得的，没收违法所得；情节严重的，吊销燃气经营许可证；造成损失的，依法承担赔偿责任；构成犯罪的，依法追究刑事责任：

（一）拒绝向市政燃气管网覆盖范围内符合用气条件的单位或者个人供气的；

（二）倒卖、抵押、出租、出借、转让、涂改燃气经营许可证的；

（三）未履行必要告知义务擅自停止供气、调整供气量，或者未经审批擅自停业或者歇业的；

（四）向未取得燃气经营许可证的单位或者个人提供用于经营的燃气的；

（五）在不具备安全条件的场所储存燃气的；

（六）要求燃气用户购买其指定的产品或者接受其提供的服务；

（七）燃气经营者未向燃气用户持续、稳定、安全供应符合国家质量标准的燃气，或者未对燃气用户的燃气设施定期进行安全检查。

第四十七条 违反本条例规定，擅自为非自有气瓶充装燃气或者销售未经许可的充装单位充装的瓶装燃气的，依照国家有关气瓶安全监察的规定进行处罚。

违反本条例规定，销售充装单位擅自为非自有气瓶充装的瓶装燃气的，由燃气管理部门责令改正，可以处1万元以下罚款。

违反本条例规定，冒用其他企业名称或者标识从事燃气经营、服务活动，依照有关反不正当竞争的法律规定进行处罚。

第四十八条 违反本条例规定，燃气经营者未按照国家有关工程建设标准和安全生产管理的规定，设置燃气设施防腐、绝缘、防雷、降压、隔离等保护装置和安全警示标志的，或者未定期进行巡查、检测、维修和维护的，或者未采取措施及时消除燃气安全事故隐患的，由燃气管理部门责令限期改正，处1万元以上10万元以下罚款。

第四十九条 违反本条例规定，燃气用户及相关单位和个人有下列行为之一的，由燃气管理部门责令限期改正；逾期不改正的，对单位可以处10万元以下罚款，对个人可以处1000元以下罚款；造成损失的，依法承担赔偿责任；构成犯罪的，依法追究刑事责任：

（一）擅自操作公用燃气阀门的；

（二）将燃气管道作为负重支架或者接地引线的；

（三）安装、使用不符合气源要求的燃气燃烧器具的；

（四）擅自安装、改装、拆除户内燃气设施和燃气计量装置的；

（五）在不具备安全条件的场所使用、储存燃气的；

（六）改变燃气用途或者转供燃气的；

（七）未设立售后服务站点或者未配备经考核合格的燃气燃烧器具安装、维修人员的；

（八）燃气燃烧器具的安装、维修不符合国家有关标准的。

盗用燃气的，依照有关治安管理处罚的法律规定进行处罚。

第五十条 违反本条例规定，在燃气设施保护范围内从事下列活动之一的，由燃气管理部门责令停止违法行为，限期恢复原状或者采取其他补救措施，对单位处5万元以上10万元以下罚款，对个人处5000元以上5万元以下罚款；造成损失的，依法承担赔偿责任；构成犯罪的，依法追究刑事责任：

（一）进行爆破、取土等作业或者动用明火的；

（二）倾倒、排放腐蚀性物质的；

（三）放置易燃易爆物品或者种植深根植物的；

（四）未与燃气经营者共同制定燃气设施保护方案，采取相应的安全保护措施,从事敷设管道、打桩、顶进、挖掘、钻探等可能影响燃气设施安全活动的。

违反本条例规定,在燃气设施保护范围内建设占压地下燃气管线的建筑物、构筑物或者其他设施的,依照有关城乡规划的法律、行政法规的规定进行处罚。

第五十一条　违反本条例规定,侵占、毁损、擅自拆除、移动燃气设施或者擅自改动市政燃气设施的,由燃气管理部门责令限期改正,恢复原状或者采取其他补救措施,对单位处 5 万元以上 10 万元以下罚款,对个人处 5000 元以上 5 万元以下罚款;造成损失的,依法承担赔偿责任;构成犯罪的,依法追究刑事责任。

违反本条例规定,毁损、覆盖、涂改、擅自拆除或者移动燃气设施安全警示标志的,由燃气管理部门责令限期改正,恢复原状,可以处 5000 元以下罚款。

第五十二条　违反本条例规定,建设工程施工范围内有地下燃气管线等重要燃气设施,建设单位未会同施工单位与管道燃气经营者共同制定燃气设施保护方案,或者建设单位、施工单位未采取相应的安全保护措施的,由燃气管理部门责令改正,处 1 万元以上 10 万元以下罚款;造成损失的,依法承担赔偿责任;构成犯罪的,依法追究刑事责任。

第八章　附　　则

第五十三条　本条例下列用语的含义:

(一)燃气设施,是指人工煤气生产厂、燃气储配站、门站、气化站、混气站、加气站、灌装站、供应站、调压站、市政燃气管网等的总称,包括市政燃气设施、建筑区划内业主专有部分以外的燃气设施以及户内燃气设施等。

(二)燃气燃烧器具,是指以燃气为燃料的燃烧器具,包括居民家庭和商业用户所使用的燃气灶、热水器、沸水器、采暖器、空调器等器具。

第五十四条　农村的燃气管理参照本条例的规定执行。

第五十五条　本条例自 2011 年 3 月 1 日起施行。

基础设施和公用事业特许经营管理办法

（2015 年 4 月 25 日国家发展和改革委、财政部、住房和城乡建设部、
交通运输部、水利部、人民银行令第 25 号公布
自 2015 年 6 月 1 日起施行）

第一章　总　　则

第一条　为鼓励和引导社会资本参与基础设施和公用事业建设运营，提高公共服务质量和效率，保护特许经营者合法权益，保障社会公共利益和公共安全，促进经济社会持续健康发展，制定本办法。

第二条　中华人民共和国境内的能源、交通运输、水利、环境保护、市政工程等基础设施和公用事业领域的特许经营活动，适用本办法。

第三条　本办法所称基础设施和公用事业特许经营，是指政府采用竞争方式依法授权中华人民共和国境内外的法人或者其他组织，通过协议明确权利义务和风险分担，约定其在一定期限和范围内投资建设运营基础设施和公用事业并获得收益，提供公共产品或者公共服务。

第四条　基础设施和公用事业特许经营应当坚持公开、公平、公正，保护各方信赖利益，并遵循以下原则：

（一）发挥社会资本融资、专业、技术和管理优势，提高公共服务质量效率；

（二）转变政府职能，强化政府与社会资本协商合作；

（三）保护社会资本合法权益，保证特许经营持续性和稳定性；

（四）兼顾经营性和公益性平衡，维护公共利益。

第五条　基础设施和公用事业特许经营可以采取以下方式：

（一）在一定期限内，政府授予特许经营者投资新建或改扩建、运营基础设施和公用事业，期限届满移交政府；

（二）在一定期限内，政府授予特许经营者投资新建或改扩建、拥有并运营基础设施和公用事业，期限届满移交政府；

（三）特许经营者投资新建或改扩建基础设施和公用事业并移交政府后，由政府授予其在一定期限内运营；

（四）国家规定的其他方式。

第六条　基础设施和公用事业特许经营期限应当根据行业特点、所提供公共产品或服务需求、项目生命周期、投资回收期等综合因素确定，最长不超过30年。

对于投资规模大、回报周期长的基础设施和公用事业特许经营项目（以下简称特许经营项目）可以由政府或者其授权部门与特许经营者根据项目实际情况，约定超过前款规定的特许经营期限。

第七条　国务院发展改革、财政、国土、环保、住房城乡建设、交通运输、水利、能源、金融、安全监管等有关部门按照各自职责，负责相关领域基础设施和公用事业特许经营规章、政策制定和监督管理工作。

县级以上地方人民政府发展改革、财政、国土、环保、住房城乡建设、交通运输、水利、价格、能源、金融监管等有关部门根据职责分工，负责有关特许经营项目实施和监督管理工作。

第八条　县级以上地方人民政府应当建立各有关部门参加的基础设施和公用事业特许经营部门协调机制，负责统筹有关政策措施，并组织协调特许经营项目实施和监督管理工作。

第二章　特许经营协议订立

第九条　县级以上人民政府有关行业主管部门或政府授权部门（以下简称项目提出部门）可以根据经济社会发展需求，以及有关法人和其他组织提出的特许经营项目建议等，提出特许经营项目实施方案。

特许经营项目应当符合国民经济和社会发展总体规划、主体功能区规划、区域规划、环境保护规划和安全生产规划等专项规划、土地利用规划、城乡规划、中期财政规划等，并且建设运营标准和监管要求明确。

项目提出部门应当保证特许经营项目的完整性和连续性。

第十条 特许经营项目实施方案应当包括以下内容：

（一）项目名称；

（二）项目实施机构；

（三）项目建设规模、投资总额、实施进度，以及提供公共产品或公共服务的标准等基本经济技术指标；

（四）投资回报、价格及其测算；

（五）可行性分析，即降低全生命周期成本和提高公共服务质量效率的分析估算等；

（六）特许经营协议框架草案及特许经营期限；

（七）特许经营者应当具备的条件及选择方式；

（八）政府承诺和保障；

（九）特许经营期限届满后资产处置方式；

（十）应当明确的其他事项。

第十一条 项目提出部门可以委托具有相应能力和经验的第三方机构，开展特许经营可行性评估，完善特许经营项目实施方案。

需要政府提供可行性缺口补助或者开展物有所值评估的，由财政部门负责开展相关工作。具体办法由国务院财政部门另行制定。

第十二条 特许经营可行性评估应当主要包括以下内容：

（一）特许经营项目全生命周期成本、技术路线和工程方案的合理性，可能的融资方式、融资规模、资金成本，所提供公共服务的质量效率，建设运营标准和监管要求等；

（二）相关领域市场发育程度，市场主体建设运营能力状况和参与意愿；

（三）用户付费项目公众支付意愿和能力评估。

第十三条　项目提出部门依托本级人民政府根据本办法第八条规定建立的部门协调机制，会同发展改革、财政、城乡规划、国土、环保、水利等有关部门对特许经营项目实施方案进行审查。经审查认为实施方案可行的，各部门应当根据职责分别出具书面审查意见。

项目提出部门综合各部门书面审查意见，报本级人民政府或其授权部门审定特许经营项目实施方案。

第十四条　县级以上人民政府应当授权有关部门或单位作为实施机构负责特许经营项目有关实施工作，并明确具体授权范围。

第十五条　实施机构根据经审定的特许经营项目实施方案，应当通过招标、竞争性谈判等竞争方式选择特许经营者。

特许经营项目建设运营标准和监管要求明确、有关领域市场竞争比较充分的，应当通过招标方式选择特许经营者。

第十六条　实施机构应当在招标或谈判文件中载明是否要求成立特许经营项目公司。

第十七条　实施机构应当公平择优选择具有相应管理经验、专业能力、融资实力以及信用状况良好的法人或者其他组织作为特许经营者。鼓励金融机构与参与竞争的法人或其他组织共同制定投融资方案。

特许经营者选择应当符合内外资准入等有关法律、行政法规规定。

依法选定的特许经营者，应当向社会公示。

第十八条　实施机构应当与依法选定的特许经营者签订特许经营协议。

需要成立项目公司的，实施机构应当与依法选定的投资人签订初步协议，约定其在规定期限内注册成立项目公司，并与项目公司签订特许经营协议。

特许经营协议应当主要包括以下内容：

（一）项目名称、内容；

（二）特许经营方式、区域、范围和期限；

（三）项目公司的经营范围、注册资本、股东出资方式、出资比例、股权转

让等;

(四)所提供产品或者服务的数量、质量和标准;

(五)设施权属,以及相应的维护和更新改造;

(六)监测评估;

(七)投融资期限和方式;

(八)收益取得方式,价格和收费标准的确定方法以及调整程序;

(九)履约担保;

(十)特许经营期内的风险分担;

(十一)政府承诺和保障;

(十二)应急预案和临时接管预案;

(十三)特许经营期限届满后,项目及资产移交方式、程序和要求等;

(十四)变更、提前终止及补偿;

(十五)违约责任;

(十六)争议解决方式;

(十七)需要明确的其他事项。

第十九条 特许经营协议根据有关法律、行政法规和国家规定,可以约定特许经营者通过向用户收费等方式取得收益。

向用户收费不足以覆盖特许经营建设、运营成本及合理收益的,可由政府提供可行性缺口补助,包括政府授予特许经营项目相关的其他开发经营权益。

第二十条 特许经营协议应当明确价格或收费的确定和调整机制。特许经营项目价格或收费应当依据相关法律、行政法规规定和特许经营协议约定予以确定和调整。

第二十一条 政府可以在特许经营协议中就防止不必要的同类竞争性项目建设、必要合理的财政补贴、有关配套公共服务和基础设施的提供等内容作出承诺,但不得承诺固定投资回报和其他法律、行政法规禁止的事项。

第二十二条 特许经营者根据特许经营协议,需要依法办理规划选址、用地和项目核准或审批等手续的,有关部门在进行审核时,应当简化审核内容,优化办理流程,缩短办理时限,对于本部门根据本办法第十三条出具书面审查意见已经明确的事项,不再作重复审查。

实施机构应当协助特许经营者办理相关手续。

第二十三条　国家鼓励金融机构为特许经营项目提供财务顾问、融资顾问、银团贷款等金融服务。政策性、开发性金融机构可以给予特许经营项目差异化信贷支持,对符合条件的项目,贷款期限最长可达30年。探索利用特许经营项目预期收益质押贷款,支持利用相关收益作为还款来源。

第二十四条　国家鼓励通过设立产业基金等形式入股提供特许经营项目资本金。鼓励特许经营项目公司进行结构化融资,发行项目收益票据和资产支持票据等。

国家鼓励特许经营项目采用成立私募基金,引入战略投资者,发行企业债券、项目收益债券、公司债券、非金融企业债务融资工具等方式拓宽投融资渠道。

第二十五条　县级以上人民政府有关部门可以探索与金融机构设立基础设施和公用事业特许经营引导基金,并通过投资补助、财政补贴、贷款贴息等方式,支持有关特许经营项目建设运营。

第三章　特许经营协议履行

第二十六条　特许经营协议各方当事人应当遵循诚实信用原则,按照约定全面履行义务。

除法律、行政法规另有规定外,实施机构和特许经营者任何一方不履行特许经营协议约定义务或者履行义务不符合约定要求的,应当根据协议继续履行、采取补救措施或者赔偿损失。

第二十七条　依法保护特许经营者合法权益。任何单位或者个人不得违反法律、行政法规和本办法规定,干涉特许经营者合法经营活动。

第二十八条　特许经营者应当根据特许经营协议,执行有关特许经营项目投融资安排，确保相应资金或资金来源落实。

第二十九条 特许经营项目涉及新建或改扩建有关基础设施和公用事业的，应当符合城乡规划、土地管理、环境保护、质量管理、安全生产等有关法律、行政法规规定的建设条件和建设标准。

第三十条 特许经营者应当根据有关法律、行政法规、标准规范和特许经营协议，提供优质、持续、高效、安全的公共产品或者公共服务。

第三十一条 特许经营者应当按照技术规范，定期对特许经营项目设施进行检修和保养，保证设施运转正常及经营期限届满后资产按规定进行移交。

第三十二条 特许经营者对涉及国家安全的事项负有保密义务，并应当建立和落实相应保密管理制度。

实施机构、有关部门及其工作人员对在特许经营活动和监督管理工作中知悉的特许经营者商业秘密负有保密义务。

第三十三条 实施机构和特许经营者应当对特许经营项目建设、运营、维修、保养过程中有关资料，按照有关规定进行归档保存。

第三十四条 实施机构应当按照特许经营协议严格履行有关义务，为特许经营者建设运营特许经营项目提供便利和支持，提高公共服务水平。

行政区划调整，政府换届、部门调整和负责人变更，不得影响特许经营协议履行。

第三十五条 需要政府提供可行性缺口补助的特许经营项目，应当严格按照预算法规定，综合考虑政府财政承受能力和债务风险状况，合理确定财政付费总额和分年度数额，并与政府年度预算和中期财政规划相衔接，确保资金拨付需要。

第三十六条 因法律、行政法规修改，或者政策调整损害特许经营者预期利益，或者根据公共利益需要，要求特许经营者提供协议约定以外的产品或服务的，应当给予特许经营者相应补偿。

第四章　特许经营协议变更和终止

第三十七条　在特许经营协议有效期内，协议内容确需变更的，协议当事人应当在协商一致基础上签订补充协议。如协议可能对特许经营项目的存续债务产生重大影响的，应当事先征求债权人同意。特许经营项目涉及直接融资行为的，应当及时做好相关信息披露。

特许经营期限届满后确有必要延长的，按照有关规定经充分评估论证，协商一致并报批准后，可以延长。

第三十八条　在特许经营期限内，因特许经营协议一方严重违约或不可抗力等原因，导致特许经营者无法继续履行协议约定义务，或者出现特许经营协议约定的提前终止协议情形的，在与债权人协商一致后，可以提前终止协议。

特许经营协议提前终止的，政府应当收回特许经营项目，并根据实际情况和协议约定给予原特许经营者相应补偿。

第三十九条　特许经营期限届满终止或提前终止的，协议当事人应当按照特许经营协议约定，以及有关法律、行政法规和规定办理有关设施、资料、档案等的性能测试、评估、移交、接管、验收等手续。

第四十条　特许经营期限届满终止或者提前终止，对该基础设施和公用事业继续采用特许经营方式的，实施机构应当根据本办法规定重新选择特许经营者。

因特许经营期限届满重新选择特许经营者的，在同等条件下，原特许经营者优先获得特许经营。

新的特许经营者选定之前，实施机构和原特许经营者应当制定预案，保障公共产品或公共服务的持续稳定提供。

第五章　监督管理和公共利益保障

第四十一条　县级以上人民政府有关部门应当根据各自职责，对特许经营者执行法律、行政法规、行业标准、产品或服务技术规范，以及其他有关监管要求进行监督管理，并依法加强成本监督审查。

县级以上审计机关应当依法对特许经营活动进行审计。

第四十二条 县级以上人民政府及其有关部门应当根据法律、行政法规和国务院决定保留的行政审批项目对特许经营进行监督管理，不得以实施特许经营为名违法增设行政审批项目或审批环节。

第四十三条 实施机构应当根据特许经营协议，定期对特许经营项目建设运营情况进行监测分析，会同有关部门进行绩效评价，并建立根据绩效评价结果、按照特许经营协议约定对价格或财政补贴进行调整的机制，保障所提供公共产品或公共服务的质量和效率。

实施机构应当将社会公众意见作为监测分析和绩效评价的重要内容。

第四十四条 社会公众有权对特许经营活动进行监督，向有关监管部门投诉，或者向实施机构和特许经营者提出意见建议。

第四十五条 县级以上人民政府应当将特许经营有关政策措施、特许经营部门协调机制组成以及职责等信息向社会公开。

实施机构和特许经营者应当将特许经营项目实施方案、特许经营者选择、特许经营协议及其变更或终止、项目建设运营、所提供公共服务标准、监测分析和绩效评价、经过审计的上年度财务报表等有关信息按规定向社会公开。

特许经营者应当公开有关会计数据、财务核算和其他有关财务指标，并依法接受年度财务审计。

第四十六条 特许经营者应当对特许经营协议约定服务区域内所有用户普遍地、无歧视地提供公共产品或公共服务，不得对新增用户实行差别待遇。

第四十七条 实施机构和特许经营者应当制定突发事件应急预案，按规定报有关部门。突发事件发生后，及时启动应急预案，保障公共产品或公共服务的正常提供。

第四十八条　特许经营者因不可抗力等原因确实无法继续履行特许经营协议的,实施机构应当采取措施,保证持续稳定提供公共产品或公共服务。

第六章　争议解决

第四十九条　实施机构和特许经营者就特许经营协议履行发生争议的,应当协商解决。协商达成一致的,应当签订补充协议并遵照执行。

第五十条　实施机构和特许经营者就特许经营协议中的专业技术问题发生争议的,可以共同聘请专家或第三方机构进行调解。调解达成一致的,应当签订补充协议并遵照执行。

第五十一条　特许经营者认为行政机关作出的具体行政行为侵犯其合法权益的,有陈述、申辩的权利,并可以依法提起行政复议或者行政诉讼。

第五十二条　特许经营协议存续期间发生争议,当事各方在争议解决过程中,应当继续履行特许经营协议义务,保证公共产品或公共服务的持续性和稳定性。

第七章　法律责任

第五十三条　特许经营者违反法律、行政法规和国家强制性标准,严重危害公共利益,或者造成重大质量、安全事故或者突发环境事件的,有关部门应当责令限期改正并依法予以行政处罚;拒不改正、情节严重的,可以终止特许经营协议;构成犯罪的,依法追究刑事责任。

第五十四条　以欺骗、贿赂等不正当手段取得特许经营项目的,应当依法收回特许经营项目,向社会公开。

第五十五条　实施机构、有关行政主管部门及其工作人员不履行法定职责、干预特许经营者正常经营活动、徇私舞弊、滥用职权、玩忽职守的,依法给予行政处分;构成犯罪的,依法追究刑事责任。

第五十六条　县级以上人民政府有关部门应当对特许经营者及其从业人员的不良行为建立信用记录,纳入全国统一的信用信息共享交换平台。对严重违法失信行为依法予以曝光，并会同有关部门实施联合惩戒。

第八章　附　　则

第五十七条　基础设施和公用事业特许经营涉及国家安全审查的，按照国家有关规定执行。

第五十八条　法律、行政法规对基础设施和公用事业特许经营另有规定的，从其规定。

本办法实施之前依法已经订立特许经营协议的，按照协议约定执行。

第五十九条　本办法由国务院发展改革部门会同有关部门负责解释。

第六十条　本办法自2015年6月1日起施行。

江西省燃气管理办法

（2003年8月31日江西省人民政府令第122号发布
自2003年10月1日起施行）

第一章　总　　则

第一条　为加强燃气管理，维护燃气用户和经营企业的合法权益，保障社会公共安全，促进燃气事业发展，制定本办法。

第二条　凡在本省行政区域内从事燃气规划、建设、经营和使用及安全管理活动的单位（含单位自建自用的燃气站点）和个人，应当遵守本办法。

第三条　县级以上人民政府应当把燃气事业纳入国民经济和社会发展计划，按照统一规划、合理布局、确保安全、方便用户的原则发展燃气事业。

第四条　县级以上人民政府建设行政主管部门或者公用事业行政主管部门（以下统称燃气主管部门）主管本行政区域内的燃气工作。

公安消防机构负责对燃气行业实施消防监督管理。

质量技术监督部门负责燃气锅炉、压力容器、压力管道、钢瓶、槽车的安全监察和燃气计量器具、燃气设施和燃气器具产品的质量监督。

安全生产监督管理部门负责对燃气行业的安全工作实施综合监督管理，指导、协调和监督各部门承担的安全监督管理工作。

其他有关部门按照各自的职责协同做好燃气管理工作。

第二章　规划与建设

第五条　燃气主管部门应当根据国家产业政策、当地国民经济和社会发展的实际需要，编制燃气发展规划，经规划部门综合平衡后，纳入城乡总体规划。

第六条 在城乡建设中，应当按照燃气发展规划要求配套建设燃气设施或者预留燃气设施建设用地。

预留的燃气设施建设用地，不得改变用途。

第七条 燃气工程的总体设计方案应当符合《城镇燃气设计规范》和《建筑设计防火规范》等国家有关技术规范的要求。

第八条 燃气工程的勘察设计、施工和监理，应当由具有相应资质等级的单位承担。严禁无证或者超越资质等级承担勘察设计、施工和监理业务。

第九条 燃气工程竣工后，建设单位应当组织有关单位进行竣工验收，经验收合格并取得有关部门出具的认可文件后，向工程所在地的建设行政主管部门备案。

燃气庭院管及户内燃气设施安装的验收，由燃气经营企业自行组织。

第十条 对尚未安装管道燃气的高层民用建筑，具备市区管道供气条件的，应当采用市区管道供气；不具备市区管道供气条件的，应当采用小区管道供气。

第十一条 新建住宅，应当将管道燃气计量装置安装在住宅单元外的共用部位，但相关条件不具备的除外。

第三章 燃 气 经 营

第十二条 管道燃气按燃气发展规划实行区域性统一经营；瓶装燃气在合理布局、总量控制的前提下实行多家经营。

第十三条 设立燃气经营企业应当具备下列条件：

（一）有稳定的符合国家规定的燃气气源；

（二）有符合国家燃气技术规范要求的燃气设施；

（三）有与燃气经营规模相适应的自有资金；

（四）有固定的、符合安全条件的经营场所；

（五）有健全的安全管理制度；

（六）有与供气规模相适应的维修抢险人员、设备和交通工具；

（七）法律、法规规定的其他条件。

第十四条　申请设立燃气经营企业，申请人必须取得经当地公安消防机构出具的消防安全意见书后，向工商行政管理部门办理工商注册；经营燃气充装业务的，还应当向质量技术监督部门申领《气体充装注册登记证》；经营燃气钢瓶检验业务的，还应当取得质量技术监督部门颁发的《气瓶检验许可证》。

第十五条　燃气经营企业供应的燃气气质和压力等级应当符合国家规定的标准。

第十六条　管道燃气经营企业不得拒绝给供气区内符合供气和用气条件的单位和个人供气。

第十七条　管道燃气经营企业应当保证稳定、不间断供气，不得无故停止供气。因供气设施计划检修需要停止供气时，应当提前72小时在停止供气地段的居民楼道或者公共广告栏等公共场所张贴告示或者通过当地的电视、报纸、电台播发公告等方式通知用户；因供气设施临时检修需要停止供气时，除紧急情况外，应当提前24小时通知用户。

因不可抗力或者燃气设施抢修等紧急情况，确需暂停供气或者降低燃气压力的，管道燃气经营企业应当立即通知用户，同时向燃气主管部门报告，并采取不间断抢修措施。

连续停止供气的时间一般不得超过24小时；因特殊情况确需超过24小时的，除不可预见的原因外，管道燃气经营企业应当赔偿用户由此造成的直接经济损失。

引起停止供气的原因消除后，管道燃气经营企业应当采取本办法第十七条第一款规定的方式告知用户恢复供气的时间。

第十八条　管道燃气经营企业中止或者终止经营活动，应当提前90日向所在地的燃气主管部门提出申请，经批准后，方可中止或者终止经营活动。

第十九条　燃气经营企业和政府有关部门不得限定用户购买其指定单

位生产、销售的燃气器具和相关产品。

第二十条 从事瓶装燃气充气的燃气经营企业不得有下列行为:

(一)钢瓶充装燃气气量超过国家规定的允许误差范围;

(二)给残液量超过规定的钢瓶充装燃气;

(三)给不符合国家标准的钢瓶、过期未检测的钢瓶或者报废的钢瓶充装燃气;

(四)用槽车直接向钢瓶充装燃气;

(五)给钢瓶充装燃气时掺假;

(六)其他损害燃气用户合法权益和存在安全隐患的行为。

燃气用户发现燃气经营企业有前款第一、二、五、六项行为的,可以依法要求燃气经营企业赔偿损失。

第二十一条 从事瓶装燃气销售的经营企业发现用户提供的钢瓶不符合国家标准、过期未检测或者报废的,应当拒收,并向用户说明理由。

第四章 燃气设施

第二十二条 储运、输配燃气的储罐、槽车、液化气钢瓶等压力容器设备,必须符合国家有关规范和标准,其安全附件必须齐全、可靠,并定期接受检验、校验。

第二十三条 在国家规定的管道燃气埋地管线设施安全间距内进行工程项目施工或者地面挖掘的,建设单位或者建设单位委托的施工单位应当提前3日告知管道燃气经营企业,并遵守下列规定:

(一)在施工现场划定安全保护范围,设定明显的施工标识,并通知燃气经营企业派员现场监护;

(二)不得动用机械设备进行推、铲、挖作业,不得挤压、碰撞管道燃气埋地管线设施,并采取保护措施确保管道燃气埋地管线设施不受损坏;

(三)确需动火作业的,应当按照有关安全管理、安全操作规程采取防范措施;

（四）施工中造成管道燃气埋地管线设施损坏、漏气的，应当立即采取防护措施保护事故现场，通知燃气经营企业组织抢修；建设单位应当赔偿由此造成的损失。

第二十四条 管道燃气设施的维修费用按下列规定承担：

（一）居民用户：以燃气计量表具的表前阀为界，表前阀前（含表前阀）的由供气单位承担，表前阀后的由用户承担；

（二）工业及其他用户：中压管道供气用户以城市燃气中压管道支线阀门为界，自燃气供应厂（站）至支线阀门以前的（含支线阀门）由供气单位承担，支线阀门以后的（含调压室、调压器）由用户承担；低压管道气用户以围墙或者建筑物外缘为界，围墙或者建筑物以内的由用户承担。

第五章 燃气使用

第二十五条 管道燃气经营企业应当与需要安装管道燃气的用户签订安装合同。管道燃气经营企业应当组织设计，在合同规定时限内安装完毕，并按合同要求及时通气。

第二十六条 管道燃气用户需增加、减少、拆除、迁移、改造燃气设施，应当事先向燃气经营企业提出，由燃气经营企业负责实施，费用由用户承担。燃气经营企业应当向用户承诺提供限时服务。

第二十七条 管道燃气经营企业应当与用户签订统一格式的供用气合同，明确双方的权利和义务。

第二十八条 管道燃气用户更名、过户、停用或者非居民用户扩大用气规模，应当到燃气经营企业办理有关手续。

第二十九条 管道燃气计量装置由具有资质的燃气安装企业负责安装，并符合设计规范。

用户对管道燃气经营企业购置、安装的燃气计量装置的准确度有疑义的，可以向燃气经营企业提出，并共同向法定的计量检测机构申请校验或者直接向质量技术监督部门投诉。在规定的产品保修期内，误差超过法定标准的,由燃气经营企业承担校验费,退回多收的气费并免费更换合格的燃气计量装置;未超过标准的,由用户承担校验费。

用户对非管道燃气经营企业购置、安装的燃气计量装置的准确度有疑义的,依照消费者权益保护、产品质量监督管理等法律、法规的规定办理。

第三十条 管道燃气计量装置不能正常运转的,燃气经营企业应当自发现时起 24 小时内与用户取得联系,并在双方约定的时间内及时修复。

第三十一条 管道燃气用户发现管道燃气设施或者器具泄漏时,应当立即采取关阀停气、自然通风、避用明火等措施,同时告知燃气经营企业,并不得开启、关闭电器设备。

第三十二条 燃气经营企业应当建立用户档案,设置用户联系、咨询和抢修抢险电话,抢修抢险电话应当有专人全天 24 小时值班。

燃气经营企业对用户有关燃气设施或者燃气器具泄漏的报修要求,应当立即进行维修;对用户户内管道燃气设施或者器具故障的报修要求,应当在 48 小时内派人修复。

第三十三条 燃气经营企业应当在经营场所或者在其向用户提供的燃气安全使用手册中公布服务标准、收费标准及依据。

燃气用户有权就燃气经营的收费和服务标准向燃气经营企业查询,对不符合收费和服务标准的,可以向价格或者燃气主管部门投诉。

第三十四条 管道燃气用户不通过管道燃气计量装置用气、采取其他方式使燃气计量装置不计量或者少计量的,其用气量按以下方法确定:

(一)不通过管道燃气计量装置的,按所接管道直径的计算流量乘以用气时间;

(二)通过管道燃气计量装置的,以燃气计量装置的最大额定流量乘以用气时间。

前款用气时间,居民用户按每日 3 小时计算,工业及其他用户按每日 12 小时计算。无法查明违法用气日期的,按 180 日计算。

第六章　安全管理

第三十五条　城市规划部门在审核新建、改建、扩建工程项目申请时，应当告知业主项目施工涉及的燃气设施安全保护范围。

第三十六条　新建、改建、扩建燃气建设工程项目的安全设施，必须与主体工程同时设计、同时施工、同时投入生产和使用。安全设施投资应当纳入建设项目概算。燃气生产经营者应当保证安全生产条件所必需的资金投入。

第三十七条　燃气经营企业的法定代表人应当对企业安全经营全面负责。

燃气经营企业必须建立安全检查、维护维修、抢修制度，制订事故紧急处置预案，健全燃气安全保障体系，防止燃气事故发生。

燃气经营企业应当配备专职人员对燃气设施进行巡回检查，及时发现和消除事故隐患，保证安全供气。

第三十八条　燃气经营企业储罐区、气化站、供应站、加气站应当设置醒目的禁火标识，并按规定配备必要的消防设施和消防人员。

管道燃气经营企业应当在管道燃气设施所在地的建筑物及重要设施上设置明显的警示标识。

第三十九条　燃气运输的管理应当按照国务院《危险化学品安全管理条例》的规定执行。

第四十条　燃气经营企业应当向用户提供燃气安全使用手册，指导用户安全使用燃气。

第四十一条　管道燃气用户应当严格遵守安全用气规定，发现燃气事故征兆、隐患，应当及时向燃气经营企业报告；燃气经营企业接到报告后，应当立即派员赶赴现场实施抢修，不得延误。

第四十二条　燃气用户使用燃气应当符合燃气安全使用规则，禁止下列行为：

（一）管道燃气用户户内设施安装后未经燃气经营企业通气点火，擅自使用；

（二）使用不合格的燃气器具；

（三）加热、摔砸燃气钢瓶或者使用时倒卧燃气钢瓶；

（四）转灌瓶装气和倾倒残液；

（五）自行涂改、更换钢瓶检验标记；

（六）自行拆修钢瓶瓶阀、附件；

（七）擅自安装、拆除、改装、迁移、覆盖管道燃气设施；

（八）将燃气设施作为负重支架堆放、悬挂物品或者将燃气管道作为电器设备的接地导体；

（九）阻止燃气经营企业人员进行用气安全检查或者进户抄表等作业；

（十）法律、法规禁止的其他行为。

第四十三条 任何单位和个人不得有下列行为：

（一）破坏、盗窃燃气设施；

（二）擅自开启、关闭户外管道燃气阀门；

（三）阻挠燃气经营企业的维修作业；

（四）在燃气设施的安全保护范围内从事危害燃气设施安全的活动；

（五）改变埋有管道燃气设施的路面承重状况；

（六）向管道燃气设施排放腐蚀性物体和易燃、易爆物质；

（七）移动、覆盖、涂改、拆除、损坏管道燃气设施标识；

（八）法律、法规禁止的其他行为。

第四十四条 任何单位和个人发现燃气引发的火灾、爆炸及人员中毒伤亡等事故，应当立即向有关部门和单位报告。接到报告的部门和单位应当立即派员进行抢修、抢险、抢救。

抢修、抢险人员对妨碍抢修、抢险的其他设施，可以采取必要的紧急避险措施，有关单位和个人应当配合，不得阻挠。对造成的财产损失，燃气经营企业应当给予相应的赔偿。燃气经营企业予以赔偿后，有权向造成抢修、抢险事故的责任者追偿。

对燃气事故的处理,按国家有关规定进行。

第七章　罚　　则

第四十五条　管道燃气经营企业违反本办法第十六条规定的,由燃气主管部门给予警告,责令限期供气,拒不改正的,可处以 5000 元以上 2 万元以下的罚款。

管道燃气经营企业违反本办法第十七条第一、二款和第三十条、第三十二条规定,未按要求履行通知、维修义务的,由燃气主管部门处以 1000 元以下的罚款;由此造成用户损失的,用户有权请求赔偿。

第四十六条　管道燃气经营企业违反本办法第十七条第四款的规定,造成燃气安全事故的,依法承担相应的民事、刑事责任。

第四十七条　违反本办法第四十三条第二至七项规定的,由燃气主管部门给予警告,责令改正;情节严重的,可并处 200 元以下的罚款;造成燃气安全事故的,依法承担相应的民事、刑事责任。

第四十八条　违反本办法的其他行为,依法应当予以处罚的,由有关部门依法处罚。

第四十九条　燃气主管部门和其他有关部门工作人员滥用职权、徇私舞弊、玩忽职守的,由其所在单位或者上级主管机关依法给予行政处分;构成犯罪的,依法追究刑事责任。

第八章　附　　则

第五十条　本办法所称燃气,是指液化石油气、人工煤气和天然气等气体燃料的总称。

本办法所称燃气设施,是指燃气储存、灌装、运输、输配所使用的各种设备、管道及其附属设施。

第五十一条　本办法自 2003 年 10 月 1 日起施行。

广东省燃气管理条例

(1997年7月26日广东省第八届人民代表大会常务委员会第三十次会议通过 2010年6月2日广东省第十一届人民代表大会常务委员会第十九次会议修订 2010年6月2日广东省第十一届人民代表大会常务委员会公告第42号公布 自2010年9月1日起施行)

第一章 总 则

第一条 为了加强燃气管理,规范燃气经营和使用行为,保障公民生命财产和社会公共安全,维护经营者和使用者的合法权益,促进燃气事业发展,根据有关法律、行政法规,结合本省实际,制定本条例。

第二条 本条例适用于本省行政区域内燃气规划编制、燃气设施建设与保护、燃气经营与服务及燃气安全管理等相关管理活动。

天然气开采、液化石油气的生产、燃气的槽车(船舶)运输和港口装卸,近海天然气终端,作为发电、工业生产原料的燃气使用,以及沼气、秸气的生产和使用,不适用本条例。

第三条 燃气事业的发展,应当遵循统筹规划、配套建设、安全便民、节能高效和保障供应的原则。

第四条 省人民政府应当建立全省燃气储备制度。县级以上人民政府应当建立燃气供应应急保障机制。

第五条 省人民政府建设行政主管部门负责全省的燃气管理工作。

县级以上人民政府燃气行政主管部门负责本行政区域内的燃气管理工作。

县级以上人民政府其他有关部门在各自的职责范围内,依法做好燃气管理的相关工作。

第六条　县级以上人民政府及其有关部门应当依法履行职责,建立健全燃气安全监督管理制度,提高燃气管理水平,鼓励支持燃气科学技术研究,做好燃气管理法律法规和安全节约用气的宣传普及工作,提高全民的燃气安全意识。

第七条　燃气行业协会应当建立行业自律机制,依法制定行业行为准则和服务规范,维护燃气经营者合法权益,督促燃气经营者守法经营、诚实守信、严格自律。

第二章　规划与建设

第八条　省人民政府建设行政主管部门应当会同有关部门,依据国民经济和社会发展规划、土地利用总体规划、城乡规划和能源规划,结合全省燃气总量供需情况,组织编制全省燃气发展规划并报省人民政府批准后组织实施。

县级以上人民政府燃气行政主管部门应当会同有关部门,依据国民经济和社会发展规划、土地利用总体规划、城乡规划、能源规划以及上一级人民政府燃气行政主管部门编制的燃气发展规划,组织编制本行政区域的燃气发展规划,报本级人民政府批准后组织实施,并报上一级人民政府燃气行政主管部门备案。

燃气发展规划因经济社会发展需要确需修编的,应当按照原编制审批程序报送审批并备案。

燃气发展规划的内容应当包括燃气气源、供气方式和规模、燃气设施布局和建设时序、燃气设施建设用地和保护范围、燃气供应保障措施等。

第九条　燃气设施建设应当符合燃气发展规划。

新区建设、旧区改造应当按照城乡规划和燃气发展规划,配套建设燃气设施或者预留燃气设施配套建设用地。预留的燃气设施配套建设用地,未经法定程序批准，不得改变用途。

城乡规划主管部门对燃气发展规划范围内的燃气设施建设工程，依法需要核发选址意见书的，应当征求燃气行政主管部门、公安消防机构的意见；不需要核发选址意见书的，在核发建设用地规划许可证或者乡村建设规划许可证前，应当征求燃气行政主管部门的意见。

在管道燃气已覆盖的区域内不得新建小区气化站、瓶组站。

第十条 新建燃气管道设施在建设项目规划红线范围内并且属于建设项目使用部分的，应当由建设单位负责投资；其余部分由管道燃气经营企业负责投资。

第十一条 燃气工程的勘察、设计、施工和监理，应当由具有相应资质等级的单位承担，其中消防设计图纸及有关资料应当依法报送公安消防机构审核。

第十二条 燃气工程项目竣工后，建设单位应当依法组织有关单位进行竣工验收，并在验收合格之日起十五日内报所在地燃气行政主管部门备案；未经验收或者验收不合格的，不得交付使用。

第三章 经营管理

第十三条 燃气经营实行许可制度。企业从事燃气经营活动应当具备下列条件：

（一）符合燃气发展规划要求；

（二）有稳定、可靠并符合国家标准的燃气气源；

（三）有符合国家标准的燃气设施；

（四）有符合安全要求的固定经营场所；

（五）企业的主要负责人、安全生产管理人员以及运行、维护和抢修人员经专业考核合格；

（六）有健全的燃气经营管理体系、安全管理制度和安全事故应急预案；

（七）有与其经营规模相适应的抢险抢修能力、风险承担能力和赔付能力；

（八）符合法律、法规规定和国家标准要求的其他条件。

企业从事燃气经营活动应当向经营所在地城市的市人民政府燃气行政主管部门提出申请，燃气行政主管部门应当自受理申请之日起二十日内完成审查。经审查，符合条件的颁发燃气经营许可证；不符合条件的，书面通知申请人并说明理由。

个体工商户需要继续经营瓶装燃气供应的，应当加入已取得许可的燃气经营企业，作为该企业的瓶装燃气供应站，并纳入该企业的燃气经营和安全管理体系。

第十四条　燃气经营许可证的有效期为五年。燃气经营许可证应当载明企业名称、注册地址、经营范围、供气区域、许可证有效期、法定代表人、主要负责人、安全技术负责人，以及燃气接收站、储存站、储配站、燃气汽车加气站、瓶装燃气供应站的名称、地点等事项。

燃气经营企业负责对燃气接收站、储存站、储配站、燃气汽车加气站、瓶装燃气供应站的管理，并承担相应的法律责任。

第十五条　取得燃气经营许可证的燃气经营企业新建、改建、扩建燃气接收站、储存站、储配站、燃气汽车加气站、瓶装燃气供应站的，应当按照国家规定的工程建设程序报建。在燃气设施竣工验收备案后三十日内，向原审批机关提出申请办理燃气经营许可证变更手续。经审查符合法定条件的，原审批机关应当依法予以办理。

撤销燃气接收站、储存站、储配站、燃气汽车加气站、瓶装燃气供应站的，应当向所在地燃气行政主管部门提出申请，经批准后方可撤销。

第十六条　燃气经营企业不得有下列行为：

（一）给报废、超期未检和不合格的气瓶充装燃气；

（二）给残液量超过规定的气瓶充装燃气；

（三）给非自有气瓶或者技术档案不在本企业的气瓶充装燃气；

（四）掺杂、掺假，以假充真，以次充好，充气量的误差超过国家规定标准；

（五）使用不符合国家标准、未经计量检定合格的计量装置；

（六）超出经营许可范围经营；

（七）给未获得经营许可的经营者提供用于经营的气源；

（八）法律、法规和国家标准、行业标准规定禁止的其他行为。

第十七条 销售的燃气器具应当符合燃气使用要求，并经具备相应资质的检测机构对气源适配性进行检测，在燃气器具明显位置标注气源适配性标识和报废年限。

第十八条 从事燃气器具的安装、维修业务的企业，应当依法取得相应资质。

燃气器具的安装维修质量应当符合国家标准。燃气器具安装维修企业不得安装不符合国家标准或者与气源不适配的燃气器具，不得维修达到报废年限的燃气器具。

燃气行政主管部门应当定期公布具备安装维修资质的企业目录。

第十九条 管道燃气价格的确定和调整，由价格主管部门会同燃气行政主管部门组织听证并依法审核后，报同级人民政府批准并公布施行。

第二十条 县级以上燃气行政主管部门应当建立健全监督管理制度，对燃气经营企业的经营活动、服务情况以及设施安全进行监督检查，并将监督检查结果向社会公布，督促不符合要求的企业对存在的安全隐患进行限期整改。

县级以上燃气行政主管部门应当建立燃气经营企业的诚信档案和不良行为公示制度，记录燃气经营企业、燃气器具安装维修企业的违法、违规行为，并向社会公布。

第四章 燃 气 服 务

第二十一条 管道燃气经营企业应当在批准的供气区域内向具备用气条件的单位和个人提供供气服务，并与用户依法签订供用气合同，明确双方的权利和义务，保证安全稳定供气。对供气区域内符合用气条件的单位和个人,不得拒绝供气。

需要使用管道燃气的用户,可以要求当地管道燃气经营企业供气,管道燃气经营企业对具备供气和用气条件的用户,应当自完成管道安装并办理开户手续之日起三日内供气。

第二十二条　管道燃气经营企业在供气系统正常的情况下,应当连续向用户供气,不得中断。因施工、检修等原因停止供气、降压供气影响用户正常使用燃气的,除紧急情况外,应当提前二十四小时通知用户。管道燃气经营企业未事先通知用户中断供气或者不按规定及时抢修,造成用户损失的,应当依法承担损害赔偿责任。

管道燃气经营企业停业或者歇业的,应当向所在地燃气行政主管部门报告,经批准后方可停业、歇业。管道燃气经营企业经批准停业、歇业的,燃气行政主管部门应当采取措施,保障用户正常用气。

第二十三条　燃气经营企业应当保证供气质量符合国家和省有关标准,并建立健全燃气质量检测制度。

第二十四条　为用户安装的燃气计量装置应当经过依法设立的计量检定机构检定合格,并粘贴检定合格标识。用户对无检定合格标识的燃气计量装置可以拒绝安装使用。

第二十五条　燃气经营企业应当建立健全用户服务档案,按照国家和本省规定的燃气服务标准向用户提供服务,在服务营业场所公告业务流程、服务承诺、服务项目、收费标准等信息。

第二十六条　管道燃气经营企业应当定期对用户的燃气计量装置、燃气管道及其附属设施、燃气器具的使用情况进行检查,并负责对燃气管道及其附属设施的维护、维修和更新;燃气分户计量器具出口前的燃气管道及其附属设施的维护、维修和更新费用由企业承担,出口后的费用由用户承担。

管道燃气企业维护、维修及更新用户共用的燃气管道及其附属设施时,物业服务企业和用户应当予以配合。

第二十七条　燃气经营企业应当每年至少为用户免费提供一次入户安

全检查，建立完整的检查档案。燃气经营企业对用户实施安全检查前，应当事先书面告知用户安全检查的日期，并在约定的时间上门检查。燃气经营企业因用户的原因不能按通知或者约定时间入户安全检查的，燃气经营企业应当与用户再次约定入户检查时间。

燃气经营企业检查人员上门检查应当主动出示有关证件，用户可以拨打燃气经营企业的服务电话确认其身份。

燃气经营企业应当将检查结果书面告知用户，对用户不遵守安全用气规定出现安全隐患的，应当提醒用户整改，用户应当及时进行整改；用户不按规定落实整改可能造成安全事故的，燃气经营企业应当停止供气，并在隐患消除后二十四小时内恢复供气。

用户应当对燃气经营企业入户检查予以配合，无正当理由不得拒绝。

第二十八条 燃气经营企业应当设置并向社会公布服务电话和抢险抢修电话，设专人每日二十四小时值班。

用户发现燃气器具存在问题或者出现漏气等情况的，应当及时告知燃气经营企业并可要求其入户检查维修。燃气经营企业接到服务请求后，应当按照其承诺的时限或者与用户约定的时间派人到现场服务；对燃气泄漏的报修，应当先行告知用户须采取的应急措施，并立即派人到现场抢修。

第二十九条 管道燃气的用气量，应当以燃气计量装置记录为准。

用户对燃气计量装置准确度有异议的，可以向供气的管道燃气经营企业申请测试，管道燃气经营企业自接到申请之日起三日内或者按照与用户约定的时间，委托法定的计量检定机构进行复检。

经复检的燃气计量装置，误差在法定范围内的，测试费用由申请方支付；误差超过法定范围的，测试费用由管道燃气经营企业支付，并由管道燃气经营企业更换合格的燃气计量装置。

用户对复检的测试结果有异议的，可以向质量技术监督部门投诉。

使用燃气计量装置超过法定误差范围的用户，其在申请之日前两个计费周期的燃气费，按测试后准确的用气量收取，燃气经营企业多收取的费用应当及时返还。

第三十条　燃气经营企业应当按照政府核准的燃气价格、燃气计量装置的记录向燃气用户收取燃气使用费,并与燃气用户约定支付期限。

用户未按照约定期限支付燃气费的,管道燃气经营企业可以书面催缴,管道燃气用户经催缴仍不支付燃气使用费和违约金的,管道燃气经营企业可以中止供气,但应当在中止供气十五日前书面通知用户,并报所在地燃气行政主管部门备案。

用户缴清所欠燃气费、违约金后,管道燃气经营企业应当在二十四小时内恢复供气。

用户对中止供气有异议的,可以向燃气行政主管部门投诉,受理投诉的燃气行政主管部门应当依法处理。

第三十一条　用户有权就燃气经营的收费和服务等事项向燃气经营企业查询,燃气经营企业应当自收到查询申请之日起五个工作日内予以答复。

燃气行政主管部门及其他有关部门应当建立举报和投诉制度,公开举报和投诉电话、信箱或者电子邮件地址,受理有关燃气安全、供气质量、收费价格、服务质量等的举报和投诉。

燃气行政主管部门及其他有关部门应当自接到投诉之日起十五日内予以处理、答复。

第五章　设 施 保 护

第三十二条　县级以上人民政府燃气行政主管部门应当会同城乡规划等有关部门,按照国家有关标准和规定划定燃气设施保护范围,并依法向社会公布。

燃气经营企业应当按照国家标准和规范,在燃气设施所在地、地下燃气管道上方和重要燃气设施上设置明显的安全警示标志。

任何单位和个人不得毁损、覆盖、涂改、擅自拆除或者移动燃气设施安全警示标志。

第三十三条 在燃气设施保护范围内，禁止从事下列危及燃气设施安全的活动：

（一）建设占压地下燃气管线的建筑物、构筑物或者其他设施；

（二）进行爆破、钻探、取土等作业以及使用明火；

（三）倾倒、排放腐蚀性物质；

（四）堆放易燃易爆危险物品以及种植深根植物；

（五）其他危及燃气设施安全的行为。

第三十四条 在燃气设施保护范围内，从事下列活动的建设单位应当会同施工单位，与燃气经营企业共同制定燃气设施保护方案，并采取相应的安全保护措施：

（一）铺设管道；

（二）进行打桩、顶进、挖掘等作业；

（三）其他可能影响燃气设施安全的活动。

建设单位或者施工单位在建设工程开工前，应当查询施工地段的燃气设施竣工图，查清地下燃气设施铺设情况，必要时可以进行现场探测或者开挖。进行现场探测或者开挖的，应当采取相应的安全保护措施，燃气经营企业应当派专业技术人员进行现场指导。因建设工程施工对燃气经营企业造成损失的，由建设单位和施工单位依法承担赔偿责任。

第三十五条 任何单位和个人不得侵占、毁损、擅自拆除或者移动燃气设施。

燃气经营企业改动燃气接收站、储存站、储配站、充装站、燃气汽车加气站、燃气管道等设施的，应当取得燃气设施改动许可。取得燃气设施改动许可应当符合下列条件：

（一）改动的燃气设施符合燃气专项规划等相关规定；

（二）有安全施工的组织、设计和实施方案；

（三）有安全防护及不影响用户安全正常用气的措施；

（四）法律、法规规定的其他条件。

第三十六条　申请燃气设施改动许可应当持下列资料向所在地县级以上燃气行政主管部门提出申请：

（一）书面申请；

（二）相关燃气设施建设工程的竣工验收证书；

（三）设施改动的设计文件和安全施工方案；

（四）设施改动的现场平面位置图；

（五）经规划部门批准同意改动的文件。

县级以上人民政府燃气行政主管部门在受理申请后，应当将有关申请事项予以公示，公示期不少于七日。燃气行政主管部门应当自受理申请之日起十五日内作出同意或者不同意的决定，不准予改动的应当说明理由。

第六章　安 全 管 理

第三十七条　县级以上人民政府燃气行政主管部门应当会同有关部门制定燃气事故应急预案，明确应急机构的组成、职责、应急行动方案等内容，并报本级人民政府批准。

燃气经营企业应当制定本单位燃气安全事故应急预案，并报所在地燃气行政主管部门备案。

第三十八条　燃气行政主管部门、安全生产监督管理部门、公安机关消防机构等部门应当根据各自职责，对燃气经营活动进行安全监督检查，发现燃气安全事故隐患的，应当立即组织人员查明情况，及时通知有关单位和个人排除燃气安全事故隐患。有关单位和个人应当予以配合。

第三十九条　燃气经营企业应当建立安全责任制，健全燃气安全保障体系。

燃气经营企业应当对本单位的燃气设施定期进行安全评估，发现燃气安全事故隐患的，应当及时采取措施消除隐患。安全评估报告应当报所在地燃气行政主管部门备案。

第四十条　燃气经营企业应当告知用户安全用气规则，指导燃气用户安全使用燃气，向用户发放安全用气手册，检查用户燃气使用场所的安全条件。

用户用气不得危害供气、用气安全和扰乱供气、用气秩序。

对危害供气用气安全和扰乱供气、用气秩序的，供气企业有权制止。

第四十一条 燃气用户应当遵守下列安全用气管理规定：

（一）使用合格的燃气器具和气瓶；

（二）按照国家有关标准和安全用气规则使用燃气，并按照使用说明书的要求，正确使用燃气器具；

（三）配合燃气经营企业进行安全检查、维修或者抄表；

（四）发现户内燃气设施安全隐患的，及时采取相应措施。

单位用户应当落实安全管理制度，加强燃气器具操作维护人员安全知识和技能的培训。管道燃气用户需要安装、改装、迁移、拆除户内燃气设施的，应当委托具有相应资质的企业负责实施。

第四十二条 燃气用户不得有下列行为：

（一）擅自拆卸、安装、改装燃气计量装置；

（二）将燃气管道作为负重支架或者接地引线；

（三）加热、摔、砸气瓶，使用燃气时倒卧气瓶；

（四）使用超期限未检验、检验不合格、无技术档案或者报废的气瓶；

（五）存在安全隐患不按规定落实整改；

（六）改变燃气用途或者转供燃气；

（七）法律、法规和国家标准、行业标准规定禁止的其他行为。

第四十三条 任何单位和个人不得有下列行为：

（一）用明火试验是否漏气；

（二）自行清除气瓶内的残液；

（三）气瓶与气瓶互相过气；

（四）在不具备安全使用条件的场所储存燃气；

（五）除事故应急救援等紧急情况外，擅自开启、关闭燃气管道上的公共阀门；

（六）法律、法规和国家标准、行业标准规定禁止的其他行为。

第四十四条　任何单位和个人发现燃气事故或者事故隐患时，应当立即告知负责供气的燃气经营企业并向燃气行政主管部门、安全生产监督管理部门、公安机关消防机构等部门报告。

燃气经营企业或者有关部门接到报告后，应当立即处理。

第四十五条　发生燃气安全事故后，燃气经营企业应当立即启动本单位燃气安全事故应急预案，组织抢险、抢修并立即向燃气行政主管部门报告。燃气经营企业进行燃气设施抢修时，可以采取紧急措施，有关单位和个人应当给予配合，不得以任何理由阻挠或者干扰抢修。

发生燃气安全事故后，燃气行政主管部门、安全生产监督管理部门、公安机关消防机构等部门，应当根据各自职责，立即采取措施防止事故扩大，根据有关情况启动燃气安全事故应急预案，并依照国家、省有关生产安全事故报告和调查处理的法律、法规进行报告和调查处理。

第七章　法 律 责 任

第四十六条　违反本条例第九条第二款规定，未按照规划配套建设燃气设施、未预留燃气设施配套建设用地或者未经法定程序批准改变建设用地用途的，由规划部门责令限期改正；逾期不改正的，处十万元以上二十万元以下罚款。

违反本条例第九条第四款规定，在管道燃气已覆盖的区域内新建小区气化站、瓶组站的，由燃气行政主管部门责令停止建设，限期改正；逾期不改正的，可以对建设单位处十万元以上二十万元以下罚款；已建成的，责令停止使用。

第四十七条　违反本条例第十二条规定，燃气工程项目未依法进行验收或者验收不合格交付使用的，由燃气行政主管部门责令停止使用，限期改正，并可处五千元以上一万元以下的罚款。

第四十八条　违反本条例第十三条规定，未取得燃气经营许可证从事燃气经营活动的,由燃气行政主管部门责令停止违法经营活动,没收违法所得,并可处十万元以上五十万元以下的罚款。构成犯罪的,依法追究刑事责任。

已取得燃气经营许可证但不再具备本条例第十三条第一款规定条件仍继续经营的,由燃气行政主管部门责令限期改正;逾期不改正的,吊销燃气经营许可证。

燃气经营企业超越行政许可范围从事燃气经营活动的,由燃气行政主管部门责令限期改正,并处五万元以上二十万元以下罚款;情节严重的,吊销燃气经营许可证。

违反本条例第十三条第三款规定,个体工商户未加入已取得许可的燃气经营企业而继续经营瓶装燃气的,由工商行政管理部门依法予以取缔。

第四十九条 违反本条例第十五条规定,燃气经营许可证载明的事项发生变更,燃气经营企业未在规定期限内报原审批机关申请办理变更手续的,由燃气行政主管部门责令限期改正,并可处二千元以上五千元以下罚款。

第五十条 违反本条例第十六条规定的,由相关主管部门责令限期改正,其中违反第二项、第四项、第五项规定的,可以对燃气经营企业处二万元以上五万元以下的罚款,违反第一项、第三项、第七项规定的,可以处五万元以上十万元以下的罚款;逾期不改正的,责令停业整顿;情节严重的,吊销燃气经营许可证,并由燃气行政主管部门提请同级人民政府予以关闭。

第五十一条 违反本条例第十七条规定,销售未经检测合格或者不符合燃气使用要求的燃气器具,由燃气行政主管部门责令销售单位限期改正;逾期不改正的,处每台器具五千元罚款,并可以责令其停业整顿。

第五十二条 违反本条例第十八条第一款规定,燃气器具安装维修企业未取得资质从事经营活动的,由建设行政主管部门责令停止违法行为,并处三万元以上十万元以下的罚款;有违法所得的,没收违法所得。

违反本条例第十八条第二款规定,燃气器具安装维修企业安装不符合国家标准或者与当地气源不适配的燃气器具,维修达到报废年限的燃气器具的,由燃气行政主管部门责令其限期改正,并处三万元以上十万元以下罚款。

第五十三条　违反本条例第二十一条、第二十二条规定，燃气经营企业未向具备用气条件的燃气用户持续、稳定、安全供气或者拒绝供气的，由燃气行政主管部门责令限期改正，并给予警告；逾期不改正的，处五千元以上二万元以下的罚款。

第五十四条　违反本条例第二十三条规定，燃气经营企业供应的燃气质量不符合国家和省有关标准的，由质量技术监督部门责令改正，并可处二万元以上五万元以下的罚款；有违法所得的，没收违法所得。

第五十五条　违反本条例第二十七条、第二十八条规定，燃气经营企业未提供免费入户安全检查、未按要求设置和公布服务电话、抢险抢修电话并设专人值班的，由燃气行政主管部门责令限期改正并给予警告，并可处一万元以上三万元以下的罚款。

第五十六条　违反本条例第三十二条第三款规定，毁损、覆盖、涂改、擅自拆除或者移动燃气设施安全警示标志的，由燃气行政主管部门责令限期改正，恢复原状，可以处五千元以下罚款。

第五十七条　违反本条例第三十三条规定，在燃气设施保护范围内从事危及燃气设施安全活动的，由燃气行政主管部门责令停止违法行为，限期恢复原状或者采取其他补救措施，对单位处五万元以上十万元以下罚款，对个人处五千元以上三万元以下罚款。

第五十八条　违反本条例第三十四条规定，建设单位未会同施工单位与燃气经营企业共同制定燃气设施保护方案，未查清地下燃气设施铺设情况擅自施工的，或者未采取相应的安全保护措施的，由燃气行政主管部门责令停止违法行为，限期恢复原状或者采取其他补救措施，并处五万元以上十万元以下罚款。

第五十九条　违反本条例第三十七条第二款、第三十九条、第四十四条规定，燃气经营企业未制定本单位燃气安全事故应急预案以及未按规定备案，未对燃气设施定期进行安全评估，以及接到燃气事故报告未及时处理的，由燃气行政主管部门和相关部门责令改正，并可处一万元以上三万元以下的罚款;情节严重的,吊销燃气经营许可证。

第六十条 违反本条例第四十一条第二款规定,委托不具有相应资质的企业实施安装、改装、迁移、拆除户内燃气设施的,由燃气行政主管部门责令改正,并给予警告;情节严重的,对个人用户处二千元以上五千元以下的罚款;对单位用户和擅自接受委托的施工企业处一万元以上三万元以下的罚款。

第六十一条 违反本条例第四十二条、第四十三条规定的,由燃气行政主管部门责令改正,并给予警告;情节严重的,可对用户处一千元以上三千元以下的罚款。

第六十二条 依照本条例规定给予单位罚款处罚的,对单位直接负责的主管人员和其他直接责任人员,可处单位罚款数额百分之五以上百分之十以下的罚款。

第六十三条 燃气行政主管部门和其他有关行政管理部门工作人员在燃气管理工作中有下列情形之一的,由其上级机关或者监察机关责令改正,对直接负责的主管人员和其他直接责任人员依法给予行政处分;构成犯罪的,依法追究刑事责任:

(一)不按照本条例规定履行监督检查职责的;

(二)发现违法行为或者接到对违法行为的举报后不及时查处的;

(三)不按规定的条件、程序和期限实施行政许可的;

(四)不按规定及时调查处理燃气安全事故的;

(五)其他玩忽职守、滥用职权、徇私舞弊的行为。

第八章 附 则

第六十四条 本条例中下列用语的含义:

(一)燃气,是指燃气经营者供给燃气用户作为燃料使用并符合相关标准的气体燃料,包括天然气、液化石油气和人工煤气等;

(二)燃气设施,是指人工煤气生产厂,燃气储配站、门站、气化站、混气站、加气站、灌装站、供应站、调压站、市政燃气管网等的总称，包括市政燃气设施、庭院燃气设施和共用燃气设施以及户内燃气设施等；

（三）燃气器具，是指以燃气为燃料的燃烧器具，包括居民家庭和商业用户所使用的燃气灶、热水器、沸水器、采暖器、空调器等器具。

第六十五条 本条例自2010年9月1日起施行。1997年7月26日广东省第八届人民代表大会常务委员会第三十次会议通过的《广东省燃气管理条例》同时废止。

河南省城镇燃气管理办法

（2013 年 11 月 27 日河南省人民政府令 158 号公布
自 2013 年 12 月 27 日起施行）

第一章　总　　则

第一条　为加强城镇燃气管理,保障燃气供应,规范燃气经营和使用行为,防止和减少燃气安全事故,保障公民生命、财产安全和社会公共安全,维护燃气经营企业和燃气用户的合法权益,促进燃气事业健康发展,根据《城镇燃气管理条例》和有关法律、法规规定,结合本省实际,制定本办法。

第二条　本办法所称燃气,是指作为燃料使用并符合一定要求的气体燃料,包括天然气(含煤层气)、液化石油气和人工煤气等。

第三条　本省行政区域内城镇燃气规划建设与应急保障、经营与服务、燃气使用、安全管理及相关管理活动,适用本办法。

天然气、液化石油气的生产和进口,城市门站以外的天然气管道输送,燃气作为工业生产原料的使用,沼气、秸秆气的生产和使用,不适用本办法。

第四条　县级以上人民政府及其有关部门应当建立健全燃气安全监督管理制度,提高燃气管理水平,鼓励支持燃气科学技术研究,做好燃气管理法律、法规、规章和安全节约用气宣传普及工作,提高全民的燃气安全意识。

第五条　省人民政府住房城乡建设主管部门负责全省的燃气管理工作。

县级以上人民政府住房城乡建设(城市管理、市政公用)主管部门负责本行政区域的燃气管理工作。

县级以上人民政府发展改革、公安、环保、交通运输、工商、质监、安全监管、规划等有关部门,应当根据各自职责,做好燃气管理的有关工作。

第二章 规划建设与应急保障

第六条 县级以上人民政府燃气主管部门应当会同有关部门,依据国民经济和社会发展规划、土地利用总体规划、城乡规划、能源规划以及上一级燃气发展规划,组织编制本行政区域的燃气发展规划,报本级人民政府批准后组织实施,并报上一级人民政府燃气主管部门备案。

燃气发展规划因经济社会发展确需修编的,应当按照原程序报送批准并备案。

第七条 城镇新区建设、旧区改造,应当按照城乡规划和燃气发展规划配套建设燃气设施或者预留燃气设施建设用地。

预留的燃气设施建设用地,未经法定程序批准,不得改变用途。

第八条 燃气设施建设工程的勘察、设计、施工、监理等活动必须由具有相应资质等级的单位承担,并应当依法接受工程质量监督机构的监督,其中依法应当进行消防设计审核的,还应当经公安机关消防机构审核。

第九条 燃气设施建设工程竣工后,建设单位应当依法组织竣工验收,并自竣工验收合格之日起15日内将竣工验收情况报燃气主管部门备案。未经验收或者验收不合格的,不得交付使用。

第十条 县级以上人民政府应当建立健全燃气应急储备制度,组织编制燃气应急预案,采取综合措施提高燃气应急保障能力。

燃气供应严重短缺、供应中断等突发事件发生后,县级以上人民政府应当及时采取动用储备、紧急调度等应急措施优先保障居民生活燃气供应,燃气经营企业以及其他有关单位和个人应当予以配合,承担相关应急任务。

第三章 经营与服务

第十一条 燃气经营实行许可证制度。

从事管道燃气、瓶装燃气、燃气汽车加气等城镇燃气经营的企业及其设立的瓶装燃气供应站(点)必须依法取得燃气经营许可证后,方可从事燃气经营活动。

禁止个人从事燃气经营活动。

燃气经营企业取得燃气经营许可证后到工商行政管理部门依法办理登记手续。

第十二条 省辖市、县(市)人民政府或者其授权的燃气主管部门应当按照有关法律、法规规定，通过市场竞争机制，以招标投标方式选择管道燃气投资企业或者经营企业，并签订特许经营协议。特许经营协议应当明确特许经营内容、区域、范围、有效期限及服务标准等。

管道燃气特许经营应当遵循公开、公平、公正和公共利益优先的原则。

第十三条 申请燃气经营许可证，应当向燃气主管部门提交下列材料：

(一)燃气经营许可证申请表；

(二)工商行政管理部门出具的名称预先核准通知书；

(三)与其经营规模相适应的风险承担能力和赔付能力的证明材料；

(四)企业主要负责人、安全生产管理人员的职务、职称、安全技能考核合格证书以及运行、维护和抢修人员经专业培训考核合格的证书；

(五)经营场所和办公场所证明；

(六)燃气工程项目规划、施工许可等批准文件和工程竣工验收文件等资料；

(七)相关部门核发的建设工程消防验收法律文件、《压力容器使用证》、《压力管道使用登记证》、《气瓶充装许可证》、《防雷装置检测报告》、残液处置方案及措施(瓶装燃气经营企业)；

(八)供气协议书或者供气意向书；

(九)燃气质量检测报告；

(十)企业安全生产管理制度，安全技术岗位操作规程，事故应急抢险预案和抢险车辆及设备名录，企业服务规范等；

(十一)法律、法规要求提供的其他材料。

管道燃气经营企业除具备前款规定的条件外，还应当提供特许经营协议。

燃气主管部门应当自受理申请之日起20个工作日内作出决定。不予许可的,应当书面向申请人说明理由。

第十四条 燃气经营许可证有效期为5年。需要延期的,燃气经营企业应当在许可证有效期届满30日前向原发证机关提出申请,经审查合格后换领新证。

燃气经营企业分立、合并、中止经营,或者变更经营许可证载明内容的,应当在30日前向原核发部门提出申请并提交相关资料。经审查符合条件的,原核发部门应当依法予以办理。

第十五条 管道燃气经营企业应当设置用户服务电话和抢险抢修电话,并向社会公布。抢险抢修电话应当有专人每日24小时值班。

第十六条 管道燃气经营企业因管道施工、检修等非突发性原因确需降压或者暂停供气的,应当提前48小时将降压或者暂停供气及恢复供气的时间予以公告或者书面通知燃气用户。居民燃气用户恢复供气的时间不得安排在晚10时至次日早晨6时之间。

因突发性原因造成降压或者暂停供气的,燃气经营企业应当在组织抢修的同时及时通知燃气用户,并尽快恢复供气。

第十七条 管道燃气经营企业应当每年至少对燃气用户免费进行一次入户安全检查,建立完整的检查档案。

管道燃气经营企业对燃气用户实施安全检查前,应当事先书面告知燃气用户安全检查的日期,并在约定的时间上门检查。燃气经营企业因燃气用户的原因不能按通知或者约定时间入户安全检查的,燃气经营企业应当与燃气用户再次约定入户检查时间。

管道燃气经营企业检查人员上门检查时应当主动出示有关证件,燃气用户可以拨打燃气经营企业的服务电话确认其身份。燃气用户应当对燃气经营企业入户检查予以配合,无正当理由不得拒绝。

管道燃气经营企业应当将检查结果书面告知燃气用户,对燃气用户不遵守安全用气规定出现安全隐患的，应当提醒燃气用户整改，燃气用户应当及时进行整改；燃气用户不按规定落实整改可能造成安全事故的，燃气经营企业可以停止供气，并在隐患消除后24小时内恢复供气。

第十八条 燃气经营企业应当对其从事瓶装燃气送气服务的人员和车辆加强管理，并承担相应的责任。

从事瓶装燃气充装活动，应当遵守法律、法规和国家标准有关气瓶充装的规定。

第十九条 瓶装燃气经营企业不得有下列行为：

（一）擅自为非自有气瓶充装燃气；

（二）销售未经许可的充装单位充装的瓶装燃气或者销售充装单位擅自为非自有气瓶充装的瓶装燃气；

（三）对超过检验期限、检验不合格或者报废、改装的气瓶进行灌装；

（四）用贮罐、槽车直接向气瓶充装燃气或者用气瓶相互倒灌燃气；

（五）在不符合安全条件的场地存放已充装气瓶；

（六）向未取得燃气经营许可证的单位或者个人提供用于经营的燃气；

（七）法律、法规禁止的其他行为。

第二十条 燃气汽车加气站不得向未经使用登记或者与使用登记证不一致的车用气瓶加气，不得向车用气瓶以外的其他气瓶或者装置加气。

第二十一条 燃气经营企业应当建立健全燃气质量检测制度，确保供应的燃气质量符合国家标准。

县级以上人民政府质监、工商行政管理、燃气主管等部门应当按照职责分工，依法加强对燃气质量的监督管理。

第二十二条 燃气销售价格应当根据购气成本、经营成本和当地经济社会发展水平合理确定并适时调整。县级以上人民政府价格主管部门确定和调整管道燃气销售价格，应当征求管道燃气用户、管道燃气经营企业和有关方面的意见。

第二十三条 县级以上人民政府燃气主管部门应当建立健全监督管理

制度,对燃气经营企业的经营活动、服务情况、安全管理状况等进行监督检查,并定期组织实施企业安全服务质量考核评价,督促不符合要求的企业对存在问题进行限期整改。

第四章 燃 气 使 用

第二十四条 管道燃气经营企业应当在批准的供气区域内向具备用气条件的单位和个人提供供气服务,并与燃气用户依法签订供用气合同,明确双方的权利和义务,保证安全稳定供气。对供气区域内符合用气条件的单位和个人,无正当理由,不得拒绝供气。

燃气用户需要过户,变更名称、地址、燃气用途或者扩大用气范围以及停止使用燃气的,应当到燃气经营企业办理变更或者停用手续。

第二十五条 燃气经营企业应当按照核准的燃气价格、燃气计量装置的记录向燃气用户收取燃气使用费,并与燃气用户约定支付期限。

燃气用户应当按照约定期限支付燃气费用。

第二十六条 为用户安装的用于贸易结算的燃气计量装置应当经过有资质的计量检定机构检定合格,并粘贴检定合格标识。民用燃气计量装置使用到规定年限后,由燃气经营企业负责更换,所需费用计入企业成本。

用户对燃气计量装置准确度有异议的,可以向供气的管道燃气经营企业申请测试。经有资质的计量检测机构检定,燃气计量装置合格的,检定费用由申请方承担;不合格的,检定费用由被申请方承担,其多收取的费用应当及时返还。

第二十七条 燃气用户有权就燃气收费、服务等事项向燃气经营企业查询,燃气经营企业应当自收到申请之日起 5 个工作日内予以答复。

燃气用户有权就燃气安全、供气质量、收费价格、服务质量等事项向县级以上人民政府价格主管部门、燃气主管部门以及其他有关部门进行投诉,有关部门应当自收到投诉之日起 15 个工作日内予以处理。

第二十八条 销售的燃气燃烧器具应当符合当地燃气使用要求,并经具备相应资质的检测机构对气源适配性进行检测。

燃气主管部门应当定期向社会公布本行政区域内的燃气种类、气质成分以及与气源相适配燃气燃烧器具的产品目录等信息。

第二十九条 燃气燃烧器具的安装、维修应当符合国家有关标准。

燃气燃烧器具安装维修企业不得安装不符合国家标准或者与气源不适配的燃气燃烧器具，不得维修达到报废年限的燃气燃烧器具。

第三十条 燃气用户及相关单位和个人不得盗用燃气。下列行为属于盗用燃气行为：

（一）在供气企业或者其他单位、个人的供用气设施上擅自安装管线和设施用气的；

（二）绕越用气计量装置用气的；

（三）私自移动、改装、损坏、拆除法定燃气计量装置，使其少计量或者不计量的；

（四）采用其他方式盗用燃气的。

第五章 安全管理

第三十一条 燃气主管部门、安全监管部门、质监部门、公安机关消防机构等部门和单位应当根据各自职责，对燃气经营活动进行安全监督检查，发现燃气安全事故隐患的，应当立即组织人员查明情况，及时通知有关单位和个人排除燃气安全事故隐患。有关单位和个人应当予以配合。

第三十二条 燃气经营企业应当建立安全责任制，健全燃气安全保障体系，并对本单位的燃气设施定期进行安全评估，发现燃气安全事故隐患的，应当及时采取措施消除隐患。

第三十三条 燃气经营企业应当告知燃气用户安全用气规则，指导燃气用户安全使用燃气，向燃气用户发放安全用气手册，检查燃气用户燃气使用场所的安全条件。

第三十四条 燃气用户应当遵守《城镇燃气管理条例》有关安全用气管

理的规定,并遵守下列规定:

(一)使用合格的燃气燃烧器具和气瓶;

(二)按照国家有关标准和安全用气规则使用燃气,并按照使用说明书的要求正确使用燃气燃烧器具;

(三)配合燃气经营企业进行安全检查、维修;

(四)发现户内燃气设施安全隐患的,及时采取相应措施。

单位燃气用户应当落实安全管理制度,加强对燃气燃烧器具操作维护人员安全知识和技能的培训。管道燃气用户需要安装、改装、迁移、拆除户内燃气设施的,应当按照国家有关标准实施作业。

第三十五条　任何单位和个人不得侵占、毁坏和擅自拆除、移动燃气设施,不得毁损、覆盖、涂改、擅自拆除或者移动燃气设施安全警示标志。

确因工程建设需要拆除、移动市政燃气设施的,应当由燃气经营企业制定改动方案,报县级以上人民政府燃气主管部门批准,并由燃气经营企业组织施工,所需费用由建设单位承担。

第三十六条　县级以上人民政府燃气主管部门应当会同有关部门制定燃气安全事故应急预案,明确应急指挥机构的组成、职责、应急处置程序、应急保障措施等内容,建立燃气事故统计分析制度,定期通报事故处理结果。

燃气经营企业应当制定本单位燃气安全事故应急预案,配备应急人员和必要的应急装备、器材,并定期组织演练。

第三十七条　燃气安全事故发生后,燃气经营企业应当立即启动本单位燃气安全事故应急预案,组织抢险、抢修并立即向燃气主管部门报告。

燃气安全事故发生后,燃气主管部门、安全监管部门和公安机关消防机构等有关部门和单位应当根据各自职责,立即采取措施防止事故扩大,根据有关情况启动燃气安全事故应急预案。

第三十八条　燃气安全事故经调查确定为责任事故的,应当查明原因、明确责任,并依法予以追究。

对燃气生产安全事故,依照国家和省有关生产安全事故报告和调查处理的规定进行报告和调查处理。

第三十九条 发生燃气泄漏等紧急情况,燃气经营企业必须采取紧急避险措施的,公安机关应当支持燃气经营企业实施入户抢险、抢修作业,燃气用户必须予以配合。

第四十条 燃气事故抢修车辆应当有明显标志,并到当地公安交通管理部门办理交通通行手续。

第六章 法律责任

第四十一条 违反本办法规定,法律、法规已有处罚规定的,适用其规定;构成犯罪的,依法追究刑事责任。

第四十二条 违反本办法规定,燃气经营企业分立、合并、中止经营,或者燃气经营许可证载明的内容发生变更,燃气经营企业未在规定期限内报原审批机关申请办理相关手续的,由燃气主管部门责令限期改正;逾期不改正的,处 1000 元以上 1 万元以下罚款。

第四十三条 违反本办法规定,瓶装燃气经营企业有下列行为之一的,由燃气主管部门责令改正,并处 1 万元以下罚款;情节严重的,处 1 万元以上 3 万元以下罚款:

(一)对超过检验期限、检验不合格或者报废、改装的气瓶进行灌装;

(二)用贮罐、槽车直接向气瓶充装燃气或者用气瓶相互倒灌燃气;

(三)在不符合安全条件的场地存放已充装气瓶;

(四)法律、法规禁止的其他行为。

第四十四条 违反本办法规定,向未经使用登记、与使用登记证不一致的车用气瓶加气或者向车用气瓶以外的其他气瓶或者装置加气的,由燃气主管部门责令改正,并处 5000 元以上 1 万元以下罚款;情节严重的,处 1 万元以上 3 万元以下罚款。

第四十五条 违反本办法规定,燃气燃烧器具安装维修企业安装不符合国家标准或者与气源不适配的燃气燃烧器具,或者维修达到报废年限的燃气燃烧器具的，由燃气主管部门责令其限期改正；逾期不改正的，处每台1000元，但最高不超过3万元的罚款。

第四十六条 违反本办法规定，县级以上人民政府及其燃气主管部门和其他有关部门工作人员在燃气管理工作中玩忽职守、滥用职权、徇私舞弊的，对直接负责的主管人员和其他直接责任人员，依法给予处分；构成犯罪的，依法追究刑事责任。

第七章 附 则

第四十七条 农村的燃气管理参照本办法的规定执行。

第四十八条 本办法自2013年12月27日起施行。1999年3月20日省政府令第57号公布施行的《河南省燃气管理办法》同时废止。分送：各市、县人民政府，省人民政府各部门。

山东省燃气管理条例

(2003 年 9 月 26 日山东省第十届人民代表大会常务委员会第四次会议通过
根据 2015 年 7 月 24 日山东省第十二届人民代表大会常务委员会
第十五次会议关于修改《山东省农村可再生资源条例》等
十二件地方性法规的决定第一次修正　根据 2016 年 3 月 30 日
山东省第十二届人民代表大会常务委员会第二十次会议关于
修改《山东省海洋环境保护条例》等九件地方性法规的决定第二次修正)

第一章　总　　则

第一条　为加强燃气管理,保障人民生命财产安全和社会公共安全,维护燃气经营企业和用户的合法权益,根据有关法律、法规,结合本省实际,制定本条例。

第二条　本省行政区域内燃气的规划、工程建设、经营、使用、设施保护和燃气器具的销售、安装与维修,以及相关的管理活动,适用本条例。

第三条　省、市、县(市)人民政府建设行政主管部门或者县级以上人民政府确定的部门(以下称燃气行政主管部门)负责本行政区域内的燃气管理工作。

第四条　县级以上人民政府应当采取措施,逐步普及燃气使用,推广清洁能源,促进燃气科技进步,提高燃气管理水平。

第五条　燃气行政主管部门应当加强燃气安全知识的宣传、普及工作,提高全民燃气安全意识,积极防范各种燃气事故的发生。

教育、新闻媒体等有关部门应当协助开展燃气安全知识的宣传、普及工作。

第六条　燃气经营企业必须遵守有关安全生产的法律、法规，加强安全生产管理，并对用户安全使用燃气进行指导。

燃气用户应当遵守燃气安全用气规则，确保使用安全。

第二章　规划与工程建设

第七条　县级以上人民政府应当组织燃气行政主管部门和城市规划等部门编制燃气专项规划，按法定程序批准后实施。

需要变更燃气专项规划的，应当按照原审批程序重新报批。

第八条　进行新区开发、旧区改建和新建、改建、扩建大型建设项目的，应当按照燃气专项规划和城市详细规划，配套建设相应的燃气设施；暂不具备条件的，应当按照规划要求预留燃气设施配套建设用地。

第九条　新建、改建、扩建燃气工程项目，应当符合燃气专项规划，并经燃气行政主管部门和公安消防机构审查同意后，按照国家和省的规定报有关部门审批。

第十条　从事燃气工程勘察、设计、施工、监理活动的，应当依法取得相应等级的资质证书，并在其资质等级许可的范围内承揽燃气工程。

第十一条　燃气工程建设、勘察、设计、施工和监理单位，应当严格执行国家和省有关技术规范、标准和规定，确保燃气工程质量。

第十二条　燃气工程竣工后，建设单位应当依法组织竣工验收。未经验收或者验收不合格的，不得交付使用。

建设单位应当在燃气工程竣工验收合格之日起十五日内，按照国家有关规定向燃气行政主管部门及其他有关部门备案。

第十三条　燃气工程竣工验收后，建设单位应当严格按照国家有关档案管理的规定，收集、整理燃气工程项目的文件资料，建立健全项目档案，及时向城建档案管理机构和其他有关部门移交项目档案。

第十四条　在城市燃气管网规划范围内不得建设瓶组气化站；已经建成的，在城市燃气管网覆盖瓶组气化站供气区域时，其供气管网应当并入城市燃气管网。

第三章　经营管理

第十五条　经营燃气的企业必须按照国家和省有关规定取得燃气经营许可后，方可从事燃气经营活动。

第十六条　经营燃气的企业应当具备下列条件：

（一）有稳定的、符合国家标准的燃气气源；

（二）有符合国家标准的储存、输配、充装设施；

（三）有与经营规模相适应的资金；

（四）有固定的、符合安全条件的经营场所；

（五）有具备相应资格的专业管理人员和技术人员；

（六）有健全的安全管理制度和企业内部管理制度；

（七）有与经营规模相适应的抢险抢修人员和设备；

（八）法律、法规规定的其他条件。

第十七条　燃气经营企业在规定的经营场所范围外设立燃气供应站点的，应当向燃气供应站点所在地县、市燃气行政主管部门申领燃气供应许可证；其中，属于瓶组气化站的，应当向设区的市燃气行政主管部门申领燃气供应许可证。

依照前款规定设立的燃气供应站点应当具备本条例第十六条第（二）、（四）、（五）、（六）、（七）、（八）项规定的条件。

未取得燃气供应许可证的，不得从事相关的燃气经营活动。

第十八条　燃气经营许可证和燃气供应许可证实行年检制度。未经检验或者经检验不合格的，不得继续从事燃气经营活动。

任何单位和个人不得出租、出借、转让、涂改、伪造燃气经营许可证或者燃气供应许可证。

第十九条　燃气经营企业所供燃气必须达到国家和省规定的质量指标。

第二十条　燃气经营企业应当建立燃气安全管理责任制，健全安全管理网络。

燃气经营企业应当对燃气设施进行日常巡查，对用户安全用气进行定期检查，发现事故隐患的，应当及时消除。

燃气经营企业巡查人员入户检查时，应当主动出示有效证件。

第二十一条　燃气经营企业应当设置专门的燃气事故抢险抢修队伍，配备专业技术人员、防护用品、消防器材、车辆、通讯设备等，制定各类突发事故的抢险抢修预案，并报燃气行政主管部门和公安消防机构备案。

燃气经营企业应当设置抢险抢修电话，向社会公布，并设专岗每天二十四小时值班。

第二十二条　燃气经营企业从事安全管理、作业和抢险抢修的人员，应当按照国家和省有关规定接受培训，经考核合格，取得相应资格后，方可从事相应的安全管理或者作业活动。

第二十三条　燃气经营企业应当向用户公布并履行服务承诺，提高服务水平。

燃气经营企业应当制定用户安全用气规则，向用户发放安全用气手册，并安排专职人员对用户进行燃气安全使用教育、解答用户咨询。

第二十四条　管道燃气经营企业应当按照规定的燃气质量、压力和计量标准不间断地供气。因管道燃气设施施工、检修等原因确需降压或者停气的，管道燃气经营企业应当在三日前予以公告，并按规定时间恢复供气；因突发事故降压或者停气的，应当及时通知用户。

管道燃气经营企业停业或者歇业的，应当提前六十日向燃气行政主管部门提出书面申请。

第二十五条　从事瓶装燃气充装活动的，不得实施下列行为：

（一）给超期限未检验或者检验不合格的钢瓶充装燃气；

（二）给报废、改装的钢瓶充装燃气；

（三）给超残液量标准的钢瓶充装燃气；

（四）超过国家规定的允许误差给钢瓶充装燃气；

(五)用槽车直接向钢瓶充装燃气或者用钢瓶相互倒灌燃气;

(六)给不符合国家标准的钢瓶充装燃气。

第四章 使用管理

第二十六条 管道燃气用户需扩大用气范围、改变燃气用途或者安装、改装、拆除固定的燃气设施和燃气器具的,应当到燃气经营企业办理相关手续。

第二十七条 单位燃气用户应当落实安全管理制度,其操作维护人员应当具备必要的燃气安全知识,掌握本岗位的安全操作技能。

第二十八条 燃气用户应当配合燃气经营企业入户进行燃气安全检查,遵守安全用气规则,并不得实施下列行为:

(一)盗用燃气、损坏燃气设施;

(二)用燃气管道作为负重支架或者接地引线;

(三)从事危害室内燃气设施安全的装饰、装修活动;

(四)安装、使用明令淘汰的燃气器具;

(五)使用超期限未检验、检验不合格或者报废的钢瓶;

(六)擅自拆卸、安装、改装燃气计量装置和燃气设施;

(七)加热、摔、砸燃气钢瓶或者在使用时倒卧燃气钢瓶;

(八)倾倒燃气钢瓶残液;

(九)擅自改换燃气钢瓶检验标志和漆色;

(十)在不具备安全使用条件的场所使用瓶装燃气;

(十一)法律、法规禁止的其他行为。

第二十九条 县级以上人民政府有关部门应当采取措施,推广使用燃气泄漏安全保护装置和具有燃气泄漏安全保护装置的燃气器具,确保燃气使用安全。

第五章　设施与器具管理

第三十条　燃气经营企业应当按照国家和省有关规定，在燃气设施的所在地、敷设有燃气管道的道路交叉口及重要燃气设施上设置明显的安全警示标志，并在生产经营场所设置燃气泄漏报警装置。

任何单位和个人不得擅自拆除、损坏、覆盖、移动、涂改安全警示标志。

第三十一条　燃气行政主管部门应当会同有关部门，按照国家和省有关规定划定燃气设施的安全保护范围。

在燃气设施的安全保护范围内，不得实施下列行为：

（一）建造建筑物、构筑物；

（二）排放腐蚀性液体、气体；

（三）未经批准开挖沟渠、挖坑取土；

（四）未经批准打桩或者顶进作业；

（五）未经批准动用明火作业；

（六）其他损坏燃气设施或者危害燃气设施安全的行为。

第三十二条　建设工程开工前，建设单位或者施工单位应当向燃气经营企业或者城建档案管理机构查明地下燃气设施的相关情况，燃气经营企业或者城建档案管理机构应当在接到查询后三个工作日内给予书面答复。

建设工程施工可能影响燃气设施安全的，建设单位或者施工单位应当与燃气经营企业协商采取相应的安全保护措施，并在专业技术人员的监督下施工。

第三十三条　因建设工程施工确需改装、迁移或者拆除燃气设施的，建设单位应当与燃气经营企业协商，并报燃气行政主管部门批准。

第三十四条　总重十吨以上的车辆或者大型施工机械需通过地下敷设有燃气管道的城市非机动车道时，应当事先征得燃气经营企业的同意，并在通行地段修建承重过桥或者采取其他安全保护措施，经检验合格后方可通行。

第三十五条 燃气器具应当由具备法定资格的检测机构抽样进行气源适配性检测，检测结果由省燃气行政主管部门向社会公布。

燃气器具生产、经营单位应当在燃气器具的明显位置标注气源适配性检测标志。

第三十六条 燃气经营企业和用户应当按照规定对燃气设施和燃气器具进行定期检验、检修和更新。

报废的燃气钢瓶应当进行破坏性处理，并不得翻新使用。

第三十七条 燃气器具的安装维修单位应当依法取得相应的资质证书后，方可从事燃气器具安装维修业务。

燃气器具的安装维修应当符合国家和省颁布的技术规范和标准。

第六章 监督检查与事故处理

第三十八条 燃气行政主管部门应当对燃气的工程建设、经营、使用、设施保护、器具安装维修等活动进行监督检查；发现安全隐患的，应当及时通知有关单位和个人限期消除。

第三十九条 燃气行政主管部门在实施批准或者核准时，应当严格按照本条例规定的条件对有关事项进行审查。符合条件的，应当自受理申请之日起三十日内，作出批准或者核准的决定；不予批准或者核准的，应当书面向申请人说明理由；发现已经取得批准或者核准的单位不再具备本条例规定的条件，应当依法撤销原批准或者核准。

燃气行政主管部门在实施批准或者核准时，程序必须公开，并依法接受监督。

第四十条 燃气行政主管部门应当建立举报和投诉制度，公开举报和投诉电话、信箱或者电子邮件地址，受理有关燃气安全、收费标准和服务质量的举报和投诉，并自收到举报或者投诉之日起十五日内予以处理。

第四十一条 任何单位和个人发现燃气事故隐患时，应当立即向燃气经营企业、燃气行政主管部门或者公安消防等部门报告。

燃气经营企业接到事故隐患报告后应当立即组织抢险抢修，并同时报告当地燃气行政主管部门或者其他有关部门。

燃气行政主管部门和公安消防等部门应当建立燃气安全预警联动机制，接到事故隐患报告后，立即处理。

第四十二条　抢险抢修人员在处理燃气事故紧急情况时，对影响抢险抢修的其他设施，可以采取必要的应急措施，并妥善处理善后事宜。

第七章　法律责任

第四十三条　违反本条例规定，未经燃气行政主管部门审查同意，新建、改建、扩建燃气工程项目的，由燃气行政主管部门责令限期改正，给予警告；逾期不改正的，可处以三千元以上三万元以下罚款。

第四十四条　违反本条例规定，燃气工程未经验收或者验收不合格交付使用的，或者燃气工程竣工验收合格后，建设单位未按照国家有关规定向燃气行政主管部门备案的，按照国务院《建设工程质量管理条例》的有关规定处罚。

第四十五条　违反本条例规定，未取得燃气经营许可从事燃气经营活动的，由燃气行政主管部门责令停止经营，没收违法所得，并可处以一万元以上十万元以下罚款。

第四十六条　违反本条例规定，未取得燃气供应许可证从事燃气经营活动的，由燃气行政主管部门责令停止经营，没收违法所得和非法供气设备，并可处以三千元以上三万元以下罚款。

第四十七条　违反本条例规定，燃气经营企业未对燃气设施进行日常巡查、未对用户安全用气进行定期检查或者发现事故隐患未及时消除的，由燃气行政主管部门给予警告，责令限期改正；造成严重后果的，依法承担法律责任。

第四十八条　违反本条例规定，管道燃气经营企业在降压或者停气时未提前公告或者及时通知用户的，由燃气行政主管部门给予警告，并可处以一万元以下罚款;给用户造成损失的,依法承担民事责任。

第四十九条 违反本条例规定,有第二十五条规定行为之一的,由燃气行政主管部门责令限期改正,给予警告;逾期不改正的,可处以一万元以下罚款。

第五十条 违反本条例规定,有第二十八条规定行为之一的,由燃气行政主管部门责令改正,给予警告;逾期不改正的,对个人用户可处以五百元以下罚款,对单位用户可处以五千元以下罚款。

第五十一条 违反本条例规定,有第三十一条第二款规定行为之一的,由燃气行政主管部门责令停止违法行为,限期恢复原状,并可处以一千元以上三万元以下罚款。

第五十二条 违反本条例规定,擅自建造建筑物、构筑物占压燃气输配管道的,由燃气行政主管部门责令限期拆除;逾期不拆除的,由县级以上人民政府责成有关部门强制拆除,或者由燃气行政主管部门依法申请人民法院执行,所需费用由建设单位或者个人承担。

第五十三条 违反本条例规定,销售未通过气源适配性检测的燃气器具的,由燃气行政主管部门责令限期改正;逾期不改正的,可处以一万元以下罚款。

第五十四条 违反本条例规定,未取得相应的资质证书,从事燃气器具安装维修活动的,由燃气行政主管部门责令限期改正,没收违法所得;逾期不改正的,可处以一万元以下罚款。

第五十五条 燃气行政主管部门的工作人员,有下列行为之一的,依法给予行政处分;构成犯罪的,依法追究刑事责任:

(一)对符合本条例规定条件的事项未按照规定的程序和时限予以批准或者核准的;

(二)对不符合本条例规定条件的事项予以批准或者核准的;

(三)发现未依法取得批准、核准的单位擅自从事有关活动或者接到举报后不依法予以处理的;

(四)对已经依法取得批准、核准的单位,发现其不再具备本条例规定的条件而不撤销原批准、核准或者发现燃气违法行为不予查处的;

(五)其他滥用职权、玩忽职守、徇私舞弊的行为。

第八章　附　　则

第五十六条　本条例下列用语的含义是:

(一)燃气,是指人工煤气、天然气、液化石油气等气体燃料的总称。

(二)燃气工程,是指燃气设施和燃气供应站点的新建、改建、扩建工程。

(三)燃气设施,是指气源生产厂家以外的储气厂、门站、气化站、混气站、储配站、调压站、各种燃气管网及其附属设施的总称。

(四)燃气器具,是指使用燃气的炉灶、热水器、沸水器、取暖器、空调器和燃气计量器等器具。

(五)燃气供应站点,是指为用户供气的瓶组气化站、瓶装供应站、燃气车辆加气站等。

第五十七条　本条例自 2003 年 11 月 1 日起施行。

黑龙江省燃气管理条例

（1998年12月12日黑龙江省第九届人民代表大会常务委员会第六次会议通过　根据2013年10月18日黑龙江省第十二届人民代表大会常务委员会第六次会议《关于修改等四部地方性法规的决定》第一次修正　根据2015年4月17日黑龙江省第十二届人民代表大会常务委员会第十九次会议《关于废止和修改等五十部地方性法规的决定》第二次修正）

第一章　总　　则

第一条　为加强对燃气的管理，规范经营和使用燃气行为，维护燃气经营者和使用者的合法权益，保障社会公共安全和人民生命财产安全，促进燃气事业的发展，根据有关法律、法规，结合本省实际，制定本条例。

第二条　本条例适用于本省辖区内燃气的规划、建设、经营，燃气器具的生产、销售、安装，燃气的使用及安全管理。

第三条　省人民政府建设行政主管部门（以下简称省建设行政主管部门）主管本省燃气管理工作，并组织本条例的实施。

市（含行署，下同）县（含县级市，下同）人民政府的建设行政主管部门或者市政公用行政主管部门（以下简称燃气主管部门）主管本辖区内的燃气管理工作。

县以上地方人民政府其他有关行政管理部门按照法律、法规赋予的职责，对燃气工作实施监督管理。

农垦部门负责辖区内的燃气管理工作，并接受省建设行政主管部门的指导和监督。

第四条 县以上地方人民政府应当将燃气事业的发展纳入国民经济和社会发展计划，实行统一规划、配套建设、保护环境、节约能源、建设与管理并重的原则。

第五条 鼓励燃气行业开展科学技术研究，推广先进技术与设备，开发新型气体燃料，提高燃气行业的科学技术水平。

第六条 县以上地方人民政府应当加强对燃气工作的领导，对在燃气工作中作出显著成绩的单位和个人，给予表彰奖励。

第二章 燃气规划与建设

第七条 燃气规划应当由市、县燃气主管部门会同规划等有关部门编制，经市、县人民政府审查同意，报省建设行政主管部门批准后，由市、县燃气主管部门组织实施。

第八条 燃气工程建设应当符合燃气规划，执行国家和省的技术标准、规范。

城市新区开发和旧区改造应当按照燃气规划，配套建设燃气设施。

燃气规划范围内的新建、扩建、改建住宅工程，其燃气设施应当与主体工程同步设计、同步施工。

第九条 燃气工程的新建、扩建、改建项目，应当履行规定的基本建设程序，并经市燃气主管部门会同公安消防等有关部门审查同意后，方可施工。

第十条 燃气工程设计、施工，应当委托具有相应资质的设计、施工单位设计、施工。

燃气工程竣工后，由市燃气主管部门组织有关部门，按照国家和省有关规定组织验收。未经验收或者验收不合格的，不得投入使用。

第十一条 燃气设施不得擅自改动。确需改动的，应取得燃气企业同意，并报当地燃气主管部门和城市规划主管部门备案。

第十二条 任何单位和个人不得阻挠经批准的燃气工程的施工安装。

第十三条 燃气工程建设所需资金，采取国家投资、使用城市维护建设税、地方及企业自筹、银行贷款和利用外资等多种方式筹措。

确需在市、县范围内集资进行燃气工程建设的,应当由市、县人民政府提出集资方案,经上一级人民政府的财政和燃气主管部门核准,报上一级人民政府批准后实施。

燃气工程建设资金必须专款专用,任何单位和个人不得挪作他用。

第三章 燃气经营

第十四条 管道燃气实行区域性统一经营;瓶装燃气实行规范管理、多家经营。

第十五条 从事燃气经营活动的企业,应当依法取得燃气经营许可证。

第十六条 燃气企业设置燃气分销站点,应当向分销单位所在地的燃气主管部门提出申请,经当地公安消防部门同意,由市燃气主管部门审查合格后颁发燃气供应许可证书。任何部门、单位不得另行颁发燃气供应许可文件。

不具备液化石油气储存、充装能力的单位和个人,不得建立与贮灌站配套服务的液化石油气分销站。

燃气分销站点应当具备的条件,由省建设行政主管部门制定。

第十七条 燃气企业及其分销站点中止或者终止经营活动以及变更经营场所,应当取得当地燃气主管部门同意,并到原发证机关办理手续。

第十八条 燃气企业在燃气经营中应当遵守下列规定:

(一)在批准的供气区域内开展供气业务;

(二)保证正常、持续、稳定供气;

(三)保证燃气的热值、组份、压力、嗅味等指标符合国家和省规定的标准;

(四)不得向无燃气经营许可证和燃气供应许可证书(以下统称许可证书)的单位和个人提供经营性气源;

(五)与用户签订书面供用气合同;

(六)严格执行经批准的燃气价格,不得擅自提高收费标准。

第十九条　管道燃气企业在燃气经营中除应当遵守第十八条规定外,还应当遵守下列规定:

(一)根据供气区域内的用气需求及时调整燃气供应量;

(二)建立健全用户档案;

(三)无正当理由不得拒绝向供气区域内符合供气和用气条件的用户提供气源;

(四)按照规定及时为用户安装、改装管道燃气设施,保证质量,并同时向用户讲解燃气安全常识;

(五)进入居民住宅抄表、安装检修燃气设施或者器具以及进行燃气设施安全检查的工作人员,应当佩戴由市燃气主管部门制发的统一标志,并出示证件。

第二十条　管道燃气企业因突发事故造成降压供气或者停止供气,应当及时通知当地燃气主管部门和用户;因施工、检修等原因降压供气或者停止供气,应当提前24小时通知用户。

除不可抗力和抢险抢修的维修、更新、改造工程外,管道燃气企业连续停止供气48小时以上的,应当赔偿用户直接损失。具体赔偿办法由省建设行政主管部门制定。

恢复供气时,管道燃气企业应当在恢复供气之日6时至22时的范围内选定供气时间,并提前24小时通知用户。

第二十一条　瓶装燃气企业在燃气经营中应当遵守第十八条规定,并不得有下列行为:

(一)将不合格的燃气钢瓶提供给用户;

(二)为无许可证书的单位或者个人代储、代充液化石油气;

(三)为不符合国家标准的燃气钢瓶或者超过检验期限的燃气钢瓶经检验不合格的燃气钢瓶充装液化石油气;

(四)用液化石油气槽车直接向钢瓶充装液化石油气;

（五）未抽取真空即向初次使用或者重新检验后的燃气钢瓶充装液化石油气；

（六）用燃气钢瓶相互转充液化石油气；

（七）燃气钢瓶充装前未按规定抽取液化石油气残液；

（八）抽取液化石油气残液另行收费；

（九）燃气钢瓶充装后的液化石油气允差和残液量超出国家标准；

（十）购销无出厂合格证的液化石油气。

第二十二条 瓶装燃气企业应当采用液化石油气自动充装设备。

瓶装燃气以交付用户的检斤重量为准，以千克为单位计价。

第二十三条 燃气气源生产企业必须按照国家标准生产燃气，保证燃气质量。

燃气主管部门应当对燃气气源生产企业的燃气产品质量进行定期检查，对燃气的计量进行不定期抽查。

第二十四条 燃气设施的管理、维修、养护和更新，由供气单位负责。燃气器具的维修、养护和更新由用户负责。

燃气设施安装、维修和更新造成楼面、墙体损坏的，由安装、维修、更新单位负责恢复。

生产经营性用气的燃气设施的管理、维修、养护和更新所需费用，由燃气设施的产权单位负责。

第二十五条 燃气企业的专业管理、安全、技术和操作等从业人员，应当经过省建设行政主管部门或者市燃气主管部门组织同级公安消防、劳动安全等部门依法进行的联合培训，考试合格，领取从业人员岗位证书后，方可上岗。

联合培训应当统一教材、统一考试、统一颁发从业人员岗位证书。

第二十六条 新型气体燃料，必须经国家或者省建设行政主管部门组织有关部门、专家鉴定合格后，方可作为民用气体燃料投入使用。

第二十七条 管道燃气价格及其服务项目收费标准，应当由当地燃气主管部门组织测算，经当地物价管理部门依法组织听证并审核，报当地人民政府批准后公布执行。

第四章　燃 气 器 具

第二十八条　燃气器具的生产实行生产许可制度。燃气器具生产企业应当按照国家和省有关规定，到技术监督部门办理生产许可手续后，方可生产。

第二十九条　燃气器具（以液化石油气为燃料的燃气器具除外）应当经法定检测机构进行与销售地燃气气源的适配性检测。检测合格的，由检测机构出具合格证明。燃气器具经销企业应当根据合格证明在燃气器具上标明燃气气源适配气种，未标明的，不得销售。

同一种品牌的燃气器具在同一销售地不得重复检测。

任何部门、单位不得限定燃气用户购买指定地点或者指定品牌的燃气器具以及燃气计量装置。

第三十条　燃气器具应当附有合法的产品合格证书和符合规定的安全使用说明书。

燃气器具生产企业应当在其产品销售地设立定点售后维修服务机构。

第三十一条　禁止销售充有燃气的燃气钢瓶和专门加热燃气钢瓶的装置，以及未经法定检测机构检测的燃气器具和零配件。

第三十二条　安装燃气器具应当符合国家和省制定的规范和标准。

燃气器具的安装维修单位应当经市燃气主管部门资质审查合格，取得燃气器具安装维修资格证书后，方可从事业务活动。

燃气器具的安装维修人员应当经省建设行政主管部门或者市燃气主管部门培训，考试合格并发给岗位证书后，方可从事燃气器具安装维修工作。

第五章　燃 气 使 用

第三十三条　用户使用管道燃气，应当按照规定向当地燃气企业提出申请。

管道燃气企业对具备供气和用气条件的用户，应当自燃气管道工程验收合格之日起20日内予以通气。逾期未通气的，燃气主管部门应当自被告之日或接到投诉之日起5日内，责令其向用户免费提供瓶装燃气，并借给相应的燃气器具，直至通气为止。

第三十四条 管道燃气用户需要扩大用气范围、改变燃气用途以及安装、改装、拆迁燃气设施或者固定的燃气器具的，应当向管道燃气企业提出申请，办理相应手续。

用户提出改装燃气设施所发生的费用由用户承担。

第三十五条 管道燃气的用气量，应当以法定的计量检测机构检定合格的燃气计量装置的记录为准。

用户对燃气计量装置的准确度有异议的，可以向供气的燃气企业申请测试；燃气企业应当在接到申请之日起3日或者与用户约定的时间内，将燃气计量装置送交法定的计量检测机构测试。

经测试的燃气计量装置，其误差在法定范围内的，测试费用由用户支付；其误差超过法定范围的，测试费用由燃气企业支付，并由燃气企业负责更换合格的燃气计量装置。

使用超过法定误差范围的燃气计量装置的用户，其在申请测试之日前2个月的燃气费，按照测试误差调整合格后的用气量计算。用户多交的燃气费，由燃气企业退还。

用户对测试结果有异议的，可以向技术监督部门投诉。

第三十六条 管道燃气用户应当按照供用气合同约定的期限交纳燃气费。逾期未交纳的，管道燃气企业可以从逾期之日起，对生产经营性用户每日按照所欠燃气费的1%收取滞纳金，对其他用户每日按照所欠燃气费的5‰收取滞纳金。

对于逾期未交纳燃气费的用户，管道燃气企业可以向其提出警告，限期5日内交纳；限期期间不得中止供气。超过限期仍未交纳的，管道燃气企业可以中止供气。用户申请恢复供气时,应当全额交纳所欠的燃气费和滞纳金。

对于已经供气的新建房屋的管道燃气用户,管道燃气企业应当在用户取得房屋产权或者使用权之日起,向其收取燃气费。

第三十七条 用户有权对燃气经营的收费和服务向燃气企业查询,并可以向有关行政部门、组织投诉;有关行政部门、组织应当在规定期限内予以答复。

用户无正当理由不得拒绝燃气企业工作人员入户进行正常的业务活动。

第六章 燃 气 安 全

第三十八条 燃气企业应当建立健全燃气安全的保障体系和管理制度,并遵守下列规定:

(一)在燃气设施所在地设置明显的警示标志,并配备专职人员巡回检查;

(二)每年至少检查2次燃气设施,及时排除事故隐患,建立完整的检查档案;

(三)按照国家技术规范和标准定期检修、更新燃气设施;

(四)公布燃气设施抢修电话,设置专职抢修队伍,配备抢修所需的防护、运输、通讯等设备、器材;

(五)进出液化石油气贮灌厂(站)的车辆和人员,应当遵守燃气主管部门制定的有关制度和规定;

(六)向用户发放安全用气手册,并负责指导安全使用燃气;

(七)实行每日24小时燃气安全值班制度。

第三十九条 燃气主管部门应当组织法定检测机构对燃气企业的避雷、静电安全设施进行定期检测。

燃气企业的避雷、静电安全设施应当依法接受有关部门的检测。

在规定的检测周期内,对已经接受检测的避雷、静电安全设施,燃气企业有权拒绝任何部门或者单位进行的同一性质的重复检测。

第四十条 燃气用户应当遵守安全用气管理规定,不得有下列行为:

(一)从事危害室内燃气设施安全的装饰装修活动;

(二)使用无燃气气源适配检测合格标志的燃气器具;

(三)安装、使用直排式热水器;

(四)盗用或者转供管道燃气;

(五)用明火对燃气设施、器具进行试漏检验;

(六)自行拆卸、安装、改装燃气计量装置和燃气设施;

(七)未经燃气企业同意,安装以管道燃气为燃料的燃气器具;

(八)在餐饮经营场所将燃气钢瓶与就餐者置于同一室内作为热源或者在集体宿舍内使用燃气钢瓶作为热源;

(九)加热、摔、砸燃气钢瓶或者在使用时倒卧燃气钢瓶;

(十)自行倾倒燃气钢瓶残液;

(十一)擅自改换燃气钢瓶检验标志和漆色;

(十二)法律、法规禁止的其他行为。

第四十一条 禁止在国家规定的燃气设施安全保护范围内从事下列活动:

(一)修建建筑物或者构筑物,设置线杆;

(二)堆放重物,置放易燃、易爆物品或者火种;

(三)倾倒、排放腐蚀性物品;

(四)种植乔木类植物;

(五)在管道燃气设施上牵挂电线、绳索;

(六)开启或者关闭燃气管道公共阀门;

(七)其他危害燃气设施安全的活动。

第四十二条 任何单位和个人不得擅自在国家规定的燃气设施安全保护范围内挖掘、取土、移动、覆盖、涂改、损坏燃气设施或其安全保护标志,以及进行焊接、烘烤、爆破等作业;确需作业的,作业单位应当在作业前15日提出安全保护措施,取得燃气企业的同意,并报当地公安消防部门备案。

作业时,作业单位应当在现场设置严禁火种的标志,燃气企业应当派人到现场监护。

作业中发生的燃气设施安全保护和监护费用由建设单位承担。

第四十三条　任何单位和个人发现燃气泄漏,应当立即通知燃气企业以及公安消防等部门。

燃气企业发现燃气设施损坏以及燃气泄漏等情况或者接到燃气事故报告时,应当立即组织抢险抢修,并同时报告当地燃气主管部门和有关部门。重大事故应当按照规定上报国家和省有关部门。

发生燃气事故,事故责任单位或责任人应当依法履行赔偿责任。

第四十四条　发生重大燃气事故,事故发生地的燃气主管部门有权调度当地其他燃气企业进行抢险抢修。事故的调查处理,按照国家规定进行。

发生重大燃气事故,燃气企业应当在事故发生之日起,停止事故涉及范围内的供气。事故处理结束,消除安全隐患后,经当地的市燃气主管部门会同有关部门验收合格,方可恢复供气。

第四十五条　因抢修管道燃气设施,确需损坏市政设施或者其他设施以及中断电力、通讯的,燃气企业可以采取必要幅度的应急措施,并同时通知有关部门或者单位共同研究解决方案。造成的损失,由事故责任单位负责赔偿。

抢修室内燃气设施时,用户应当无条件拆除影响抢修的装饰装修设施;用户不拆除的,由燃气企业拆除,造成的损失,由事故责任单位或者责任人负责赔偿。

第四十六条　燃气生产、储存、输配所使用的锅炉、储罐、钢瓶和有关安全附件,经法定的压力容器检验机构检定合格,取得有关主管部门核发的使用许可证书后,方可使用。

第七章　法律责任

第四十七条　燃气企业违反本条例下列条款规定的,由省建设行政主管部门或者市燃气主管部门责令停止违法活动，限期改正，并给予下列处罚：

（一）违反第九条规定的，处以5万元以上10万元以下罚款，情节严重的，由原发证机关吊销许可证书；

（二）违反第十五条规定的，处以违法所得一倍的罚款，并没收违法所得。

第四十八条 燃气企业违反本条例下列条款规定的，由燃气主管部门或其委托机构责令停止违法行为，限期改正并给予下列处罚：

（一）违反第十条、第三十二条第二款规定的，处以5万元以上10万元以下罚款，没收违法所得，情节严重的，由原发证机关吊销许可证书；

（二）违反第十六条第一款规定的，处以违法所得1倍的罚款，并没收违法所得；

（三）违反第十七条规定的，处以1000元以上5000元以下罚款，并没收违法所得；

（四）违反第十八条（一）（四）项、第二十六条规定的，处以违法所得1倍的罚款，并没收违法所得，情节严重的，由原发证机关吊销许可证书；

（五）违反第十九条第三项、第二十一条（第四项除外）第二十二条第二款、第二十五条第一款、第三十五条第二款、第三十八条、第三十九条第二款、第四十三条第二款规定的，处以5000元以上1万元以下罚款，有违法所得的予以没收，情节严重的，由原发证机关吊销许可证书。

第四十九条 燃气企业发生重大燃气安全事故的，燃气主管部门应当视情节责令其限期整顿或者停业整顿，并由原发证机关收缴其许可证书。

第五十条 燃气器具的销售、安装维修单位违反本条例下列条款规定的，由燃气主管部门或其委托机构责令停止违法行为，限期改正，并给予下列处罚：

（一）违反第二十九条第一款规定的，处以违法燃气器具总价值1倍的罚款，并没收违法所得和非法财物；

（二）违反第三十一条规定的，处以违法器具总价值2倍的罚款，并没收违法所得和非法财物；

（三）违反第三十二条第二款规定的，处以1万元以上5万元以下罚款，并没收违法所得；

（四）违反第三十二条第三款规定的，处以5000元以上1万元以下罚款。

第五十一条　燃气用户违反本条例第三十四条第一款、第三十七条第二款、第四十条规定的，由燃气主管部门或其委托机构责令停止违法行为，限期改正，并对个人用户处以100元以上1000元以下罚款，对单位用户处以1000元以上1万元以下罚款。

第五十二条　违反本条例下列条款规定的，由燃气主管部门或其委托机构责令停止违法行为，限期改正，并给予下列处罚：

（一）违反第八条第三款规定的，处以燃气设施造价的10%以上20%以下的罚款；

（二）违反第十一条、第十二条、第四十一条、第四十二条第一款规定的，对个人处以100元以上1000元以下罚款，对单位处以1000元以上1万元以下罚款；

（三）违反第十六条第二款规定的，处以违法所得1倍的罚款，并没收违法所得；

（四）违反第二十一条（四）项规定的，处以车载液化石油气价值2倍罚款。

第五十三条　违反本条例其他规定的，由有关行政主管部门依法给予行政处罚。

第五十四条　妨碍燃气主管部门工作人员执行公务的，由公安部门按照《中华人民共和国治安管理处罚条例》的规定给予处罚。

第五十五条　燃气主管部门实施行政处罚时，应当按照《中华人民共和国行政处罚法》规定的程序执行。

第五十六条　当事人对行政处罚决定不服的，可以依法申请行政复议或者提起行政诉讼。当事人逾期不申请行政复议或者不向人民法院提起行政诉讼，又不履行行政处罚决定的，由作出行政处罚决定的机关依法申请人民法院强制执行。

燃气经营和使用双方发生纠纷时,当事人可以依法申请行政裁定,或者直接向人民法院提起诉讼。

第五十七条 燃气主管部门或其委托机构的工作人员玩忽职守、滥用职权、徇私舞弊,尚未构成犯罪的,由其所在单位或其上级主管部门给予行政处分。

第五十八条 违反本条例规定给国家、单位和个人造成损失的,应当依法履行赔偿责任。

第五十九条 违反本条例规定构成犯罪的,依法追究刑事责任。

第八章 附 则

第六十条 本条例下列用语的含义是:

(一)燃气是指用于燃烧的液化石油气、人工煤气、天然气(含煤层矿井气)和其他经批准使用的新型气体燃料的总称。

(二)燃气设施是指燃气生产、储运、输配、供应的各种设备及其附属设施和计量装置。

(三)燃气器具是指使用、充装燃气的炉具、取暖器、热水器、沸水器、冷暖机、烘烤器、燃气钢瓶、调压器等产品。

(四)燃气企业是指生产、储存、输配、供应燃气的企业,包括管道燃气企业、瓶装燃气企业和持有燃气供应许可证书的燃气供应单位。

(五)燃气工程是指管道燃气的长输管线及门站、市区管网干线、调压站、液化石油气贮灌站、燃气汽车充装站、新型气体燃料站、燃气钢瓶检测站和人工煤气气源厂的新建、扩建、改建工程。

第六十一条 本条例应用中的问题由省建设行政主管部门负责解释。

第六十二条 本条例自一九九九年三月一日起施行。

河北省燃气管理办法

（2012 年 10 月 30 日河北省人民政府令〔2012〕第 6 号公布
自 2012 年 12 月 1 日起施行）

第一章　总　　则

第一条　为加强燃气管理，规范燃气经营和使用行为，保障公民生命财产和社会公共安全，根据国务院《城镇燃气管理条例》，结合本省实际，制定本办法。

第二条　本办法适用于本省行政区域内燃气发展规划与应急保障、燃气经营与服务、燃气设施建设与保护、燃气燃烧器具安装与维修、燃气安全事故预防与处理及相关管理活动。

天然气、液化石油气的生产和进口，门站以外的天然气管道输送，燃气作为工业生产原料的使用，沼气、秸秆气的生产和使用，不适用本办法。

第三条　省住房城乡建设主管部门负责全省的燃气管理工作。

设区的市、县（市）人民政府确定的燃气管理部门负责本行政区域内的燃气管理工作。

县级以上人民政府其他有关部门依照本办法和其他有关法律、法规的规定，在各自职责范围内负责有关燃气管理工作。

第四条　县级以上人民政府及有关部门应当建立健全燃气安全监督管理制度，鼓励、支持燃气科学技术研究，推广使用安全、节能、高效、环保的燃气新技术、新工艺和新产品。

第五条　燃气行业协会应当建立行业自律机制，依法制定行业行为准则和服务规范，维护燃气经营者和燃气用户合法权益，督促燃气经营者守法经营、诚实守信、严格自律。

第二章　燃气规划建设与应急保障

第六条　县级以上人民政府燃气管理部门应当会同有关部门，依据国民经济和社会发展规划、土地利用总体规划、城乡规划、能源规划以及上一级燃气发展规划，编制本行政区域的燃气发展规划，报本级人民政府批准后组织实施，并报上一级人民政府燃气管理部门备案。

燃气发展规划的内容应当包括：规划时限、发展目标、燃气气源、燃气种类、燃气供应方式和规模、燃气设施布局和建设时序、燃气设施建设用地、燃气设施保护范围、燃气供应保障措施和安全保障措施等。

第七条　城乡建设应当按城乡规划和燃气发展规划的要求，配套建设燃气设施或者预留燃气设施建设用地。预留的燃气设施配套建设用地，未经法定程序批准，任何单位和个人不得占用或者改变用途。

城乡规划主管部门在依法核发选址意见书、建设用地规划许可证或者乡村建设规划许可证时，应当就燃气设施建设是否符合燃气发展规划征求燃气管理部门的意见。燃气管理部门应当在10个工作日内出具意见书。

第八条　在燃气管网覆盖范围内不得另外建设独立的管道供气设施。已经建成的独立管道供气设施应当并入燃气管网。

第九条　燃气设施建设工程竣工后，建设单位应当依法进行竣工验收，未经验收或者经验收不合格的，不得投入使用。

建设单位应当自燃气设施建设工程竣工验收合格之日起15日内，将竣工验收情况报所在地燃气管理部门备案。

在管道燃气供气规划区域内，与新建、改建、扩建工程配套建设的管道燃气设施，应当与主体工程同时设计、同时施工、同时竣工验收。

第十条　县级以上人民政府应当建立健全燃气应急储备制度，组织编制燃气应急预案，加强演练，采取综合措施提高燃气应急保障能力，建设燃气供应应急保障设施，确保在燃气供应严重短缺或者供应中断等突发事件发生后能够优先保障居民生活燃气供应。

第三章　燃气经营与服务

第十一条　从事燃气经营活动应当取得燃气经营许可证，并依照许可的经营范围、经营类别、期限和规模等从事燃气经营活动。

个人从事瓶装液化石油气经营活动的，必须具备包括由接卸、储存、灌装、倒残等完整生产工艺的液化石油气储配站，方可申请燃气经营许可证。

申请人凭燃气经营许可证到工商行政管理部门依法办理登记手续。

第十二条　从事燃气经营活动的应当具备下列条件：

（一）符合燃气发展规划要求，依法取得规划选址意见书或者规划许可证；

（二）有符合国家标准的燃气气源和燃气设施，工程项目经验收合格；

（三）有固定的经营场所、完善的安全管理制度和健全的经营方案；

（四）主要负责人、安全生产管理人员以及运行、维护和抢修人员经专业培训并考核合格；

（五）有与经营规模、类别相适应的注册资本金和专业技术人员。

第十三条　从事燃气气源销售的、从事瓶装液化石油气经营的、液化天然气加气站、压缩天然气加气子站，其燃气经营许可证由设区的市燃气管理部门核发，报省住房城乡建设主管部门备案。

跨设区的市经营燃气气源销售的、管道燃气经营企业、从事液化天然气经营的、压缩天然气加气母站，其燃气经营许可证由省住房城乡建设主管部门核发。

第十四条　申请燃气经营许可证的，应当向燃气管理部门提交下列材料：

（一）燃气经营许可证申请表；

（二）工商行政管理部门出具的名称预先核准通知书；

（三）验资报告；

（四）主要负责人、安全生产管理人员的职务、职称、安全技能考核合格证书以及运行、维护和抢修人员经专业培训并考核合格的证书；

（五）经营场所和办公场所证明；

（六）燃气工程项目规划、施工许可等批准文件、工程竣工验收文件和特种设备、建设工程消防验收意见等资料；

（七）供气协议书或者供气意向书，气源来源证明；

（八）企业安全生产管理制度，安全技术岗位操作规程，事故应急抢险预案和抢险车辆及设备名录，企业服务规范等。

管道燃气经营企业除具备前款规定的条件外，还应当提供当地人民政府或者燃气管理部门为其划定的经营区域证明文件或者特许经营协议。

燃气管理部门应当自受理申请之日起 20 个工作日内作出决定。不予许可的，应当书面向申请人说明理由。

第十五条　变更燃气经营许可证载明内容的，应当向原核发部门提出变更申请并提交相关资料。经审查符合条件的，原核发部门应当依法予以办理。

第十六条　燃气经营许可证有效期为 5 年。有效期满后，燃气经营者继续从事燃气经营活动的，应当在许可证有效期满 90 日前向原核发部门提出换证申请，经审查合格后换领新证。

第十七条　管道燃气经营者应当每 2 年至少对用户使用的燃气设施、燃气计量表和燃气燃烧器具及连接件和紧固件免费提供一次入户安全检查，并建立完整的检查档案。

管道燃气经营者巡查人员入户检查时，应当提前通知管道燃气用户，并出示有效工作证件。

管道燃气经营者应当将检查结果书面告知用户，对用户不遵守安全用气规定出现安全隐患的，应当提醒用户整改，用户应当及时进行整改；用户不按规定落实整改可能造成安全事故的，管道燃气经营者应当停止供气，并在隐患消除后立即恢复供气。

用户应当对管道燃气经营者入户检查予以配合。

第十八条　管道燃气经营者对其供气范围内的市政燃气设施、建筑区划内业主专有部分以外的燃气设施，承担运行、维护、抢修和更新改造的责任。

管道燃气经营者维护、抢修和更新改造建筑区划内业主专有部分以外的燃气设施时，物业服务企业和管道燃气用户应当予以配合。

第十九条　管道燃气经营者因施工、检修等原因需要临时调整供气量或者暂停供气的，应当将作业时间和影响区域提前48小时予以公告，并书面通知燃气用户。施工、检修等原因消除后，应当及时恢复正常供气，恢复供气时间必须事先通知燃气用户，但不得在22时至次日6时之间向居民用户恢复供气。因突发事件影响供气的，应当及时通知燃气用户并采取紧急措施。

燃气经营者停业、歇业的，应当对其供气范围内的燃气用户的正常用气作出安排，并在90日前向所在地燃气管理部门报告，经批准后方可停业、歇业。

第二十条　燃气管理部门应当建立健全监督管理制度，对燃气经营者的经营活动、服务情况、设备设施安全状况等进行监督检查，并将监督检查结果向社会公布。

第二十一条　新型复合气体燃料用于经营使用的，应当经省住房城乡建设主管部门组织专家鉴定，经鉴定合格的方可投入使用。

第二十二条　燃气经营者应当对其从事瓶装液化石油气送气服务人员实行持证上岗制度，并加强对送气服务人员和车辆的管理，承担相应的责任。

从事瓶装液化石油气充装活动，应当遵守法律、法规和国家标准有关气瓶充装的规定。

第四章　燃 气 使 用

第二十三条　管道燃气经营者应当在批准的供气区域内向具备用气条件的单位和个人提供供气服务，并与管道燃气用户依法签订供用气合同，明确双方的权利和义务，保证安全稳定供气。对供气区域内符合用气条件的单位和个人,无正当理由,不得拒绝供气。

第二十四条 管道燃气用户需扩大用气范围,改变燃气用途,或者过户、安装、改装、拆迁固定的燃气设施的,应当到管道燃气经营企业办理相关手续,并按国家有关工程建设标准实施作业。

第二十五条 管道燃气经营者对燃气计量装置应当依法进行检定。燃气计量装置使用到规定年限后,由管道燃气经营者负责更换,所需费用计入企业成本。

对管道燃气计量装置准确度有异议的,可以申请有资质的计量检测机构检定。经检定,燃气计量装置符合标准的,检定费用由申请方承担;不符合标准的,检定费用由被申请方承担,并退还或者补交燃气费用。

第二十六条 燃气燃烧器具生产单位、销售单位应当设立或者委托设立售后服务站点,配备经燃气管理部门考核合格的燃气燃烧器具安装、维修人员,负责售后的安装、维修服务。

第二十七条 燃气燃烧器具安装、维修企业,应当遵守下列规定:

(一)按国家标准和规范安装、维修燃气燃烧器具,安装、维修材料和配件符合国家标准;

(二)不得限定用户购买其指定产品;

(三)不得擅自移动燃气计量表和表前燃气设施;

(四)燃气燃烧器具安装后,向燃气用户提供安装检验合格证书;

(五)设定不低于1年的安装保修期。

对燃气用户提供的不符合标准的燃气燃烧器具或者燃气用户提出的不符合安全规范的安装、维修要求,燃气燃烧器具安装、维修人员为保障用气安全,应当向用户说明有关技术规范、标准,要求其采用合格器具或者采取符合安全规范的安装方式。

第二十八条 燃气管理部门应当向社会公布产品目录,推广并由燃气用户自愿选择使用燃气泄漏安全保护、报警装置和具有燃气泄漏安全保护、报警装置的燃气器具,保障燃气燃烧使用安全。

第五章　燃气设施保护

第二十九条　城乡规划主管部门在核发建设工程许可证时，应当按国家和本省的有关规范要求，保障施工地界内原有燃气设施的安全。

第三十条　在生产、输配和储存燃气的场所明火作业，必须遵守有关安全管理和安全操作的规定。在带气的燃气管道上施工作业，必须采取消防安全措施，并由专业人员操作。

第三十一条　燃气经营者改动市政燃气设施，应当制定改动方案并符合下列规定，报设区的市、县（市）燃气管理部门批准：

（一）符合燃气发展规划；

（二）明确安全施工要求；

（三）有安全防护和保障正常用气的措施；

（四）燃气管理部门要求提供的有关材料。

第六章　燃气安全事故预防与处理

第三十二条　燃气管理、安全生产监督管理、公安机关消防机构等有关部门应当根据各自职责，对燃气经营、燃气使用的安全状况等进行监督检查，发现燃气安全事故隐患的，应当通知燃气经营者、燃气用户及时采取措施消除隐患；不及时消除隐患可能严重威胁公共安全的，有关部门应当依法采取措施，及时组织消除隐患，有关单位和个人应当予以配合。

第三十三条　燃气管理部门应当会同有关部门制定燃气安全事故应急预案，明确应急机构的组成、职责、应急行动方案等内容，建立燃气事故统计分析制度，定期通报事故处理结果。

燃气经营者应当制定本单位燃气安全事故应急预案，配备应急人员和必要的应急装备、器材，并定期组织演练。

第三十四条　燃气管理部门应当加强对燃气工程建设、经营、使用、设施保护、燃气燃烧器具安装、维修等活动的监督检查，监督检查时可以采取下列措施：

（一）查阅复制有关文件和资料；

（二）向相关人员了解情况，作好记录；

（三）进入现场检查；

（四）对存在安全隐患的责令改正。

有关单位和个人对依法实施的监督检查应当予以配合。

第三十五条 燃气经营者应当建立健全燃气安全评估和风险管理体系，定期对燃气设施进行安全评估，对运行满 10 年以上的输配管网应当每年至少检查一次，发现燃气安全事故隐患的，应当及时采取措施消除隐患。安全评估报告应当报所在地燃气管理部门备案。

第三十六条 抢险抢修人员在处理燃气事故紧急情况时，对影响抢险抢修的有关设施在最大限度地减少损失的情况下可以拆除，并通知有关部门，因此造成的损失，由事故责任单位或者事故责任人负责赔偿。

第三十七条 发生燃气泄漏等紧急情况时，燃气经营者必须采取紧急避险措施的，公安机关应当支持燃气经营者实施入户抢险、抢修作业，燃气用户必须予以配合。

第三十八条 发生燃气安全事故后，燃气管理、安全生产监督管理和公安机关消防机构等有关部门，应当根据各自职责，立即采取措施防止事故扩大，根据有关情况启动燃气安全事故应急预案。

第七章 燃气用户权益保护

第三十九条 燃气经营者应当向燃气用户持续、稳定、安全供应符合国家质量标准的燃气，指导燃气用户安全用气、节约用气，制定安全用气规则并免费向用户发放。

燃气经营者应当公示业务流程、服务承诺、收费标准和服务热线等信息，并按国家和本省燃气服务标准提供服务。

燃气经营者应当设置并向社会公布服务电话和抢险抢修电话，设专人每日24小时值班。

第四十条　燃气用户有权就燃气收费、服务等事项向燃气经营者进行查询,燃气经营者应当自收到查询申请之日起5日内予以答复。

燃气用户有权就燃气收费、服务等事项向县级以上人民政府价格主管部门、燃气管理部门以及其他部门进行投诉。有关部门应当建立投诉举报受理制度,公开投诉电话和电子邮箱地址等,受理有关燃气安全、收费和服务质量的投诉。燃气管理部门应当自收到举报或者投诉之日起15个工作日内作出处理,涉及安全的,应当立即作出处理。

第四十一条　燃气经营者停止供气、调整供气量时,应当履行明确告知义务。

燃气经营者不得要求燃气用户购买其指定的产品或者强买强卖、强制接气、强行搭售等强制服务。

第四十二条　有下列情况之一的,燃气管理部门应当采取启动燃气应急预案、逐级动用应急储备、协调有关部门或者单位紧急调度、要求管道经营者及时恢复供气等措施,保障燃气用户的正常用气:

(一)管道燃气经营者临时调整供气量或者暂停供气未及时恢复正常供气的;

(二)管道燃气经营者因突发事件影响供气未采取紧急措施的;

(三)燃气经营者擅自停业、歇业的;

(四)燃气管理部门依法撤回、撤销、注销、吊销燃气经营许可的。

第四十三条　燃气经营者在接到燃气用户的燃气设施和燃气燃烧器具发生漏气的报告后,应当立即派人抢修;燃气经营者接到其他故障的报修,应当按约定的时间派人维修。

因维修不及时造成燃气用户直接经济损失的,燃气经营者应当给予赔偿。

第四十四条　县级以上人民政府价格主管部门确定和调整管道燃气销售价格,应当召开听证会,征求管道燃气用户、管道燃气经营者和有关方面的意见。

对不符合法律、法规和价格主管部门规定的燃气价格或者燃气服务收费,燃气用户有权拒付。

第八章 法律责任

第四十五条 县级以上人民政府及其燃气管理部门和其他有关部门有下列情形之一的,对直接负责的主管人员和其他直接责任人员,依法给予处分;直接负责的主管人员和其他直接责任人员的行为构成犯罪的,依法追究刑事责任:

(一)不依法作出行政许可决定或者办理批准文件的;

(二)发现违法行为或者接到对违法行为的举报不予查处的;

(三)其他未依照本办法规定履行职责行为的。

第四十六条 公民、法人或者其他组织未经行政许可,擅自从事燃气经营活动的,燃气管理、工商行政管理部门、公安机关应当责令停止违法行为,依法予以取缔;造成损失的,依法承担赔偿责任。

第四十七条 燃气经营者未按许可证规定的范围经营,倒卖、抵押、出租、出借、转让、涂改燃气经营许可证,要求燃气用户购买其指定的产品或者接受其提供的服务的,由燃气管理部门责令限期改正,逾期未改正的,依法处以罚款;情节严重的,吊销燃气经营许可证,并通知工商行政管理、质量技术监督等部门注销相应的证照;造成损失的,依法承担赔偿责任。

第四十八条 燃气管理部门发现不再符合法律法规规定的条件或者严重违反国家标准规范,存有重大安全隐患的,应当责令燃气经营者限期进行整改,逾期未整改或者整改不合格的,注销许可证,责令停止经营,并通知工商行政管理、质量技术监督等部门注销相应的证照。

第四十九条 擅自为非自有气瓶充装燃气的,由质量技术监督部门责令限期改正,情节严重的,暂停充装,吊销充装许可证;销售未经许可的充装单位充装的瓶装燃气的,由质量技术监督部门责令限期改正,并依法处以罚款。

第五十条　燃气经营者违反燃气价格和服务收费管理规定的，由价格部门责令限期改正，可以并处罚款；情节严重的，责令停业整顿，或者由工商行政管理部门吊销营业执照。

第五十一条　燃气燃烧器具安装、维修企业不按国家标准和规范安装、维修燃气燃烧器具，安装、维修材料和配件不符合国家标准；限定用户购买其指定产品；擅自移动燃气计量表和表前燃气设施；燃气燃烧器具安装后不向燃气用户提供安装检验合格证书；未设定不低于 1 年的安装保修期的，由燃气管理部门责令限期改正、停止违法行为；构成犯罪的，依法追究刑事责任。

第九章　附　　则

第五十二条　本办法自 2012 年 12 月 1 日起施行。

第二章
有关点供与城镇管道燃气的争端解决

主要内容摘要

一、点供与管道燃气争端现状

（一）背景介绍——管道燃气和点供并存现状

（二）对工业用户的点供模式介绍及行政审批要求

（三）点供的优势及对城镇管道燃气的威胁

（四）点供的劣势

二、从相关立法及地方政策法规看点供的发展现状和趋势

（一）中央层面对点供持开放甚至支持的态度

（二）各地方政府目前对待工业用户点供的态度不一

三、典型案例

四、当前法院司法裁判观点及行政主管机关执法倾向

五、城镇管道燃气企业如何应对点供的威胁

一、
点供与管道燃气争端现状

（一）背景介绍——管道燃气和点供并存现状

在中央和地方政府大力推广和规划管道燃气建设的前提下，许多地区的城市燃气管网已通过 PPP 模式建设完工并投入运营，而 PPP 模式下的城市燃气管网建设通常是以社会资本方获取该区域燃气特许经营权为对价。对由社会资本方控股的燃气企业而言，特许经营权是保障其能够按计划收回管网建设投资成本和实现预期利润的关键，因此城镇燃气企业对任何威胁其特许经营权的现象都会采取强烈对抗的态度。

尽管地方政府授予特许经营权的初衷在于保障燃气企业独家经营燃气业务的权利，以此作为吸引和利用社会资本参与城市基础设施建设的砝码，但目前国家在立法层面上，仅保护了燃气企业对管道燃气的独家经营权利，对上游气源企业通过槽车运输到气站的方式直接向工商业用户供应燃气的模式（我们称这种模式为燃气的“点供”模式）并未作出明确的禁止性规定。就此出现了各地城市燃气供应市场上管道和点供燃气并存且相互竞争、对抗的局面。从供气方角度来看，这场对抗实际是下游城镇燃气企业和上游气源供应企业之间对城市燃气市场的角逐。

（二）对工业用户的点供模式介绍及行政审批要求

工业用户的主要点供模式：

城镇燃气的供应对象分为居民用户和非居民用户,非居民用户又分为工业用户和商业用户。由于工业用户的用气量大,且气价相较于居民用户的气价高出一截,因此工业用户是点供企业和城镇燃气企业相互争夺的重要客户对象。上游气源企业为争夺工业用户,主要通过两种模式为企业工厂供气,一种是在临近工厂的区域建设LNG储气场站,为工厂直接供气(以下简称厂外气站);另一种是在其厂区内部建设自供LNG储气场站,接收点供企业供气(以下简称厂内气站),后者可由用户自建、供气方建设或双方共同投资建设。

工业用户点供的审批要求:

上述厂外气站主要由气源企业建设后投入使用,《城镇燃气管理条例》第十五条规定燃气经营需要申领燃气经营许可证,意味着厂外气站模式需要获得燃气经营许可审批手续方可运营。而《城镇燃气管理条例》第二十八条又规定单位和个人不得擅自安装、改装户内燃气设施和燃气计量装置,则意味着工业用户在其自己厂区内建设气站亦需要经过相关部门的核准。我们认为这里的审批程序设置即是城镇管道燃气企业对抗点供的重要手段之一,地方政府亦可通过审批调整其对点供的收放程度。有关燃气经营许可的规定以住建部印发的《燃气经营许可管理办法》为主要文件,各地依据该办法及《城镇燃气管理条例》等相关规定制定具体审批程序要求,下面以山东为例就点供的审批程序做相关介绍:

(1)许可行政主体:

《山东省燃气经营许可管理办法》第五条规定:"管道天然气经营企业、CNG加气母站、LNG储配加气站经营企业,以及中央驻鲁企业、名称冠以'山东或齐鲁'等字样的燃气经营企业,由省住房城乡建设厅审批发证;

前款规定外的管道燃气经营企业、CNG常规站及子站、LPG加气站、液化石油气储配灌装站,以及其他各类燃气供应站点的燃气经营企业,由设区的市燃气管理部门审批发证。设区的市人民政府规定由县(市、区)燃气管理部门审批发证的从其规定。"

(2)企业申请《燃气经营许可证》的办理条件及对应的申请材料：

①规划要求：符合已经法定程序审批的当地《城镇燃气发展专项规划》的要求；

——申请材料：燃气工程项目规划、施工许可等批准文件，工程竣工综合验收文件

②气源要求：有稳定和符合国家标准的燃气气源；

——申请材料：气源来源证明，供气协议书或供气意向书

③设施要求：有符合国家标准的储存、输配、充装燃气的设备和燃气计量、消防、安全保护装置等设施；

——申请材料：特种设备、安全及消防设施单项验收文件等资料

④资本金要求：有与经营规模相适应的资本金：从事 LNG 生产（加工）、储配的燃气经营企业，注册资本金不得低于 3500 万元；从事 LNG 加气站、CNG 常规站及加气子站经营的企业，注册资本金不得低于 1000 万元；

——申请材料：验资报告

⑤管理人员要求：企业法人代表（或者授权负责人）、董事长、经理，分管工程技术和安全生产管理的企业副经理、部门负责人和管理人员，以及从事运行、维护和抢险抢修等关键岗位的人员必须经专业技术培训，并按照有关规定考核合格，取得《山东省燃气行业安全管理技能考核合格证书》或者《职业技能岗位证书》；

——申请材料：此类人员的职称、任职资格证书

⑥场所要求：有固定的、符合安全条件的经营场所和办公场所；

——申请材料：经营场所和办公场所证明

⑦管理制度要求：有完善的企业管理、安全管理制度，有健全的经营方案，有完备的事故抢险抢修预案，具备燃气事故抢险抢修能力，配备必要的抢险抢修设备机具；

——申请材料：企业安全生产管理制度，安全技术岗位操作规程，事故应急抢险预案和抢险车辆及设备名录，经营方案，包括企业经营策略、发展规划

计划、服务范围等

⑧专业人员配备要求:LNG 生产、储配、加气站经营企业必须有燃气相关专业技术职称人员不少于 5 人,其中,从事燃气专业满 3 年的工程师不少于 2 人,具备资格的安全管理和作业人员不少于 15 人,其中具备抢修抢险人员不少于 5 人,并有专职会计人员;

⑨法律法规规定的其他要求。

——申请材料:山东省燃气经营许可证申报表、企业章程等其他证明材料

(3)申请《燃气(供应站)经营许可证》的燃气供应站,需提供下列材料:

①《燃气经营许可证》或者具备资格的设计单位设计的工业企业内部生产工艺图纸;

②山东省《燃气(供应站)经营许可证》申请表;

③站负责人、安全技术负责人、安全管理和作业人员的职务、职称、岗位证书和安全技能考核合格证书等证明;

④经营场所和办公场所证明;

⑤燃气供应站规划布点等批准文件,工程竣工综合验收报告和质检、消防等单项验收报告,压力容器合格证、安全及消防设施资料等;

⑥气源来源情况,外购气源的燃气企业应当提交供需协议书;

⑦具备资格的中介机构出具的企业资金、资产证明;

⑧企业安全生产管理制度,事故应急抢险预案和抢险设备名录,安全技术岗位操作规程,经营方案,包括企业章程、服务规范和发展规划计划等;

⑨法律法规规定的其他证明材料。

通过以上内容可以看出,山东省除做了一般性燃气经营许可要求外,对点供的许可还做了专项规定,即需要获取《燃气(供应站)经营许可证》,适用于上述厂内、厂外气站的设立审批。点供审批事项中有以下几点值得注意:第一,对于厂内气站建设而言,《燃气(供应站)经营许可证》申办并不是以《燃气经营许可证》为前提,企业亦可仅提供“具备资格的设计单位设计的工

业企业内部生产工艺图纸”，即从审批程序上允许供气企业或工业用户自行在厂区内设置储气场站。对于厂外气站而言，根据《山东省燃气经营许可管理办法》第六条的规定，点供企业在已经获得《燃气经营许可证》且经营供应储气场站在该许可证规定的经营区域范围内的，点供企业无需再单独办理《燃气（供应站）经营许可证》，反之如果厂外气站在其已有许可证规定的经营区域范围外，则需要办理《燃气（供应站）经营许可证》。第二，尽管审批条件中仍然有提供经营场所和办公场所证明，以及安全管理制度、经营方案的要求，但实际上2016年2月6日发布的国务院令第666号《国务院关于修改部分行政法规的决定》已将《城镇燃气管理条例》第十五条第三款进行了删除，即删除了要求燃气经营企业有固定的经营场所、完善的安全管理制度和健全的经营方案的内容，通过该专项删除规定，可合理预见政府部门在经营场所、管理制度、经营方案方面的要求将有所调整，对供气企业和自用气企业的许可审批予以区别的可能性较大。第三，尽管许可证的颁发单位为住建局，但申请材料中要求的燃气供应站规划布点批准文件，工程竣工综合验收报告和质检、消防等单项验收报告，压力容器合格证，安全及消防设施资料等文件，将要求企业到发改委、环保局、安监局、住建局等相关部门做前置审批，而每一道前置审批过程中，均会对申办许可企业做出一些强制性规范要求。第四，上文仅以山东省为例介绍了燃气经营许可证和燃气供应站许可证的审批要求，但实际上全国各地对供应站点的审批规定并非完全一致，有些地区将燃气供应站点的许可合并在燃气经营许可的范围内，但一般来说都会对供气站点的行政审批要求做特殊规定。

（三）点供的优势及对城镇管道燃气的威胁

相较于管道燃气而言，点供有其显著价格优势支撑其不断挤入管道燃气规划区域争夺工业用户市场，燃气市场对点供的内在需求亦对管道燃气造成了威胁。首先，从价格方面来说，点供气的“两头”，即供气方和用气方，共同形成了点供抢占市场份额的合力。一头是供气方，通常是上游气源企业，在没有抢占市场先机的情形下，强烈希望快速进入下游城市燃气领域分享城市燃气这块蛋糕。这些大型气源企业通过点供的方式，跳过中游省管网和下游城市管网等中间环节，将其所有气源向企业直供，实现了成本节约并以相对较低的价格向企业供气。另一头是点供的用气方，对于工业用户而言，控制用气成本是关键，当其发现点供气的价格低于管道气时，自然而然希望能够选择点供气，此外管道气除因存在由政府指导定价不能及时随市场变化而调整的问题外，不少管道燃气企业还会凭借特许经营权而采取一些不合理的垄断行为，损害工业用户利益，降低工业用户使用管道气的积极性，变相将用户推向了点供方。尽管我们注意到点供气价格根据市场供需情况随时调整，即意味着目前点供气的价格低于管道气的情形不会一直持续，然而由于管道气价格同样也受市场气价的影响，只是反射弧较长，因此从长周期来看，点供气因节省了管网使用成本而存在价格优势这一点不会轻易改变。其次，从市场内在需求方面来说，点供有其不可替代性。目前城市燃气管网并不能实现自主通气到所有工商业用户，工业用户用气量大，对燃气企业而言利润可观，因此管道燃气企业愿意主动为工业用户铺设专门的管道供气。然而对于商业用户而言，因每户的用气量通常较小，管道燃气企业为其通气的利润微薄，因此通常需要商业用户申请通气并承担接驳费才能接通管道气。通气手续和成本的增加，使得部分商业用户放弃管道气转而使用价格更低的点供气。这意味着点供气即使不主动争夺工业用户，商业用户对其也有内在需求，如此管道燃气企业更加无法将点供从其经营区域完全驱逐。

（四）点供的劣势

在这场与城镇管道燃气的较量中，点供模式在以下几个方面处于劣势：

第一,在政策层面上,作为民生基础设施建设的重要项目之一,中央和各地政府对待城镇管道燃气的建设和运营都是持一边倒的支持和鼓励态度;但对于点供问题并非如此,目前中央层面的政策大体上持支持态度,但地区政府的态度不一,大体分为鼓励、严控和不支持也不禁止这三类,总体上来说,点供运作的政策环境并不明朗,立法有所欠缺。第二,在政治层面上,由于城市管道燃气企业大部分或由地方政府直接投资设立,或经地方政府通过 PPP 模式与社会资本方合作设立,政府与城市管道燃气企业有着天然的紧密合作关系,在管道燃气企业与点供的对抗中,政府作为利益相关方极易倾向于管道燃气企业,可通过行政审批、运营监管等方式管控点供。

二、

从相关立法及地方政策法规看点供的发展现状和趋势

上文提到点供在立法和政策环境方面的不明朗性问题,国家立法及推广政策将是持续影响点供市场发展的关键,下面我们通过梳理中央和地方政府法律、法规、规章等相关规定及政策性文件,来分析政府层面对点供发展的指向。

(一)中央层面对点供持开放甚至支持的态度

1.《城镇燃气管理条例》并未禁止点供

《城镇燃气管理条例》第十四条规定:"政府投资建设的燃气设施,应当通过招投标方式选择燃气经营者。社会资金投资建设的燃气设施,投资方可以自行经营,也可以另行选择燃气经营者。"这里讲燃气设施分为政府投资建设的和社会资金投资建设的,前者需要通过招投标方式选择燃气经营者,即是燃气管道建设以及管道燃气企业经营的相关规定。而后者包含了点供模式,即点供企业自行建设的燃气设施(包括但不限于场内外储气场站等)无需经过招投标方式,只属于一般性行政许可范围。

此外,《城镇燃气管理条例》对燃气企业分别使用了"管道燃气经营者"和"燃气经营者"两种称呼,即除了管道气以外,国家是允许其他形式的供气模式存在的。且《城镇燃气管理条例》中对"管道燃气经营者"和"燃气经营者"的相关经营要求做了不同规定,例如以下两条:

“第二十条　管道燃气经营者因施工、检修等原因需要临时调整供气量或者暂停供气的，应当将作业时间和影响区域提前48小时予以公告或者书面通知燃气用户，并按照有关规定及时恢复正常供气；因突发事件影响供气的，应当采取紧急措施并及时通知燃气用户。

“燃气经营者停业、歇业的，应当事先对其供气范围内的燃气用户的正常用气作出妥善安排，并在90个工作日前向所在地燃气管理部门报告，经批准方可停业、歇业。”

“第二十一条　有下列情况之一的，燃气管理部门应当采取措施，保障燃气用户的正常用气：

“（一）管道燃气经营者临时调整供气量或者暂停供气未及时恢复正常供气的；

“（二）管道燃气经营者因突发事件影响供气未采取紧急措施的；

“（三）燃气经营者擅自停业、歇业的；

“（四）燃气管理部门依法撤回、撤销、注销、吊销燃气经营许可的。”

2. 对燃气特许经营的范围界定

《基础设施和公用事业特许经营管理办法》第三条规定：“本办法所称基础设施和公用事业特许经营，是指政府采用竞争方式依法授权中华人民共和国境内外的法人或者其他组织，通过协议明确权利义务和风险分担，约定其在一定期限和范围内投资建设运营基础设施和公用事业并获得收益，提供公共产品或者公共服务。”依据该条款，燃气特许经营需要具备以下要素：（1）需要政府采用竞争方式依法授权；（2）政府和经营者需签订特许经营协议；（3）经营者需要在一定期限和范围内投资建设运营基础设施并获得相应收益；（4）经营者有提供公共产品和公共服务的义务。反而言之，不具备前述要素的燃气经营则不属于特许经营范围。且前述要素说明管道燃气特许经营的范围应以政府授权和协议约定为限，由于《城镇燃气管理条例》并未对点供做禁止性规定，地方政府是否能够自行决定将点供气也特许给管道燃气企业独家经营则成为各方争论的焦点。

根据《行政许可法》第三十八条的规定:"申请人的申请符合法定条件、标准的,行政机关应当依法作出准予行政许可的书面决定",燃气经营企业只要符合燃气经营许可或燃气供应站经营许可规定的申请条件,政府对于此类普通许可项目的申请并没有不予审理和不予批准的权利,否则申请人有权提起行政复议或行政诉讼。

3. 天然气行业专项立法对点供的明确规定

发改委发布的自 2014 年 4 月 1 日起实施的《天然气基础设施建设与运营管理办法》明确规定天然气基础设施包含天然气管输送管道、液化天然气接收站等,且在条文中将明确对"天然气基础设施运营企业"和"天然气销售企业"做出区别性描述,规定"天然气基础设施运营企业不得利用对基础设施的控制排挤其他天然气经营企业"。一般来说,管道燃气企业作为管道的建设方和燃气供气方,既是这里所指的"天然气基础设施运营企业",也是"天然气销售企业";而点供气企业主要是"天然气销售企业"。这里将天然气管道运营和供气予以区分的思路实际是点供与管道气之争的关键,即管道气的特许经营实际应该是基于管网基础设施的特许,供气是否应该附属于管网设施建设而特许给某家企业独家经营是双方发生争端的根本原因。

该办法是继《城镇燃气管理条例》之后的规范点供企业及管道燃气企业经营的重要规定,从《天然气基础设施建设与运营管理办法》的相关条文可以看出,凡是规划内的并经许可的燃气经营企业,发改委从立法角度都是一视同仁的,并未对管道燃气经营企业做优惠性规定,也未对点供企业做限制性规定。具体可参考以下条文:

"第二条　中华人民共和国领域和管辖的其他海域天然气基础设施规划和建设、天然气基础设施运营和服务,天然气运行调节和应急保障及相关管理活动,适用本办法。

"本办法所称天然气基础设施包括天然气输送管道、储气设施、液化天然气接收站、天然气液化设施、天然气压缩设施及相关附属设施等。

“城镇燃气设施执行相关法律法规规定。”

“第六条　国家鼓励、支持各类资本参与投资建设纳入统一规划的天然气基础设施。

“国家能源局和县级以上地方人民政府天然气主管部门应当加强对天然气销售企业、天然气基础设施运营企业和天然气用户履行本办法规定义务情况的监督管理。”

“第十四条　国家鼓励、支持天然气基础设施相互连接。

“相互连接应当坚持符合天然气基础设施发展规划、保证天然气基础设施运营安全、保障现有用户权益、提高天然气管道网络化水平和企业协商确定为主的原则。必要时,国家发展改革委、国家能源局和省、自治区、直辖市人民政府天然气主管部门给予协调。”

“第十七条　国家能源局及其派出机构负责天然气基础设施公平开放监管工作。天然气基础设施运营企业应当按照规定公布提供服务的条件、获得服务的程序和剩余服务能力等信息,公平、公正地为所有用户提供管道运输、储气、气化、液化和压缩等服务。

“天然气基础设施运营企业不得利用对基础设施的控制排挤其他天然气经营企业;在服务能力具备的情况下,不得拒绝为符合条件的用户提供服务或者提出不合理的要求。现有用户优先获得天然气基础设施服务。

“国家建立天然气基础设施服务交易平台。”

4. 发展改革委试点放开点供气价格

国家发展改革委员会《关于理顺非居民用天然气价格的通知》(发改价格〔2015〕351号)第二条第一款规定:“放开天然气直供用户(化肥企业除外)用气门站价格,由供需双方协商定价,进行市场化改革试点。直供用户,是指直接向上游天然气供应商购买天然气,用于生产或消费、不再对外转售的用户。”该通知明确规定自2015年4月1日起,点供燃气的价格按照由供需双方协商的市场化定价模式,政府对上游气源企业向用户直接供气的价格不再管控。

5. 点供气的竞争加速整个天然气行业包括特许经营管道燃气的市场化程度

鉴于点供气在城镇燃气市场的不断竞争,管道燃气企业无法仅凭借特许经营权而独占市场,管道燃气企业为避免市场份额的流失,不可避免地会根据市场供需情况调整自身经营方式及供气价格。在4月放开点供气价后,2015年11月20日国家发展改革委员会又发布《关于降低非居民用天然气门站价格并进一步推进价格市场化改革的通知》,依据该通知规定,非居民用气最高门站价格每千立方米降低700元,且通过将非居民用气最高门站价格管理改为基准门站价格管理,以及供需双方可在基准门站价格基础上上浮20%、下浮不限的规定,提高天然气价格的市场化程度。由于2015年4月的通知已经放开点供气价格,这里实际是提高了城镇管道燃气价格的市场化程度。

另按照《中共中央、国务院关于推进价格机制改革的若干意见》的下述要求,放开天然气气源和销售价格是未来改革的总体方向,预计未来天然气价格市场化程度有望循序提升:

"——坚持市场决定。正确处理政府和市场关系,凡是能由市场形成价格的都交给市场,政府不进行不当干预。推进水、石油、天然气、电力、交通运输等领域价格改革,放开竞争性环节价格,充分发挥市场决定价格作用。

"——坚持稳慎推进。价格改革要与财政税收、收入分配、行业管理体制等改革相协调,合理区分基本与非基本需求,统筹兼顾行业上下游、企业发展和民生保障、经济效率和社会公平、经济发展和环境保护等关系,把握好时机、节奏和力度,切实防范各类风险,确保平稳有序。

"到2017年,竞争性领域和环节价格基本放开,政府定价范围主要限定在重要公用事业、公益性服务、网络型自然垄断环节。

"加快推进能源价格市场化。按照'管住中间、放开两头'总体思路,推进电力、天然气等能源价格改革，促进市场主体多元化竞争，稳妥处理和逐步减少交叉补贴，还原能源商品属性。择机放开成品油价格，尽快全面理顺天然气价格，加快放开天然气气源和销售价格……

“创新公用事业和公益性服务价格管理。清晰界定政府、企业和用户的权利义务，区分基本和非基本需求，建立健全公用事业和公益性服务财政投入与价格调整相协调机制，促进政府和社会资本合作，保证行业可持续发展，满足多元化需求。全面实行居民用水用电用气阶梯价格制度，推行供热按用热量计价收费制度，并根据实际情况进一步完善。

“对于极少数保留的政府定价项目，要推进定价项目清单化，规范定价程序，加强成本监审，推进成本公开，坚决管细管好管到位，最大限度减少自由裁量权，推进政府定价公开透明。”

（二）各地方政府目前对待工业用户点供的态度不一

对于地方政府而言，一方面由于需要响应上级政府有关通过 PPP 模式推广城镇燃气建设的号召，自身作为城镇燃气项目参与方以及授权方，自然而然与城镇管道燃气企业形成了紧密的合作关系，当管道气企业的利益受到上游点供气威胁时，政府方的天平很容易倾向管道气企业一边；另一方面基于上述对点供持开放态度的中央立法和政策导向，又要求地方政府与上级机关的步调能够尽量保持一致。以致出现了目前这种全国各地政府立场不一致的情形，以下即是一些地区的相关规定，大致可以分为三类：

第一类：合规性严控型

以湖北省为例，2016 年 1 月 28 日湖北省住房和城乡建设厅发布了《关于加强城镇燃气专项规划管控，严格 LNG 工程建设管理的通知》（鄂建办〔2016〕26 号），内容如下：

“近日来，随着 LNG 价格走低因素的影响，我省部分地区一些工商业燃气用户为节约用气成本，追求企业利益最大化，在天然气管道供气区域范围内不经批准擅自盲目建设所谓的‘LNG 自供储气场站’。这种现象，既不符合燃气专项规划，又不符合安全生产规定，既不便于安全监管，又存在重大的安全隐患。为认真贯彻落实上级关于安全生产工作的一系列重要指示要求，加强城镇燃气专项规划管控，严格 LNG 工程建设管理，坚决遏制擅自建设‘LNG 自供储气场站’的问题，确保我省城镇燃气行业安全健康发展，现就有关问题通知如下：

一、严格规划管控。各地城镇燃气管理部门要严格规划实施，凡不符合当地城市总体规划和燃气专项规划的 LNG 工程建设项目，一律不得批准。如当地经济社会建设发展大局所需，在不影响当地供气市场稳定，不影响社会公共安全的前提下，报经当地政府批准，到相关部门办理规划许可证、施工许可证等有关手续后，方可实施，并报省住建厅备案。

二、加快储气设施建设。各地城镇燃气管理部门应根据《城镇燃气管理条例》，督导支持属地天然气企业依据当地燃气专项规划，加快天然气应急供应、调峰储气设施建设，保证向天然气用户持续、稳定、安全供气。

三、提高天然气经营企业服务质量。各级燃气管理部门要加强天然气经营企业服务质量监管，督导天然气经营改进服务态度，优化服务流程，提高办事效率，降低报装费用，提升服务质量水平，为燃气用户提供优质、安全、方便、经济的供气环境。

四、严厉打击乱建燃气设施违法违规行为。各地城镇燃气管理部门要认真履行职责，严格规范本地区燃气经营市场秩序，对无证建设燃气设施违法违规行为要严厉打击，坚决遏制擅自建设‘LNG 自供储气场站’的突出问题，确保我省城镇燃气行业安全健康发展。”

从上述通知可知，湖北省管控的对象是主要就是工业用户自用点供储气场站，而管控的方式有多种，一方面对点供企业从规划、许可审批和安全监管等方面进行管控；另一方面在规划上仅明确加快天然气应急供应、调峰储气设备的建设,未提及工业用户直供气方面的支持,且督导城镇管道燃气企业改进服务质量、降低报装费用。态度上显然是希望城镇管道燃气企业能够维持其市场主导地位。

除湖北省以外,以下几个地区也倾向于严厉管控点供的立场,列入示例如下以供参考:

- 佛山市——以安全监控和许可审批的方式对点供的运输、存储进行把控。

《佛山市南海区人民政府关于进一步加强城镇燃气安全管理工作的意见》:

"对未加入已取得许可的燃气经营企业而继续经营瓶装燃气的个体工商户依法予以取缔。

"区市场监督管理局(质监)负责对违反气瓶安全监察法律法规的行为进行查处;负责对燃气及其压力管道、压力容器(包括运输工具的移动式压力容器)的产品质量进行监督检查;负责对非市政燃气管网公用管道的燃气压力管道、压力容器(包括运输工具的移动式压力容器)等特种设备进行监督管理和依法查处。

"区交通运输局按照《道路危险货物运输管理规定》实施行政许可,核发《道路运输经营许可证》,配发燃气运输车辆《道路运输证》,对道路燃气运输从业人员进行资格认定;

"佛山市公安局南海分局负责对在不具备安全使用条件的场所储存燃气等危害公共安全的行为进行处罚;"

- 六安市——打击、拆除无证 LNG 自供气站。

《六安市城市综合管理局关于进一步规范 LNG 工程项目建设管理的通知》:

"加快天然气供应和调峰储气等燃气设施建设,提升服务水平,优化服务流程,合理降低相关费用,严厉打击无证建设燃气设施的违法违规行为,坚决遏制擅自建设'LNG 自供气站'的突出问题。"

• 河北省——进行安全排查，查处违法违规经营行为，清出不合规燃气企业、清理整顿燃气器具安装维修市场。

河北省住建厅下发《关于进一步加强城镇燃气行业安全工作的通知》，要求各地燃气主管部门立即开展燃气行业所有企业安全生产专项大检查。重点检查燃气经营场所是否符合消防安全有关规定；经营场所内外的安全距离、爆炸危险区域等是否符合规范；检查储罐、钢瓶、压力管道及充装设备检验检测记录，特种设备的使用登记是否合规。

住建部门要联合安监、公安、工商、质检等有关部门依法查处各种违法违规经营行为。各地对已经进入燃气市场的企业进行一次监督检查，把不符合经营许可标准、不具备安全保障能力、燃气设施不完善的企业清出市场。对各种无证从事燃气经营活动的行为坚决依法取缔。清理整顿燃气器具安装维修市场，依法查处燃气器具安装维修市场的违法行为，确保用户使用环节的安全，彻底消除安全隐患。

第二类：命令禁止型

以济南市为例，该类政府直接出台文件命令禁止除管道燃气经营企业以外的第三方在管网覆盖范围内建设供气设备，具体规定如下：

• 《济南市市政公用事业局关于进一步规范燃气设施建设和用户开发的通告》规定：

"在我市城市燃气管网覆盖范围内，禁止建设液化石油气瓶组供应站、天然气区域供应站等燃气设施，已经建成运行的，开发建设单位应当立即停止运行，并向所在区域的管道燃气经营企业提出开通管道燃气申请，由管道燃气经营企业对原建设施进行改造或重新安装，按现行规定并入市政燃气管网。

"开发企业、单位或居民用户委托其他单位或个人收取相关费用并进行燃气设施安装属违法行为，管道燃气经营企业不得为其所建设的燃气设施接入市政燃气管网。"

• 日照市——禁止在管网规划范围内建设瓶组站，已建成的并入市政管网。

《日照市燃气管理办法》第九条规定：

"在市政燃气管网规划范围内，不得建设瓶组站；已经建成的，在市政燃气管网覆盖瓶组站供气区域时，其供气管网应当并入市政燃气管网。"

第三类：接受或鼓励型

这类政府或对工业用户的点供持有不支持也不鼓励的接受态度，或者直接对点供设施建设做鼓励性规划，广东省即属于鼓励类的典型：

• 广东省——以增加清洁能源供应量为目标，推进管道天然气和 LNG 项目共同建设。

《广东省发改委印发〈关于加快推进广东清洁能源建设的实施方案〉的通知》：

"（二）有序推进天然气利用。

"1. 主要任务。积极拓展天然气资源供应渠道，增加进口 LNG 资源，接纳国内陆上管道天然气，加大利用南海海上天然气。加快推进天然气主干管网建设，特别是粤东、粤西地区天然气主干管网建设，加快建成粤东、粤西 LNG 项目配套管道工程、西气东输三线广东段、广西 LNG 项目粤西支线项目及相关工程。按照'全省一张网'原则，结合天然气资源落实和建设情况，有步骤、分阶段予以推进，逐步形成全省联网、资源共享、开放使用、安全可靠的天然气管网系统。适度发展天然气发电。在热负荷集中的工（产）业园区适度建设燃气热电联产电厂，因地制宜发展天然气分布式发电，结合系统调峰需求合理建设天然气调峰电厂。

"2. 重点工程。2015 年，建成广东大鹏 LNG 项目四号罐工程、广西 LNG 项目粤西支线湛江段项目等，新增天然气供应能力约 40 亿立方米/年、天然气主干管道约 83 公里、天然气发电装机容量约 120 万千瓦，年度新增投资约 98 亿元。2016 年，建成深圳迭福 LNG 项目、粤东 LNG 项目等，新增天然气供应能力约 80 亿立方米/年、天然气主干管道约 400 公里、天然气发电装机容量约 30 万千瓦，年度新增投资约 205 亿元。2017 年，力争建成粤东天然气主干管道工程、西气东输三线闽粤支干线广东段、新疆煤制气外输管道工程广东段等，新增天然气供应能力约 130 亿立方米/年、天然气主干管道约 380 公里、天然气发电装机容量约 500 万千瓦，年度新增投资约 205 亿元。”

- 山东省——将点供作为管道燃气的补充和过渡模式。

山东省住房和城乡建设厅关于印发《贯彻落实省政府加快推进煤炭清洁高效利用工作意见的实施方案》的通知：

“推进城镇燃气主干管网向城乡结合部和小城镇延伸，鼓励采取 LNG、CNG 供气站作为过渡模式，建立完善天然气储备调峰站，形成覆盖城乡的燃气输配系统，加快实现全省天然气‘镇镇通’。合理规划建设液化石油气储配站、灌装站和瓶装供应站，补充天然气供应‘空白’，优化燃气供应结构。

“管道燃气覆盖的区域，要开通使用管道燃气；未覆盖的区域，设立液化气配送点提供瓶装气，同时推广节能环保炉具，替代居民家中采暖、炊事用散煤及落后炉具。”

- 四川省——推进天然气大用户“转供”改“直供”。

四川省发展和改革委员会《关于降低电力和非居民用天然气价格促进经济稳定增长和提质增效有关事项的通知》：

“四、降低非居民用天然气价格。各地价格主管部门要按照省发展改革委《关于降低我省非居民用天然气价格的通知》（川发改价格〔2015〕840 号）规定，严格执行非居民用天然气最高门站价格每立方米降低 0.70 元政策。积极配合当地经济运行主管部门全面清理整改‘无管线、无计量、无配气设施、无人员’的天然气经营公司依附上游供气企业加价转供天然气问题。积极配合当地城市燃气行业主管部门推进具备条件的天然气大用户‘转供’改‘直供’，减少中间环节，降低用气价格。”

三、典型案例

以下三个案例可作为点供和管道气之争的典型案例，我们可以从案例中观察到上游气源企业、有特许经营权的管道燃气企业、地方授权政府以及法院对待点供问题的鲜明观点，三个案例按照案情由简到繁依次进行陈述。其中案例二虽然并非点供纠纷，但政府部门和燃气特许经营企业随意扩大特许经营权经营范围，限制其他企业加气站经营的法律问题，对于点供纠纷也具有重要的借鉴意义。

案例一　A市住房保障和城乡建设管理局与河南省三门峡市B能源有限公司强制执行案

(一) 案件当事人

A市住房保障和城乡建设管理局

河南省三门峡市B能源有限公司

(二) 案情经过

2013年9月，河南省三门峡市B能源有限公司在没有依法取得燃气经营许可证的前提下委托其公司员工陈某在A市微子镇元通运输有限公司院内建设储气罐及加气装置，并进行LNG销售。

2014年10月27日，A市住房保障和城乡建设管理局认为河南省三门峡市B能源有限公司的上述行为违反了《城镇燃气管理条例》第十五条之规定，依据《城镇燃气管理条例》第四十五条之规定，作出潞建法罚字（2014）第34号行政处罚决定书，决定对河南省三门峡市B能源有限公司罚款50,000元，限期15日内缴纳，逾期每日按罚款数额的3%加处罚款。同时给被执行人的委托代理人陈某送达。被执行人在法定期限内既没有提起行政复议，也没有提起行政诉讼。

2015年4月1日，申请人A市住房保障和建设管理局给被执行人的委托代理人陈某送达履行义务催告书，限其在10日内主动履行义务。但被执行人拒不履行。

2015年4月28日，A市住房保障和城乡建设管理局向山西省A市人民法院申请强制执行潞建法罚字（2014）第34号行政处罚决定书。

2015年5月22日，山西省A市人民法院认为A市住房保障和城乡建设管理局作出的处罚决定书认定事实清楚、程序合法、适用法律准确，作出行政裁定书：准予强制执行A市住房保障和城乡建设管理局作出的潞建法罚字（2014）年第34号行政处罚决定书。

案例二　A市燃气有限公司不服A市国土资源局和重庆B公司签订的行政合同纠纷案

（一）案件的当事人

原告：A市燃气有限责任公司（以下简称A市燃气公司）

被告：A市住房和城乡建设局（以下简称A市住建局）

第三人：重庆B实业有限公司（以下简称B公司）

（二）案情简介

A市燃气公司向A市住建局申请办理混合加气站的审查审批手续，A市住建局未作出处理决定，原因是A市住建局已与B公司签订了《合作开发天然气合同书》,将A市政府的天然气经营权出让给了B公司。因此,A市燃气公司向法院提起行政诉讼,要求确认合作合同有关独家经营权的约定无效,并当庭要求判决A市住建局履行行政职责,对其申请进行审查审批。诉讼中,A市住建局主张事实上B公司并非独家经营天然气的公司,同时还有其他公司在A市从事天然气经营。而B公司主张其具有独家经营天然气的特许经营权。B公司主张确认合同效力问题为民事诉讼范围,不能与本案一并审理。最终法院采纳B公司意见,不予审理确认合同无效的请求,判决A市住建局限期受理A市燃气公司办理混合加气站的审批申请。

(三)案件具体经过

2000年9月8日,被告A市住建局和第三人B公司签订了《合作开发天然气合同书》(以下简称合作合同),该合作合同中约定A市政府同意将天然气经营权出让给B公司。

2012年11月5日,被告A市住建局还报批了A市安邦天然气公司经营加气站并经陕西省住建局批准颁发了许可证。

2013年2月21日,台玻咸阳玻璃有限公司与B公司、咸阳市天然气有限公司达成了《协议书》,后二者各占50%股给台玻咸阳玻璃有限公司供气。

2013年3月,咸阳市天然气有限公司与B公司在政府协调下签订了《合作协议书》同意成立供气新公司。

2013年9月11日,A市燃气公司向A市住建局提出新建LNG、CNG混合加气站申请,A市住建局在燃气公司起诉前未作出处理决定。

2013年9月30日,A市燃气公司不服A市住建局以和B公司签订合作合同为由不予批准原告申请办理混合加气站的审查审批手续,向陕西省A市人民法院提起行政诉讼,要求确认合作合同独家经营权的约定无效,并当庭要求判决A市住建局履行行政职责,为A市燃气公司办理混合加气站的审查审批手续。

2014年8月6日,法院判决被告对原告2013年9月11日书面提出新建

LNG、CNG 混合加气站申请，在判决生效后三个月内予以受理。

(四)本案争议焦点

1. 原告 A 市燃气公司有无诉讼主体资格。
2. 本案争议的合同是民事合同还是行政许可合同。
3. 原告两个诉讼请求能否合并审理。

(五)当事人辩护意见

A 市燃气公司辩护意见：

合作合同本质上赋予 B 公司非法垄断独家经营天然气的权利，限制了天然气在 A 市区域的竞争。根据建设部《市政公用事业特许经营管理办法》的规定，凡从事城市供水、供气、供热等行业属于特许经营范畴，而特许经营应坚持合理布局，有效配置资源的原则，鼓励跨行政区域的市政公用基础设施共享。故认为合作合同实为行政许可行为，侵犯了 A 市燃气公司的利益。

A 市住建局辩护意见：

A 市燃气公司申请住建局审查 A 市燃气公司办理混合加气站的审查审批手续，A 市住建局拒收是事实。2000 年 9 月 8 日住建局与 B 公司签订了《合作开发天然气合同书》，该合作合同中约定 A 市政府同意将经营权出让给 B 公司，也是事实。但政府这些年没收益，表面签订的是合作合同，占 10% 的股份，其实是 B 公司自己经营自己受益，政府行使的是管理权，不是平等对价，是行政许可行为。A 市燃气公司说 A 市住建局赋予 B 公司独家经营权，实际上 B 公司并不是独家经营，政府还在 2012 年 11 月 5 日批准了 A 市安邦天然气公司经营天然气和汽车加气站；2013 年 3 月 7 日，咸阳市天然气有限公司和 B 公司还签订了合作协议书，成立天然气新公司给台玻咸阳玻璃有限公司供气。

B 公司意见：

1. 原告 A 市燃气公司当庭提出细化诉讼请求，实为增加诉讼请求，即

“请求判令被告履行行政职责，为原告办理混合加气站的审查审批手续”（以下简称新增诉请）。其认为由于新增诉请与原诉请“确认被告与第三人签订的《合作开发天然气合同书》关于天然气独家经营权的约定为无效条款”无论法律关系还是案件的关联性均不属于同一类案件，故不能合并审理，而应当作为两个独立的案件分别审理。具体事实和理由如下：

两个诉讼请求系独立的两个法律关系，无法合并审理。新增诉请系原告所谓被告的行政不作为所致，第三人与该增加的诉请并无关联，所以不能一案进行审理。新增诉请属于《行政诉讼法》中具体的行政不作为而引起的诉讼，属于典型的行政诉讼案件，该行政案件的案由系行政不作为诉讼。而原诉讼请求“确认被告与第三人签订的《合作开发天然气合同书》关于天然气独家经营权的约定为无效条款”系确认合同效力之诉，显然，原告的诉请涉及行政不作为之诉与确认合同效力之诉，这两个诉请系独立的法律关系，并不能合二为一审理。另据最高人民法院发布的《民事案件案由规定》（法〔2011〕42 号）第 137 项将“特许经营合同纠纷”列为民事案由，更加印证了原诉请系民事案由，对此诉请，法庭应以裁定驳回其起诉。而对新增诉请的行政诉讼案件，法庭可以做出判决，如两个诉请合并审理，法庭将面临对两个诉请分别做出民事裁定与行政判决一案两判的错误，故两个诉请无法在同一案件中审理。

2. 原告 A 市燃气公司无诉讼主体资格，第三人是通过公平招标中标的，原告没有参加竞标，是原告放弃了自己的权利。

3. 原告的起诉超过法定起诉期限，应驳回原告起诉。

（六）质证意见

原告提供的证据有两组：

原告第一组证据：

证据 1：《关于新建 LNG、CNG 混合加气站的申请》一份；

证据 2：被告和第三人签订的《合作开发天然气合同书》一份。

• 原告用第一组证据证明被告以合作合同为由拒绝受理原告的申请，侵犯原告合法权益构成行政不作为。

• 被告质证意见：对第一组证据认可，但被告事实上已打破第三人独立经营权。

• 第三人质证意见：对第一组证据 1 真实性、合法性有异议，和第三人无关联性。

真实性：有异议，该申请没有形成时间，也没有是否向被告送达的证据，应当是原告为恶意诉讼而单方制作的自证，真实性不认可。

合法性：有异议。首先，该证据源于原告自身，属于原告自证，且没有证据证实该申请书送达给了被告，故不认可；其次，该申请书形式上没有申请人和申请事项，也没有具体的请求目的，仅仅是请求各部门对原告大力支持，属于情况反映范畴，非正式申请书；最后，申请书是请求原告为其办理混合加气站手续，但只有陕西省住房和建设厅才是办理手续的职能部门，被告只有接收呈报权，没有审批权，原告向被告申请办理，主体错误。

关联性：该申请与第三人没有法律上的利害和利益关系，与第三人没有关联性。

对第一组证据 2《合作开发天然气合同书》真实性、合法性认可，关联性不认可。该合同法律效力和第三人在 A 市的天然气独家经营权已得到生效判决书的确认，合同书本身既不能否定合同效力，又不能作为是否侵犯原告合法权益的证据。

原告第二组证据：

证据 1：A 市 B 天然气有限公司、A 市安邦天然气公司经营《燃气经营许可证》各一份；

证据 2：A 市 B 公司与咸阳天然气有限公司《合作协议书》；

证据 3：台玻咸阳玻璃有限公司、A 市 B 公司、咸阳市天然气有限公司《协议书》一份。

• 原告用安邦天然气公司《燃气经营许可证》及《合作协议书》欲证明第

三人独家经营权已被打破，被告应受理其办证审查手续。

● 被告质证意见：认可该组证据。实施就是第三人已不享有独家经营权。被告已批准了两家公司经营燃气业务。

● 第三人质证意见：不认可第二组证据真实性，均没有原件，且证据中并没有提供A市台玻咸阳玻璃有限公司的燃气经营许可证。对A市B天然气有限公司和A市安邦天然气公司的《燃气经营许可证》合法性认可，对证据2《合作协议书》和证据3《协议书》的合法性不认可，此两份协议均是在特定情形下在政府主导主持下达成，违背了第三人的本意。关联性：不认可。

1. A市安邦天然气公司的燃气经营许可证只有汽车加气站的范围，与B公司管道天然气的经营范围并不冲突，且安邦公司使用的仍然是第三人通过管道供应的天然气，属于第三人的下游用户，并不能打破第三人的独家经营权。

2. 咸阳市天然气有限公司与A市B天然气有限公司之间的合作，是特定条件下在政府主导下的产物，并非常态，且咸阳公司作为股东介入仍然是在第三人书面同意后，并严格依照双方设定的特定范围内成立新公司后，由新公司供气，并非咸阳公司自己单独在A市区域供气，充分证实了第三人享有独家经营权，A市天然气市场并非可以自由无序进入。

3. 该份证据与本案的行政不作为诉讼并无关联性。

被告提供的证据：被告和第三人签订的《合作开发天然气合同书》一份。

● 被告欲证明此合同是行政许可合同不是民事合同，因为政府没收益。

● 原告质证意见：这是独家经营合同，是非法垄断经营权，其侵犯原告利益。

● 第三人质证意见：这是民事合同，是被生效民事判决认可的合同，是有效的。

第三人提供的证据：

证据1：A市住建局在2000年发出的公告；

证据2：A市天然气利用工程《招商引资细则》；

证据3:被告和自己签订的《合作开发天然气合同书》;

证据4:陕西省住建局给第三人颁发的《燃气经营许可证》(系原件);

证据5:重庆市生效的(2013)渝五中法民终字第03807号民事判决书。

- 第三人证明内容:

证据1:欲证明自己是通过招标中标的,原告放弃了投标。

证据2:欲证明自己符合中标条件。

证据3:欲证明第三人在A市享有天然气独家经营权已13年,《合作开发天然气合同书》是平等自愿民事合同。

证据4:欲证明自己享有独家经营天然气管道权利。

证据5:欲证明已经确认本案原诉讼请求所涉及的《合作开发天然气合同书》属于民事合同且合法有效,故原告原诉请属于民事案件的范畴。

- 原告质证意见:

独家经营权是非法的,应予撤销。其他证据是被告和第三人串通好的,不予认可。

- 被告质证意见:

对第三人提供的证据真实性予以认可,但合法性不予认可,(2013)渝五中法民终字第03807号民事判决书,确认本案原诉讼请求所涉及的《合作开发天然气合同书》属于民事合同判决是错误的,不应予以认可。这个是行政合同,政府在特定的条件下签订了这样的合同,不是平等主体,政府行使的是管理权,是许可行为。

法院质证意见:

原告提出的两组证据,合议庭综合认证为原告于2013年9月30日向被告提交《关于新建LNG、CNG混合加气站的申请》一份,对被告以和第三人已签订《合作开发天然气合同书》不予批准的证据予以采纳。对第三人提供的五组证据予以采纳。

(七)法院判决

原告要求确认“合作合同”约定的独家经营权为无效条款的请求,因原告不签,尚不是利害关系人,本院不予审理;但被告以该“合作合同”存在为由不审查原告申请的行为属于行政不作为,原告要求被告行政作为的请求应予支持;被告应先受理原告审查审批手续,是否批准办理相关手续,待审查以后决定。

案例三 A 公司与 B 市政府行政许可纠纷案

(一)案件当事人及第三人

海南中石油 A 有限公司(以下简称 A 公司)

海南中石油 A 有限公司 B 分公司(以下简称 A 公司 B 分公司)

B 市人民政府(以下简称 B 市政府)

B 滨海新区管理委员会(以下简称滨海新区管委会)

C 管道输气有限公司(以下简称 C 管道公司)

(二)案情简介

B 市政府通过批复、复函形式许可 A 公司 B 分公司在 B 行政区域内的管道燃气项目经营、建设的权利,后又通过《常务会议纪要》的方式许可第三方中海油管道公司进行 B 市内滨海新区的燃气管网供气工程建设,并就此与中海油管道公司签订协议,因此 A 公司及其 B 分公司起诉至法院请求撤销《常务会议纪要》中有关许可中海油管道公司在滨海新区建设、经营燃气管网的行政许可。法院以 A 公司与 B 市政府无排他性约定以及考虑到公共利益的需要为由,驳回 A 公司及其 B 分公司的诉请。

(三)案情详细经过

2003年3月13日,B市政府向B畅通城市管道燃气有限公司做出儋府函〔2003〕72号《关于开发建设B市管道燃气项目的批复》(以下简称“72号批复”),同意该公司在B市开发建设天然气管道燃气工程项目,确认总投资1.51亿港币。该批复指出:“在项目实施中,你公司要组织强有力的技术队伍,有上级建设部门施工资质的单位,统一规划、统一建设、统一经营、统一管理,年内点火通气。”

2003年3月18日,为了贯彻实施“72号批复”的内容,原B市建设局与B畅通城市管道燃气有限公司(原B市畅通实业有限公司)签订《开发B市管道燃气工程项目协议》,进一步确认B畅通城市管道燃气有限公司在B市投资1.51亿元建设管道燃气工程项目,并就管道燃气工程项目的建设目标、核定燃气价格的方法以及建设管理原则等主要内容进行了约定。

2003年11月6日,B市政府根据B中油畅通管道燃气有限公司提交的《关于公司更名后急需变更“批复”的请示》,向该公司作出儋府函〔2003〕247号《关于确认B畅通城市管道燃气有限公司更名为B中油畅通管道燃气有限公司的复函》(以下简称“247号复函”),确认“72号批复”对B中油畅通管道燃气有限公司继续有效。该复函第二项载明:“你公司为我市行政区划范围内从事管道燃气、汽车加气项目的公司,实施管道燃气工程项目的统一规划建设、统一经营管理,经营期限为五十年。”

2008年7月11日,经海南省B市工商行政管理局核准,B中油畅通管道燃气有限公司变更股东登记,确认海南华油燃气有限公司作为B中油畅通管道燃气有限公司的股东,其持股比例从68.5%变更为100%。

2008年12月4日,B市政府作出儋府函〔2008〕187号《关于城市管道燃气特许经营权变更有关问题的批复》(以下简称“187号批复”),载明:“原批准给B中油畅通管道燃气有限公司(以下简称B畅通公司)的城市管道燃气特许经营权(儋府函〔2003〕247号),由于B畅通公司已被海南华油燃气有限公司全资收购,并成立海南华油燃气有限公司B分公司运营B的管道燃气业务,根据《市政公用事业特许经营管理办法》的规定,同意将城市管道燃气特许经营权变更给海南华油燃气有限公司B分公司,特许经营权期限为25年……”从而确认B中油畅通管道燃气有限公司根据“247号复函”取得的城市管道燃气特许经营权变更由海南华油燃气有限公司B分公司承继。

2009年2月20日,经海南省B市工商行政管理局核准,海南华油燃气有限公司B分公司变更企业名称为海南华油A公司B分公司。

2009年9月10日,经海南省B市工商行政管理局核准,B中油畅通管道燃气有限公司被注销登记。

2009年9月25日,海南华油A公司B分公司的企业名称变更登记为海南中石油A有限公司B分公司。

2010年6月13日,B市住房和城乡建设局向B市政府作出儋建〔2010〕87号《关于完善滨海新区燃气管道专项规划的意见》,同意A公司B分公司加紧完善滨海新区的燃气专项规划,并制订建设计划报政府审批。

2010年7月5日,B市住房和城乡建设局向A公司B分公司发出了儋建函〔2010〕78号《B市住房和城乡建设局关于完善滨海新区燃气管道专项规划的函》。该函的主要内容有:一、根据儋府函〔2003〕247号文件精神,你公司在我市行政区划范围内实施管道燃气工程项目的同意规划建设、同意经营管理。我局原则同意你公司加紧完善滨海新区的燃气专项规划,并制订建设计划尽快上报市政府审批。二、你公司要落实建设资金,与滨海新区市政道路同步实施建设。

2010年9月10日,B市政府通过市政府常务会议,形成的14号《常务会议纪要》,第17条的具体内容为:原则同意滨海新区管委会代表B市政府与中海油管道公司签订的《B市政府与中海石油管道输气有限公司关于投资建设B滨海新区燃气管网供气工程协议》,B滨海新区管委会要主动与企业对接,尽快签订协议,尽快推动工程建设。市政府和城乡建设局等单位要督促原许可企业履行合同,加快那大城区和木棠工业区的燃气管网建设。

2010年12月15日，B市滨海新区管理委员会与中海油管道公司签订《关于投资建设B滨海新区燃气管网供气工程协议》。

2011年3月至4月，A公司B分公司、A公司分别向B市住房和城乡建设局、B市政府提交书面报告，称B市政府“247号复函”已经明确其在B市行政区域内有权从事管道燃气、汽车加气项目建设，并对整个B区域的管道燃气项目实施“统一规划建设、统一经营管理”，故请求政府及其职能部门尽快审批B滨海新区燃气专项规划，并同意启动滨海新区燃气项目建设。

2011年7月15日，B市住房和城乡建设局向A公司B分公司函复，建议其暂缓评审滨海新区燃气规划，并告知B市政府常务会议决议已经同意并确认由滨海新区管委会与中海油管道公司签订的《B市政府与中海石油管道输气有限公司关于投资建设B滨海新区燃气管网供气工程协议》有效。

A公司、A公司B分公司认为B市政府的上述行政许可行为侵犯其在B行政区域内排他性的燃气供气经营权和建设开发权及财产权，遂提起本案诉讼，请求撤销B市政府关于中海油管道公司在滨海新区享有燃气供气经营权和建设开发权的许可，即14号《常务会议纪要》第十七条的决定内容。

2011年9月13日，海南省第二中级人民法院作出行政判决，驳回A公司、A公司B分公司的诉讼请求。

2011年11月1日，A公司、A公司B分公司向海南省高级人民法院提起上诉。

2012年3月6日，海南省高级人民法院作出行政判决，驳回上诉，维持原判。

（四）本案争议焦点

1. A公司、A公司B分公司是否有原告的诉讼主体资格。

2. A公司、A公司B分公司是否在B行政区域内有排他性的燃气供气经营权和建设开发权。

（五）当事人辩护意见

B 市政府辩护意见：

1. 关于 A 公司、A 公司 B 分公司的原告诉讼主体资格问题：B 市政府认为，A 公司、A 公司 B 分公司作为原 B 中油畅通管道燃气有限公司的股东，不能直接承继该公司在 B 市行政区域内享有的管道燃气经营权，故 A 公司、A 公司 B 分公司与被诉具体行政行为没有法律上的利害关系，依法应当驳回其起诉。

2. 关于 A 公司、A 公司 B 分公司是否在 B 行政区域内有排他性的燃气供气经营权和建设开发权的问题。

A 公司、A 公司 B 分公司辩护意见：

关于 A 公司、A 公司 B 分公司是否在 B 行政区域内有排他性的燃气供气经营权和建设开发权的问题呢？

（1）原审主张：

主张 B 市政府已经通过政府的批准文件以及《开发 B 市管道燃气工程项目协议》授予其 B 市行政区域内排他性的燃气供气经营权和建设开发权。

（2）上诉理由：

①B 市政府作出的“72 号批复”、“247 号复函”及 B 市建设局于 2003 年 3 月 18 日与其签订的《开发 B 市管道燃气工程项目协议》均明确其在 B 市行政区域内具有管道燃气工程项目开发建设和经营管理权。取得特许经营权后，投入了巨额资金，进行管道燃气工程规划设计及实地勘察等工作，该工作是 B 市政府实现许可并要求的。B 市政府于 2010 年作出的儋建函〔2010〕78 号《关于完善滨海新区燃气管道专项规划的函》及儋建〔2010〕87 号《关于完善滨海新区燃气管道专项规划的意见》，均要求 A 公司 B 分公司配合政府对滨海新区城市发展建设，做好筹集落实管理燃气项目的建设资金并对该工程项目进行专项规划设计等工作。

②B 市政府于 2008 年作出的“187 号批复”明确将上诉人原有的对 B 行

政区域范围的管道燃气统一建设开发经营管理权，变更为在 B 市行政区域内的城市管道燃气特许经营权，期限为 25 年，现仍在特许经营期限内。

③A 公司 B 分公司在滨海新区享有城市管道燃气特许经营权，B 市政府又将该区的管道燃气经营管理权许可给中海油管道公司，属于重复许可。

④A 公司、A 公司 B 分公司完全有实力、有优势做好滨海新区的燃气供应工作。

滨海新区管委会意见：

自己是按照 B 市政府的委托与中海油管道公司签订的《B 市政府与中海石油管道输气有限公司关于投资建设 B 滨海新区燃气管道供气工程协议》，在履行代理职责过程中并无不当行为。

中海油管道公司意见：

(1)A 公司、A 公司 B 分公司取得的不是城市管道燃气特许经营权，只是开发经营权，不具有排他性。“72 号批复”批准的只是经营开发权不是特许经营权，“187 号批复”第一次提到特许经营权，但是按照建设部《市政特许经营管理办法》，特许经营是要经过公开招投标手续的，未经过此项手续的根本不能称为特许经营权，不具排他性。

(2)中海油管道公司在滨海新区供气更具优势。中海油管道公司是海南第一家经营天然气管道的公司，在 B 市滨海新区供气也更具优势，因为其在天然气管道经过 B 市时，为滨海新区专门留有供气口，由其供气更有保障。

(六)法院观点

原审法院观点：

1. 关于 A 公司、A 公司 B 分公司的原告诉讼主体资格问题：A 公司、A 公司 B 分公司并非依据其唯一股东身份，而是根据“187 号批复”的内容，承继 B 中油畅通管道燃气有限公司在 B 市行政区域内的管道燃气特许经营权，故 B 市政府的上述辩称理由没有事实和法律依据，不予采纳。

2. 关于 A 公司、A 公司 B 分公司是否在 B 行政区域内有排他性的燃气供气经营权和建设开发权的问题：

(1)原审法院认为A公司、A公司B分公司的依据政府批复文件主张排他性燃气供气经营权和建设开发权的依据不足，与相关批准文件的原始文义和真实意旨相悖。由于“247号复函”、“187号批复”与“72号批复”是一脉相承的关系，对“247号复函”、“187号批复”内容的解释，均不应超越“72号批复”的原始文义且不能脱离该批文的真实意旨。B市政府在“72号批复”中提出的“统一规划、统一建设、统一经营、统一管理”，不是该市政府向B畅通城市管道燃气有限公司承诺的义务，而是出于公共管理的需要，要求该公司通过统一的内部管理进行项目实施，以确保生态和公共安全。正因为城市管道燃气工程项目涉及公共安全、生态环境，“72号批复”才特别强调“统一规划、统一建设、统一经营、统一管理”，“247号复函”、“187号批复”继续强调“统一规划建设、统一经营管理”，是地方政府对燃气事业进行特殊管理过程中的必要提示。A公司、A公司B分公司脱离燃气事业特殊的管理要求，把政府批文提出的上述“四个统一”内容单方解释成被授予排他性的燃气供气经营权和建设开发权，不符合上述批文的原始文义和真实意旨。

(2)原审法院认为A公司、A公司B分公司依据《开发B市管道燃气工程项目协议》主张排他性燃气供气经营权和建设开发权无事实依据。原B市建设局与B畅通城市管道燃气有限公司签订的《开发B市管道燃气工程项目协议》仅约定了管道燃气工程项目的建设目标、核定燃气价格的方法以及建设管理原则等主要内容，未就“排他性的燃气供气经营权和建设开发权”内容作出明确约定。被诉行政许可行为不违约。

(3)被诉行政许可行为符合公共利益的需要。原建设部《市政公用事业特许经营管理办法》(以下简称《办法》)第五条规定：“实施市政公用事业特许经营，应当遵循公开、公平、公正、公共利益优先的原则。”第六条第一款规定：“实施市政公用事业特许经营，应当坚持合理布局，有效配置资源的原则，鼓励跨行政区域的市政公用基础设施共享。”由于A公司、A公司B分公司进行的管道燃气工程项目建设规模仅局限于B市那大镇的部分区域、B市木棠工业区，尚未延伸到相距较远的B市滨海新区，因此，被诉行政许可行为不会造成重复建设，且A公司、A公司B分公司可在现有建设区域如那大镇、B市木棠工业区等区域内，加大建设进度，继续扩大经营规模。在B市滨海新区，中海石油管道输气有限公司凭借其在洋浦经济开发区（紧邻滨海新区）的气源基地，为滨海新区工业发展提供更为经济、迅捷的优质服务，对B市城乡经济快速发展有积极的推动作用，故被诉行政行为符合公共利益的需要，亦符合上述《办法》规定的"公共利益优先原则"、"合理布局、有效配置资源原则"。

二审法院观点：

1. 依照《中华人民共和国行政许可法》第十二条第（二）项的规定，对于有限资源的开发利用、公共资源配置以及直接关系公共利益特定行业的市场准入等，需要赋予特定权利的事项，可以设定行政许可。该法第五十三条规定："实施本法第十二条第二项所列事项的行政许可的，行政机关应当通过招标、拍卖等公平竞争的方式作出决定。但是法律、行政法规另有规定的，依照其规定。"原建设部《市政公用事业特许经营管理办法》第二条也规定："本办法所称市政公用事业特许经营，是指政府按照有关法律、法规规定，通过市场竞争机制选择市政公用事业投资者或者经营者，明确其在一定期限和范围内经营某项公用事业产品或者提供某项服务的制度。城市供水、供气、公共交通、污水处理、垃圾处理等行业，依法实施特许经营的，适用本办法。"可见，本案所涉管道燃气经营权依法应当经过招标等市场竞争机制方可予以许可。尽管B市政府曾同意将B市城市管道燃气的经营权给予A公司B分公司，B市住房和城乡建设局也曾发函给A公司B分公司，原则同意其加紧完善滨海新区的燃气专项规划，并制订建设计划尽快上报市政府审批，但上诉人并未能提供出其已依法获得B市政府特许其经营B市和该市滨海新区管道燃气的证据。

2. A公司、A公司B分公司主张其在B市行政区域内具有排他性的燃气供应经营权和建设开发权，主要证据是B市政府的"72号批复"、"247号复函”和“187 号批复”以及 2003 年 3 月 18 日 B 市建设局与其签订的《开发 B 市管道燃气工程项目协议》等，但这些“批复”、“复函”及“协议”均未明确其在 B 市行政区域内具有排他性的燃气供气经营权和建设开发权。我国法律、法规等也并无特许经营权即为排他性经营权的规定。因此认为 B 市政府有关同意中海油管道公司投资建设滨海新区燃气管网供气工程的决定并未侵害上诉人的合法权益。

四、

当前法院司法裁判观点及行政主管机关执法倾向

通过以上对全国各地立法、政策文件的梳理以及对相关典型案例的阐述,我们大概能够总结出当前法院以及地方政府在对待点供问题上的司法裁判观点和行政主管机关的执法倾向分别如下:

(一)法院对点供及管道燃气特许经营权矛盾的司法裁判观点

1. 对于点供企业或工业用户无证经营等明显违法行为,人民法院支持行政主管机关的行政处罚决定。上述案例一即为行政主管机关对无证自建供气设施并销售 LNG 的行为进行处罚,并在被执行人拒绝接受处罚时向法院申请强制执行的情形,由于法律、法规规定对燃气经营有着明确的许可审批要求(见上文有关行政审批要求的介绍),因此法院不太可能支持点供企业无证经营的违法行为。当然,对于点供企业而言,政府行政主管机关有可能设置行政审批障碍,使其很难或者根本无法获得经营许可证。但法院作为司法裁判者的角色,只会对行政机关作出行政处罚行为的事实和结果做合法性审查,例如在案例一中,只判断点供企业是否在无证情形下设置燃气设施和经营燃气业务。由此我们可以看出,点供企业获得燃气经营许可是其在合规性层面对抗城镇管道燃气特许经营权的基本条件,只有获得许可,点供才有获得向政府行政主管部门及法院司法审判支持的可能性。

2. 法院在判断管道燃气企业是否获得在许可行政区域内独家经营的权利时,会首先审查相关授权批复、特许经营协议、工程协议中,是否有明确的授权管道企业独家经营的表意约定。一方面,由于我国法律、法规并没有明确规定特许经营权具有排他性效力,相反《反垄断法》中有行政机关和法律、法规授权的具有管理公共事务职能的组织不得滥用行政权力，限定或者变相限定市场自由竞争的规定。另一方面，由于城市燃气行业的行业现状就是一个区域内获得特许经营权的管道燃气企业一家独大，在面对立法和行业现状二者矛盾时，法院一般不会直接认定有特许经营权的企业就有独家经营的权利，而需要根据相关证据进行初步审查，而审查的第一步就是对特许经营权授权的相关政府通知、批复、会议纪要、协议等文件进行文义审查，甚至文义解释，审核双方是否有明确的排他性约定。案例三中即存在这个情形，由于法院对书面材料质证后，认为政府和管道燃气企业并没有做排他性约定，因此认为政府方将某一未建设管网区域许可第三方点供企业进行建设并不违法。

3. 管道燃气特许经营协议效力的认定问题是否属于行政诉讼范围问题。上述案例二中，管道燃气企业阐述意见，认为其与政府签订的合作合同效力认定问题不属于行政诉讼范围，而是民事诉讼范围，法院最终认同该意见，对原告确认合作合同关于独家经营的条款无效的诉请不予审理。但该案审理的时间点在2013～2014年，2015年5月1日《最高人民法院关于适用〈中华人民共和国行政诉讼法〉若干问题的解释》第十一条明确规定公民、法人或者其他组织就政府特许经营协议提起行政诉讼的，人民法院应当依法受理。因此，在2015年5月以后特许经营合同效力的认定问题或者与特许经营合同有关的合同纠纷依照该解释应当适用行政诉讼程序。但实际上，特许经营协议，尤其是PPP合同中除包含特许经营权授予内容外，还会包含如融资、风险分担、工程承包与分包、利润分配等普通民商事合同的条款，是否所有类型的特许经营合同纠纷均属于行政诉讼范围对法律实践者和理论学者而言仍有很大争议。

4. 法院在审理点供问题时也会考虑公共利益的需要。供气行业作为一个公共民生行业，无论点供和管道气产生何种争端，均需要以公共利益作为首要考虑因素。上述案例三中，法院在审理政府部门是否构成重复许可的问题时，即以由点供企业运营符合公共利益需要为判决支撑理由之一。除上述

《市政公用事业特许经营管理办法》(该办法已废止)的相关规定外,新的《基础设施和公用事业特许经营管理办法》第四条规定,基础设施和公用事业特许经营应当坚持公开、公平、公正,保护各方信赖利益,并遵循兼顾经营性和公益性平衡,维护公共利益的原则。由于案例三中,管道燃气企业在该新区还没有实际建设管网,授权文件中没有明确的独家经营约定,且点供企业在该区域已经留有供气口的经营优势,因此人民法院以公共利益需要为考虑支持行政机关的许可行为。

5. 法院对管道燃气企业特许经营权的支持程度还取决于特许经营权的获取是否通过招投标程序。由于《基础设施和公用事业特许经营管理办法》第三条规定"本办法所称基础设施和公用事业特许经营,是指政府采用竞争方式依法授权中华人民共和国境内外的法人或者其他组织……"如果燃气企业没有通过招投标等竞争方式即签订特许经营协议、获得特许经营权,就必定会成为点供企业质疑其授权合法性的关键点之一,因此法院也会依法对此作出审查。以上案例三即出现了这种情形。

(二)行政机关对点供和城镇管道燃气的执法倾向

本文第二部分法律规定内容已经指出,目前各地方政府对待点供的态度并不一致,有些地区鼓励,有些地区严控,也有些地区放手不管。尽管如此,行政机关如需要对点供问题作出行政行为,也有几类常见的行为模式:

1. 对无证行为进行查处,并在必要时申请强制执行,案例一即属于此种情形。除对点供企业的无证行为进行查处外,点供的安全问题也是政府监管的重要对象。

2. 在不支持点供的地区,行政机关怠于行使点供企业的许可审批职责。案例二即属于审批机关行政不作为的情形。上文有提及过,燃气经营许可作为一般性行政许可项目,对于符合燃气经营许可办理条件的企业,行政机关无权不予审核和批准。而行政机关审批后,如无故不予许可亦可能遭到申请企业提起行政复议或行政诉讼,且可能被认为违反《反垄断法》的相关规定,造成行政机关出现怠于行使行政许可审批的情形。

3. 对点供持开放态度的地区有做出重复许可的可能。案例三中的 B 市政府即有重复许可的嫌疑,在与城镇管道燃气企业确定其行政区划内的特许经营权后,要求其对滨海新区管网建设进行设计规划、资金筹措后,又将滨海新区的管道项目直接许可给点供企业实施,直接造成了城镇管道燃气企业的强烈反抗。这种重复许可的情形比较容易出现在行政区划扩增区域、产业新区、新农村建设等原管网未覆盖的区域。

五、

城镇管道燃气企业如何应对点供的威胁

从上文内容中,可以看出上游气源企业通过点供方式抢占城市燃气市场(这里我们主要是指双方争抢比较惨烈的工业用户市场),对于已获取特许经营权的城镇管道燃气企业来说是个很大的威胁。城镇管道燃气企业应该如何应对这种威胁,值得我们律师及行业内部法务人员进行探讨和研究,应对策略成功与否不仅关系到燃气企业自身利益,也关系到政府的信誉维护,更关系到社会公共用户是否能够享受稳定的燃气供应的公共利益保障问题。

在探讨应对方式前,城镇管道燃气企业首先需要认清其特许经营权的法律性质和保护范围。首先,从法律性质上来说,燃气特许经营权即政府通过行政协议的方式许可某一企业在特定区域建设燃气基础设施和经营燃气业务的权利。法律没有规定政府在将特许经营权授予后,不能再许可其他企业从事燃气经营和燃气设施建设,即获得特许经营权并不是当然的享有绝对排他性的独家经营的权利。其次,特许经营权的保护范围并不是通过法律条文进行界定的,从实务角度来说,其保护范围很大程度上是基于特许经营协议和管网铺设范围,而特许经营协议的签订又基于政府和企业方的协商约定,管网铺设范围除依据协议约定外,还需要依据实际合同履行中的燃气建设规划许可和融资情况。

下面我们先通过上文分析和案例内容,对上游气源企业通过点供进入城镇燃气市场的方式做出总结,并针对不同方式提出相应的城镇管道燃气企业可采取的应对策略。上游气源企业进入的方式大致可以分为三种:

(一)上游气源企业在单个工业用户厂区内或邻近工业用户厂区的地方设置气化站,通过槽车将 LNG 等燃气运输至气化站,然后直接向单个用户供气。这种方式通常只会使用到极短距离的燃气管道，由于信息不对称的原因，政府的干预难度较大。

对于这种形式的点供威胁，已获取特许经营权的管道燃气企业可根据实际情况选择采取以下几种策略应对：1. 通过政府行政手段进行整治。由于单个点的气化站建设和运营获得许可的难度和成本较大，容易出现无证经营或者不正当经营的问题，而燃气企业对用户使用点供的情况通常是比较了解的，可向政府方提供相关信息，解决政府的信息不对称问题，从而起到通过合规整顿限制气源企业在市内设置供气点，并打击工业用户使用点供气积极性的目的。2. 注重企业自身的管理经营，为用户提供良好服务。城镇燃气企业应当主动改变特许经营权的独占性思想，由于上游气源企业市场竞争的客观存在，如果管道燃气企业自身经营中不断出现不合理的垄断行为，且让用户不断在其强势地位下被迫接受不公平的交易条件，则等同于帮助上游气源企业的点供市场发展。因此，管道燃气企业应当在与政府充分沟通的基础上合理定价，并提升服务质量，以一般供应商的态度为客户提供良好服务。3. 选择性地与上游气源企业达成战略合作。在一些政府大力鼓励点供气的地区，如政府已经明确许可上游气源企业的进入，那么当地城镇管道燃气企业可选择性地与其达成战略合作，例如同意气源企业有偿使用其已建管网，同时通过协议方式限定气源企业的经营范围和经营区域，从而保障自己的“蛋糕”不会被进一步分割。

（二）上游气源企业在某一片区域内设立一个集中的气化站，通过槽车方式将 LNG 等燃气运输至该气化站，然后向邻近的多家工业用户供气。这种方式会使用到多条燃气管道，并且管道长度会根据供气区域的大小而有长有短。该种方式对于管道燃气企业的经营带来更大威胁，反之由于上游气源企业往往需要为此铺设燃气管道，城镇管道燃气企业进行干涉的可操作性更大一些。

对于上游气源企业该种进场方式，上述第一种的应对策略也均可适用，但由于该种模式对于管道气企业的威胁较大，且侵入更加明显、粗暴，管道气企业应当更加主动积极地进行对抗:1. 以避免管网重复铺设为由阻碍点供管网建设。企业应尽早对用气量大的工业用户做管网规划和建设,并对用户的用气情况做常规性排查,如发现一点多供的管网建设风向,应第一时间向政府部门和司法机关反映以形成阻碍。尽管法律并无明确规定,但从实际角度来看,我们认为禁止第三方企业进行区域性管网建设是政府对特许经营权进行保护的底线,如果行政和司法对此均放任不管,那么特许经营权本身就如同虚设,大的层面上也就不会有社会资本愿意投资建设市政基础设施了。2. 在特许经营协议中明确约定工业用户的供气规划和点供限制。由于城镇燃气企业除向工商业用户供气外,还有义务向居民用户供气,且存在以工商业用户供气盈利补贴居民用户供气亏损的问题(业内称为"交叉补贴"),因此工业用户对管道燃气企业来说是重中之重,企业应通过与政府签署的特许经营协议和制订的管网建设规划充分、明确表达对该范围独家供气的经营需求和经营计划,最大限度地获得政府的理解和支持,对点供模式做预防性的限制约定。例如,可与政府约定,如政府方许可气源企业以点供方式向工业用户供气,造成管道气企业的利润损失的,政府方做相应补贴,变相增加政府方的违约成本。

(三)上游气源企业利用其自有上游管网的便利,抢占城市管道燃气企业还未铺设管网的空白区域。这种方式实际已不再局限于一般意义上的点供模式了,因为这里的"点"不再是某个气化站,而是上游气源企业邻近城区的某个管网接口,供气的对象也不仅仅注重于工业用户,为商业用户和居民用户供气也成为其义务。上游气源企业可通过正式与政府方签订协议获取该空白区域特许经营权的方式占有该片市场,并在该片区域内铺设自己的管网。本文案例三即属于此类情形。这对于已经获取特许经营权的管道燃气企业而言,威胁无疑比前两种方式的更大,且如果上游气源企业获得了特许经营权,即意味着其与政府方也建立了紧密合作关系,不排除其在运营过程中逐渐扩张并试图侵占管道燃气企业管网区域的可能。此时政府方在外力作用下,提前撤回特许经营权、更换特许经营企业的可能性也增大。

对于上述情形,管道气企业应区分上游气源企业是否已经成功进入市场而才采取不同的应对策略。首先,在气源企业还未成功占有市场的情形下,应当采取以预防为主的策略。除上文提及的在协议和规划中做预防性约定外,还需要摸清上游气源企业邻近的供气管道路线,及时了解政府对空白区域的建设规划,洞察政府与气源企业的合作动向,积极着手空白区域的建设施工等。在信息对称的前提下可选择采取迂回策略,从项目的法律风险、公共利益的需要、政府方的政治风险以及商业利益互换的角度尝试进行干涉。其次,在上游气源企业已经进入市场的情形下,应采取以保障自有市场不再流失为主,以限制和压缩对方市场为辅的策略。在遇到特许经营范围内的区域被政府分割给其他企业时,燃气企业产生强烈对抗情绪是惯常现象,但即便如此,我们认为企业在此情形下仍然应当慎重采取行政诉讼手段,因为行政诉讼极易破坏企业与政府方的合作关系。行政诉讼程序应当作为保护企业自身利益的最后手段,企业应当在充分衡量法律风险、政府关系、利益维护、诉讼目的的基础上,决定是否提起行政诉讼,且在启动诉讼前需要做好充分的前期准备工作和结果预测。

第 三 章
天然气市场的反垄断和反不正当竞争

国家发改委利用价格机制改革和反垄断对天然气行业下的一局好棋

城镇燃气行业发展初期,为促进燃气管网、供气设施等基础设施建设,国家鼓励利用社会资本参与建设,对价是将城镇区域的燃气特许经营权授予社会资本方投资的项目公司,从而确保社会资本方能够通过特许区域内的独家燃气经营获得相应收益。但天然气行业发展到今天,在多地已完成天然气管网基础建设并投入运营的阶段,一方面,城镇管道燃气面临的来自于上游气源企业直供气、其他燃气企业特许经营权争夺等竞争、纠纷越来越激烈,使城镇燃气企业的特许经营权受到极大挑战,利润空间被压缩;另一方面,在经济增速放缓的大环境下,放开市场竞争、降低企业用气成本的需求愈加旺盛,与特许经营权的天然垄断性产生冲突。如果将阻碍经济发展作为垄断的代价的话,社会承受该天然垄断性的代价则会变得越来越大。在此情形下,政府如何能够在不违反特许经营协议的前提下,鼓励竞争、降低企业用气成本着实成为难题。从政府,尤其是从发展改革委员会近期陆续出台的相关规范性文件来看,我们认为价格机制改革和反垄断是政府解决此难题的重要手段。下面按照相关文件出台的先后顺序来看政府是如何破解天然气行业这盘棋局的。

一、

利用价格机制改革鼓励市场竞争
——确定“管住中间，放开两头”的总体方针

尽管政府将燃气特许经营权授予城镇燃气企业，但仍保留了对燃气价格的定价和监管权力。在此基础上，政府部门可通过改革天然气价格机制，健全政府定价机制，提高价格市场化程度，达到鼓励和促进天然气行业市场自由竞争的目的，同时也就在一定程度上控制燃气特许经营企业的垄断性地位。

2015 年 10 月 12 日，中共中央、国务院发布了有关价格机制改革的综合性规定，即《中共中央、国务院关于推进价格机制改革的若干意见》（全文见附件一，以下简称《价改意见》）。对于天然气行业而言，该《价改意见》的相关方针政策不仅对天然气的定价和监管起到总纲性规范指导作用，从侧面来说，它同时对燃气特许经营权的行使起到了收紧的作用。从天然气行业角度来看，《价改意见》具体要点大致总结如下：

（一）基本原则——推进价格市场化，定价服务于发展

1. 推进天然气领域价格改革，放开竞争性环节价格，充分发挥市场决定价格作用。

2. 天然气定价及定价机制服务于宏观调控、经济发展需求。

3. 合理区分天然气基本与非基本需求，统筹兼顾行业上下游、企业发展和民生保障、经济效率和社会公平、经济发展和环境保护等关系。

从上述基本原则可以看出，要推进天然气价格的市场化势必要放开竞争，目前政府放开竞争的主要途径之一就是鼓励上游气源企业直供天然气进

入市场。这个过程中在“自由竞争”和“特许经营权”各占一边的天平上，政府将更多的经济发展、民生保障、环境保护等砝码放在了自由竞争这一边。

（二）主要目标——政府定价趋于规范化、透明化，最终实现市场决定价格

到2017年，天然气作为重要公用事业领域，还将是政府定价的产品范围。到2020年基本完善市场决定价格机制，基本建立科学、规范、透明的价格监管制度和反垄断执法体系，价格调控机制基本健全。设定该目标的目的是最终将天然气价格调控在社会公众可接受的范围内，且该定价不受特许经营企业市场支配地位的影响。

（三）总体方针——“管住中间，放开两头”

确定了“管住中间，放开两头”的总体方针，促进市场主体多元化竞争，稳妥处理和逐渐减少交叉补贴，还原天然气的能源商品属性，尽快全面理顺天然气价格，加快放开天然气气源和销售价格，建立主要由市场决定天然气价格的机制。

《价改意见》确定的该总体方针对于天然气行业的影响重大，意味着政府将逐渐放开天然气气源价格和销售价格，但保留中间管输费的定价权。对于竞争不充分的区域而言，特许经营燃气企业可能因此获得提高气价的空间，政府方对于管输费的定价则可视企业利润情况相应降低。而对于竞争充分的区域市场而言，在特许经营企业无法通过售气获得比竞争企业更多利润的情形下，政府定价的管输费则可能成为维持特许经营协议继续履行的关键。无论哪种情形，“管住中间、放开两头”的方针均能够起到平衡放开市场竞争和维持特许经营的作用，确实是一步好棋。

（四）价格监管方法——建立成本监审程序和成本公开制度

城镇燃气作为政府定价项目，要规范对天然气的定价程序，加强成本监审和成本信息公开。将成本监审作为政府制定和调整价格的重要程序，不断

完善成本监审机制，并建立健全成本公开制度。燃气企业应当按照政府定价机构的规定公开成本，政府定价机构在制定和调整价格前应当公开成本监审结论。成本监审和成本公开机制将进一步加大特许经营企业利用其市场支配地位从事违法垄断行为的难度。

（五）行政执法——反垄断和反不正当竞争

清理和废除妨碍全国统一市场和公平竞争的各种规定和做法，严禁和惩处各类违法实行优惠政策行为，建立公平、开放、透明的市场价格监管规则，大力推进市场价格监管和反垄断执法，反对垄断和不正当竞争。加快建立竞争政策与产业、投资等政策的协调机制，实施公平竞争审查制度，促进统一开放、竞争有序的市场体系建设。

强化反垄断执法。密切关注竞争动态，对涉嫌垄断行为及时启动反垄断调查，着力查处达成实施垄断协议、滥用市场支配地位和滥用行政权力排除限制竞争等垄断行为，依法公布处理决定，维护公平竞争的市场环境。建立健全垄断案件线索收集机制，拓宽案件来源。研究制定反垄断相关指南，完善市场竞争规则。促进经营者加强反垄断合规建设。

上述规定意味着政府将可能从两个方面着手治理天然气市场，一方面，清理和废除已有的地方规定、政策和不合规协议等，如燃气企业获得特许经营权的程序、方式或享受政策不符合上位法规定，则可能面临被清理、整顿的可能。另一方面，通过反垄断执法进一步规范特许经营权的行使，保障民生，为天然气营造更加公平的市场竞争环境。

从后续出台的文件来看，该《价改意见》实际是国家对天然气市场进行改革的纲领性规定，继该意见之后，有关价格调整、反垄断执法、成本监审等一系列具体措施文件相继出台，局势继续演变。

二、

地方政府对特许经营权的保护

虽然中央层面对城镇燃气行业已经确定了“管住中间、放开两头”的总体方针，但具体到各下级地方政府实施中，该政策的推广并不是那么容易。原因在于地方政府机构为实际与社会资本方签署特许经营协议的直接合同主体，也是承诺会依照协议协助燃气企业通过特许经营权收回投资本金及利润的承诺方，甚至有可能是参与城镇燃气建设的资本方，当上级政策对燃气特许经营权起到收紧、约束的效果时，部分地方政府部门自然需要权衡具体实施力度，考虑因素包括城镇燃气企业的承受能力、特许经营协议的具体约定、竞争和特许经营并存的变通方法等。总的来说，“放开两头”天然气市场的策略并未起到立竿见影的效果。一些地方政府在上述《价改意见》出台后，还存在保护城镇燃气特许经营权的惯性思维，例如以下两个地区规范性文件所示：

（一）2015 年 12 月 1 日起实施的《济南市市政公用事业局关于进一步规范燃气设施建设和用户开发的通告》（全文见附件二），表明了济南市对城镇燃气特许经营权的鲜明保护态度，具体表现在：1. 在城市燃气管网覆盖范围内的一切区域供应站等燃气设施建设均强制规定必须通过特许管道燃气经营企业进行申请和安装；2. 明确要求需要配套建设燃气设施的开发企业、单位或居民用户与特许经营企业签订施工合同，缴纳城市燃气管网配套费和工程安装费，开发企业、单位或居民用户委托其他单位或个人收取相关费用并进行燃气设施安装属违法行为。该通告的规定实际上对当地管道燃气企业特许经营权的保护力度很大，大大增加了其他供气企业进入该片市场进行竞争的难度。

（二）2016 年 1 月 28 日由湖北省住房和城乡建设厅发布的《关于加强城镇燃气专项规划管控，严格 LNG 工程建设管理的通知》（全文见附件三），通过严控工商业燃气用户的 LNG 自供储气场站建设保护管道燃气的特许经营。具体表现在：1. 通过城市总体规划和燃气专项规划管控 LNG 工程建设项目，不在规划范围的一般不得批准；2. 提倡已许可的天然气经营企业提高服务水平、降低报装费用，维持其市场地位稳定性；3. 严厉打击未经许可建设燃气设施的行为。尽管湖北省的该份通告相较于济南市的上述规定而言较为委婉一些，但其仍可以通过不规划且不许可的方式有效限制 LNG 直供气进入当地市场，从而对特许经营企业起到保护作用。同时我们也应当注意到，湖北省是以不规划就不许可的方式来限制市场竞争，如其立场改变，也可以随时调过头来采取增加规划并许可的方式放开市场竞争。

以上仅以两个地区性规定为例来表现中共中央、国务院发布《价改意见》后部分地区在一段时间内对放开城市燃气市场竞争的保留态度。当然，对于燃气特许经营权分散、市场竞争充分的另一些地区的政府部门而言，对中央放开两头的决策持接受态度，执行起来也较为轻松，如广东、山东等地。

三、

对城镇燃气进行反垄断执法

在中央层面下发文件,希望通过价格改革机制放开城镇燃气市场的竞争环节后,鉴于部分地区对于城镇燃气的特许经营权仍存在过度保护情形,为避免这种地方政府的过度保护阻碍天然气市场化发展,中央政府则通过反垄断执法行动,依法整顿城镇燃气企业利用其垄断地位谋取不正当利益的行为,通过规范城镇燃气企业经营为市场提供自由竞争的良好环境。

国家工商总局于2016年4月7日发布的《国家工商总局关于公用企业限制竞争和垄断行为突出问题的公告》(全文见附件四),决定在2016年4~10月在全国范围内开展集中整治包括供气在内的公用企业限制竞争和垄断行为专项执法行动,对强制交易、滥收费用、搭售商品、附加不合理交易条件等不法行为进行查处,就供气而言,工商总局重点查处的突出问题如下:

1. 强制或变相强制申请办理燃气入户的经营者或消费者购买其提供的入户设备和材料。如以产品质量不合格或不了解安装技术等借口,对用户自行提供的合格设备和材料,不提供或拖延供气服务等;

2. 强制或变相强制用户接受其指定经营者提供的服务,如以打包收取服务费、安装费等名义,强制用户接受本应由公用企业提供的气表委托检定服务、指定施工单位的设计、安装工程等服务;

3. 强制或变相强制向用户收取最低用气费用、强行向用户收取"用气押金"、"保证金"或者强行指定、收取"预付气费"的最低限额;

4. 强制或变相强制用户购买保险(如财产损失险、人身意外伤害险等)或其他不必要的商品;

5. 供气企业及其下属单位或被指定的经营者的滥收费用行为,如对新建住宅楼住户强制收取入户费,向用户强制收取气瓶检测费、气瓶清洁费,否则不予供气等。

反垄断行动的执法依据主要是《中华人民共和国反垄断法》,该法规定的垄断行为包括经营者达成垄断协议、经营者滥用市场支配地位、具有或者可能具有排除、限制竞争效果的经营者集中。而基于燃气特许经营权出现的不法垄断行为通常都直接与企业滥用其市场支配地位挂钩,因此这里重点阐述燃气企业在经营中滥用市场支配地位的垄断行为的认定和相关规定:

1. 市场支配地位的定义

市场支配地位,是指经营者在相关市场内具有能够控制商品价格、数量或者其他交易条件,或者能够阻碍、影响其他经营者进入相关市场能力的市场地位。

2. 认定经营者具有市场支配地位的依据

认定经营者具有市场支配地位,应当依据下列因素:

①该经营者在相关市场的市场份额,以及相关市场的竞争状况;

②该经营者控制销售市场或者原材料采购市场的能力;

③该经营者的财力和技术条件;

④其他经营者对该经营者在交易上的依赖程度;

⑤其他经营者进入相关市场的难易程度;

⑥与认定该经营者市场支配地位有关的其他因素。

3. 可推定经营者具有市场支配地位的情形

《中华人民共和国反垄断法》第十九条规定:“有下列情形之一的,可以推定经营者具有市场支配地位:

“(一)一个经营者在相关市场的市场份额达到二分之一的;

“(二)两个经营者在相关市场的市场份额合计达到三分之二的;

“(三)三个经营者在相关市场的市场份额合计达到四分之三的。

“有前款第二项、第三项规定的情形,其中有的经营者市场份额不足十分之一的,不应当推定该经营者具有市场支配地位。被推定具有市场支配地位的经营者,有证据证明不具有市场支配地位的,不应当认定其具有市场支配地位。”

4. 拥有市场支配地位的经营者不得滥用其市场支配地位从事的行为

法律禁止经营者滥用市场支配地位的行为包括:

①以不公平的高价销售商品或者以不公平的低价购买商品;

②没有正当理由,以低于成本的价格销售商品;

③没有正当理由,拒绝与交易相对人进行交易;

④没有正当理由,限定交易相对人只能与其指定的经营者进行交易;

⑤没有正当理由搭售商品,或者在交易时附加其他不合理的交易条件;

⑥没有正当理由,对条件相同的交易相对人在交易价格等交易条件上实行差别待遇;

⑦国务院反垄断执法机构认定的其他滥用市场支配地位的行为。

5. 行政处罚

根据《中华人民共和国反垄断法》第四十七条规定:“经营者违反规定,滥用市场支配地位的,由反垄断执法机构责令停止违法行为,没收违法所得,并处上一年度销售额百分之一以上百分之十以下的罚款。”

下面为已经发生的一系列反垄断执法典型案例:

案例一 重庆 A 集团因燃气计量表加修正系数被罚 179 万元

重庆 A 集团利用其在重庆主城七个区域内城市天然气供应服务市场中的市场支配地位,在向天然气非民用气用户提供销售天然气服务过程中,因认为不带自动补偿装置的天然气表不能准确计量用气,于是通过格式合同要求用户接受实际结算用气量按用户实际用气量乘以“修正系数”后的数据结算。这种行为被认定违反了《中华人民共和国反垄断法》第十七条第一款第五项“禁止具有市场支配地位的经营者从事下列滥用市场支配地位的行为:

(五)没有正当理由搭售商品,或者在交易时附加其他不合理的交易条件”的规定。

案例二　湖北鄂州某公司滥收工程费被罚159万余元

湖北鄂州市某天然气有限公司利用其垄断地位,将本应该自己投资的天然气主管道安装费用,以其他工程费名义向房地产开发企业收取,构成了通过限制竞争滥收费用。该行为违反了《中华人民共和国反垄断法》第六条“具有市场支配地位的经营者,不得滥用市场支配地位,排除、限制竞争”的规定。

案例三　江西泰和县某液化石油气储配站因垄断行为被没收违法所得20余万元并处罚款13余万元

泰和县某液化石油气储配站为独家经营泰和县城散装液化石油气业务,与六家经营户达成协议:由某气站一家经营当地散装液化石油气充装、销售业务,某气站通过协议约定的经济补偿不同程度的限制或分配该六家经营户的液化气批发、零售业务。这种行为违反了《中华人民共和国反垄断法》第十三条第一款第三项规定:“禁止具有竞争关系的经营者达成下列垄断协议:(三)分割销售市场或者原材料采购市场。”

案例四　四川泸州某燃气公司装燃气搭售高价燃气灶具被认定违法并被处罚

四川泸州市合江县某燃气公司在安装过程中限定用户只能购买其提供的高价燃气灶具,否则不予安装供气,且未与用户签订天然气安装及燃气灶具购买协议,要求用户一次性将入户费、灶具款交清。这违反了《中华人民共和国反不正当竞争法》第六条“公用企业或者其他依法具有独占地位的经营者，不得限定他人购买其指定的经营者的商品，以排挤其他经营者的公平竞争”的规定。

案例五 山东A新城燃气有限公司垄断行为被罚682万元

A燃气公司借助其在行政管辖规划区内的管道燃气供应服务市场上的支配地位，自2010年4月16日起，要求工商业户缴纳被其称为“预付气费款”的一笔款项。若工商业户不缴纳该笔款项，便不予供气。工商业户缴纳的该笔“预付气费款”在日常购气中不能冲抵燃气费，工商业户每月仍需按A公司抄表数量缴纳燃气费，直到其不再用气时，A公司才会将上述“预付气费款”予以返还。

山东省工商行政管理局经审查后认定，A公司强行要求工商业户缴纳“预付气费款”的行为构成了无正当理由在交易时附加不合理交易条件的滥用市场支配地位行为，违反了《中华人民共和国反垄断法》第十七条“禁止具有市场支配地位的经营者从事下列滥用市场支配地位的行为”第五项“没有正当理由搭售商品，或者在交易时附加其他不合理的交易条件”和《工商行政管理机关禁止滥用市场支配地位行为的规定》第六条“禁止具有市场支配地位的经营者没有正当理由搭售商品，或者在交易时附加其他不合理的交易条件”第（四）项“附加与交易标的无关的交易条件”的规定。除没收违法所得52，308.49元外，另外对当事人处以2013年度相关市场销售额百分之三的罚款6，818，533.79元。

案例六 湖北五家燃气公司价格垄断被罚295.5万元

湖北省物价局对中石油A燃气有限公司咸宁分公司、仙桃中石油B燃气有限公司、大冶C燃气有限公司、武汉江夏D燃气有限公司、E市天然气有限公司5家天然气公司滥用市场支配地位,以不公平的高价销售商品的价格垄断行为进行处罚,共计罚款295.5万元。经查明,自2013年以来,该五家从事管道天然气供应及相关服务的天然气公司,凭借在相关区域内管道天然气供应及相关服务的特许经营权,通过与非居民用户签订管道燃气设施建设安装合同的形式,取得了在相关区域内非居民管道燃气设施建设安装市场的市场支配地位,并且滥用该市场支配地位,在非居民管道燃气设施建设安装经营成本、市场价格没有显著变化的情况下,剥夺了交易相对人自行选择设计、施工、监理等单位以及自行购买建设安装材料的权利,以不公平的高价收取非居民管道燃气设施建设安装费用。

上述案例中分别涉及燃气业内常见的几类基于特许经营权的市场支配地位而产生的非法垄断行为,包括搭售商品、违法收取保证金、强制收费等。其中案例六更是近期的反垄断执法热点案件,该案因涉及价格垄断而直接由发改委物价局操刀,首次将反垄断执法进行到非居民的燃气管道建设工程方面,处罚力度强,处罚对象均是国内的大型燃气公司,反应出发改委打击非法垄断、规范城镇燃气市场的决心。事实上,国家工商总局发起此次对公用企业为期半年的全国性反垄断执法行动后,各省市执法部门亦积极响应,工商局、商务部、发改委等部门切实执行上级政策,严厉打击城镇燃气企业的各类垄断行为。我们可将此次全国范围的反垄断执法行动视为为清除天然气价格市场化障碍的重要举措,从而达到降低企业用气成本、维持经济稳定发展的宏观目的。

四、

全国第一个实现“煤改气”产区的反垄断斗争
——福建泉州陶瓷企业与A燃气的抗衡

上面均是通过中央或地方政府一方的进攻和防守来看待这盘发生在城镇燃气棋盘上的较量，下面我们从这盘棋局的局部——福建泉州，来体会一下天然气市场化和燃气特许经营权垄断问题之间的正面抗争。

福建省泉州市内的百余家陶瓷企业在生产过程中需要使用大量的燃气，燃气价格的高低会直接反应到其生产成本中，从而决定企业在行业内的竞争力。2010年，在环保压力下，福建省泉州市政府出台规定要求晋江、南安的陶瓷企业所有窑炉不得采用水煤气，限期改用液化天然气，使泉州产区成为率先在国内实现全面“煤改气”的产区。但泉州产区内的陶瓷企业并未因此享受到特殊的政策红利，反而因泉州地区内A燃气公司的独家特许经营而承担着高于其他产区的用气成本，使他们在市场竞争中处于不利地位。

（一）因泉州未执行国家发改委降价政策，陶企与A公司发生正面冲突

2015年2月26日，国家发展改革委发布《关于理顺非居民用天然气价格的通知》（全文见附件五），规定自2015年4月1日起，各省份增量气最高门站价格每立方米降低0.44元，存量气最高门站价格提高0.04元，实现增量气、存量气价格并轨，这对于泉州的陶企来说是重大利好消息，如其使用的增量气按国家规定每立方米降价0.44元，那么每条线的年生产成本可减少百万元。然而A燃气公司并未执行此次调价通知，泉州的陶企用气价格未见任何松动。2015年3月30日，晋江、南安两地的200余家陶企聚集在泉州A燃气公司门前拉横幅，要求气价并轨下调。A公司的回应是发改委此次并轨下

调天然气价，只针对中石油、中石化陆地管道天然气，而中海油海运天然气并不属于调价范围，A供应陶企的天然气为中海油海运天然气，价格由发改委决定。而泉州陶企认为，由于目前泉州仅有A一家燃气公司，调整气价时未举行听证会，企业只能接受，有垄断经营之嫌，且大部分陶企的管道铺设、仪器设备采购、基础建设都由A公司一手操办，剥夺了陶企选择其他供应商的权利。

（二）高气价导致陶企经营困难，行业协会认为政府和供气方存在垄断行为

由于2015年陶企对A公司降气价的要求并未得到满足，2016年上半年，一方面由于市场环境走弱，另一方面则因为当地的天然气价格高于市场价许多，额外增加了企业生产成本，致使企业市场竞争力被削弱，泉州产区建陶生产线的开工率不足三分之一。由此产生了国内率先全面完成“煤改气”的产区恰恰因为“煤改气”而面临市场萎缩的尴尬局面，企业减产、停产、部分企业濒临破产倒闭的现象突出，给当地经济社会发展带来不利影响。

2016年6月，福建省陶瓷行业协会联合南安市陶瓷工业协会、晋江市磁灶商会、晋江市内坑商会，向福建省政府提交请愿书，希望相关部门能根据《福建省人民政府关于降低企业成本减轻企业负担的意见》中降低企业用气成本的指示，为企业用气减负。该请愿书中指出，泉州作为全国唯一全面使用天然气的建陶产区，理应得到政府更多的政策支持。但是，现在连与市场价格接轨的气价都享受不到。产区“煤改气”后，供气单位独家垄断、单方定价、暴力经营，致使建陶企业承担不正常的高额成本。为此，协会就泉州陶企天然气价格与市场价格不接轨的问题，向省政府、省经信委和泉州市政府多次反映。

为此，福建省泉州市的行业主管部门曾多次召开会议协调供需双方的矛盾。虽然A公司从2016年1月1日起将供气价格降到2.98元/立方米，但该单方定价仍高于省物价部门的最高限价。2015年的福建省物价局闽价商

〔2015〕422号文《关于中海福建天然气有限责任公司天然气销售价格等有关问题的通知》规定，对非居民用气销售价格实行最高限价管理，门站价最高限价2.373元/立方米。两个价格相差较大，泉州陶企难以接受，认为泉州物价部门没有根据省物价局的文件精神出台工业用天然气的指导价格，且认为泉州市政府采用行政手段禁止其他天然气源的供应，逼迫企业使用A公司这个唯一供气方的高价气，严重侵犯了企业正当权益。上述工业协会、商会的联合请愿诉求包括：1.截至2016年6月，福建省天然气气站新的价格已降低至2.31元/立方米，因此A公司供应泉州建陶企业天然气的价格应定在2.7～2.8元/立方米为宜。2.泉州市政府应站在供需双方公正的立场尽快出台工业用天然气合理的指导价格。3.对于建陶企业已自建的天然气门气站，凡是有向政府相关部门备案的，政府应抓紧受理，责成相关部门组织验收、检查，消除安全隐患，维护企业的合法权益。福建陶协表示，若企业的正当权益还是得不到保障，将通过法律途径对相关部门和A公司提出诉讼，以反垄断求生存。

（三）在建陶企业的努力下天然气价格最终下调

经过上述陶瓷企业协会的多次努力，2016年6月8日泉州市物价局发布了《泉州市物价局关于泉州市非居民用户管道燃气终端销售价格的通知》，将泉州市非居民用户管道燃气终端销售价格调整为2.87元/立方米，自2016年6月1日起开始执行。该价格应该是经过政府对供需双方调解后所核定的一个折中价格。此次降价0.12元/立方米，按现有在产生产线估算，每年可给泉州陶企节省3亿多元，实际达到了给企业减负的效果，泉州产区的反垄断抗争最终获得成果。

五、

天然气市场化与城镇燃气特许经营权的争端解决导向——“两头议价，三方签约”

上文有以湖北省住建局发布的文件为例，来体现部分地方政府对于燃气特许经营权的保护在一定程度上阻碍了中央《价改意见》的实施。但在该《价改意见》出台将近8个月后，配合之后发改委发布的各次配套通知、意见等政策性文件，同国内大多数地区政府一样，湖北省政府对于推进城镇燃气的市场化也作出了响应。尤其表现在湖北省发展改革委、省物价局、省能源局在2016年6月20日印发的《关于降低企业用气成本有关工作的通知》。该通知鼓励引进LNG资源、积极推动放开直供气价格、鼓励供需双方协商定价，相信该通知将对湖北省内终端天然气价格市场化推广起到重要作用。

尽管如此，从上述通知的具体文字表述上来看，我们可以发现湖北省的一些保留，大致体现在以下几个方面：(1)尽管鼓励引进LNG资源，增加价格优惠政策，但是对于非直供用户而言，仍然只能接受定价。(2)对于大工业用户而言，虽然明确许可直供，但为减少直供天然气对城镇特许经营企业的利益损害，提出了“两头议价，三方签约”的解决方式，即由上游气源供气方与大工业用户协商定价，城镇燃气企业作为天然气运输管道提供方参与合同签订。言外之意即上游气源企业向用户直接供气也需要使用城市已建管网应为常态。这种“两头议价，三方签约”的模式实际是湖北省发改委对国家推进天然气市场化与省内燃气公司特许经营冲突的一种妥协结果。(3)该份通知是由省发改委、物价局、能源局发出，而上文提及的严控LNG工程建设的文件是由湖北省住建局发出，住建局通常就是政府授权与社会资本方签订特许经营协议的直接主体，其对于其授权区域内的特许燃气经营企业的保护倾向和保护力度因此也会胜于发改委。两个政府部门在半年时间内先后发出的两份导向不同的文件，具体实施上如何还有待观察。

六、

发改委“管住中间”的具体措施 ——加强对燃气管输费进行成本监审

依据《中华人民共和国价格法》、《政府制定价格成本监审规则》、《政府制定价格行为规则》、《定价成本监审一般技术规范(试行)》等法律、法规、规章制度的规定,政府价格主管部门有权依据相关程序和规范对政府指导价或政府定价的商品或服务进行成本监审,并依据成本监审发布指导价或定价。而根据最新的2016年《中央定价目录》,各省(自治区、直辖市)的天然气门站价格(国产陆上天然气和2014年底前投产的进口管道天然气)为政府定价项目,但直供用户用气除外。也就是说,政府对于国产的城镇天然气门站价格有权进行成本监审,但对于直供天然气和2014年以后进口的管道天然气不应做成本监审或定价。由于中央现积极推广“管住中间、放开两头”的政策方针,因此价格主管部门对天然气的成本监审将着重于对中间管道运输价格的成本监审,逐渐放宽天然气本身销售价格的管制。

为贯彻落实《中共中央国务院关于推进价格机制改革的若干意见》(中发〔2015〕28号)的新要求,2016年6月15日国家发展改革委发布《关于加强政府定价成本监审工作的意见》(全文见附件七)。依据该意见,能源行业的成本监审工作将被重点推进,并特别要求国务院价格主管部门抓紧制定天然气管道运输定价成本监审办法,要求各省级价格主管部门抓紧制定和完善城市燃气行业成本监审办法。此次发改委加强天然气管道运输定价成本监审的意见与2015年《价改意见》中的“管住中间、放开两头”的方针前后呼应,基调一致。本书第五节中湖北省发改委提出的“两头议价、三方签约”的政策导向即基于中央对于天然气管道运输费进行把控的方针。中央对天然气定价采取“管住中间”的策略，实际是基于城市管网设施属于“准国有”资产，如由社会资本方投资建设，约定期限期满后该部分资产大多数都归为政府所有。而燃气特许经营权的授予又基于国家利用社会资本建设城市管网基础设施的需求。因此可以说特许经营的自然垄断是始于管网建设又限于管网资产。尽管目前国务院和各省的价格主管部门还未就天然气管道运输定价成本监审出台具体办法，但可以合理预见，在供气市场被进一步放开的大环境下，各地区燃气特许经营企业和上游气源直供企业将在中央和省级成本监审办法制定过程中充分提供意见，各方形成博弈局面，而天然气管道运输价格的成本监审定价和调整将成为政府方调解燃气特许经营权的自然垄断性和天然气市场自由竞争的重要利器。我们认为，具体成本监审规范中，除应考虑当地天然气市场的竞争程度、社会公众的可接受程度以及燃气特许经营企业的经营状况等因素外，还应要求政府价格主管部门综合考量政府方与燃气企业之间特许经营协议的具体内容，在要求相关部门依法行政的基础上，亦应尽量避免因新的成本监审办法出台导致特许经营企业利益受到重大损害，甚至出现原特许经营协议无法继续履行的情形。政府的守约意识关乎其国家形象，并直接影响社会资本投资建设公用事业基础设施的积极性，如处理不妥当，可能会引起社会局部不稳定、阻碍经济发展、增大政府方再次引入社会资本的难度等诸多问题。

综合以上中央政府的各种举措来看，中央第一步先下发综合性价格文件，欲通过价格机制改革打破城镇管道燃气企业的自然垄断，推进天然气价格市场化。遇到地方政府尤其地方住建部门保护特许经营企业的阻碍后，第二步再由工商局、发改委等部门加强对特许经营企业的反垄断查处，为天然气市场化提供环境条件。第三步依据市场情况对天然气进行逐步降价，并试点放开点供市场，为天然气垄断现象严重并阻碍经济发展的局部地区企业提供要求降价和反垄断的依据。最后，通过“管住中间”的方式，一方面可在一定程度上调节和缓解特许经营企业的经营压力，维持政府方与其特许经营协议关系，另一方面通过对天然气管道运输费进行管理亦形成了对该“准国有资产”的有效保护。因此我们说政府在天然气行业发展和变革棋局上，每走一步都是有条不紊、循序渐进的，即坚守了依法行政的原则，又达到了降低企业生产成本、推进市场经济发展的宏观目的。

附　　件

附件一　中共中央、国务院关于推进价格机制改革的若干意见

附件二　济南市市政公用事业局关于进一步规范燃气设施建设和用户开发的通告

附件三　湖北省住房和城乡建设厅关于加强城镇燃气专项规划管控，严格LNG工程建设管理的通知

附件四　国家工商行政管理总局关于公用企业限制竞争和垄断行为突出问题的公告

附件五　国家发展改革委关于理顺非居民用天然气价格的通知

附件六　湖北省发展改革委、省物价局、省能源局关于降低企业用气成本有关工作的通知

附件七　国家发展改革委关于加强政府定价成本监审工作的意见

附件八　住房城乡建设部等部门关于进一步鼓励和引导民间资本进入城市供水、燃气、供热、污水和垃圾处理行业的意见

附件一

中共中央、国务院关于推进价格机制改革的若干意见

（中发〔2015〕28号）

价格机制是市场机制的核心，市场决定价格是市场在资源配置中起决定性作用的关键。改革开放以来，作为经济体制改革的重要组成部分，价格改革持续推进、不断深化，放开了绝大多数竞争性商品价格，对建立健全社会主义市场经济体制、促进经济社会持续健康发展发挥了重要作用。特别是近年来，价格改革步伐大大加快，一大批商品和服务价格陆续放开，成品油、天然气、铁路运输等领域价格市场化程度显著提高。同时也要看到，一些重点领域和关键环节价格改革还需深化，政府定价制度需要进一步健全，市场价格行为有待进一步规范。为推动价格改革向纵深发展，加快完善主要由市场决定价格机制，现提出以下意见。

一、总体要求

（一）指导思想。全面贯彻党的十八大和十八届二中、三中、四中全会精神，按照党中央、国务院决策部署，主动适应和引领经济发展新常态，紧紧围绕使市场在资源配置中起决定性作用和更好发挥政府作用，全面深化价格改革，完善重点领域价格形成机制，健全政府定价制度，加强市场价格监管和反垄断执法，为经济社会发展营造良好价格环境。

（二）基本原则。

——坚持市场决定。正确处理政府和市场关系，凡是能由市场形成价格

的都交给市场，政府不进行不当干预。推进水、石油、天然气、电力、交通运输等领域价格改革，放开竞争性环节价格，充分发挥市场决定价格作用。

——坚持放管结合。进一步增强法治、公平、责任意识，强化事中事后监管，优化价格服务。政府定价领域，必须严格规范政府定价行为，坚决管细管好管到位；经营者自主定价领域，要通过健全规则、加强执法，维护市场秩序，保障和促进公平竞争，推进现代市场体系建设。

——坚持改革创新。在价格形成机制、调控体系、监管方式上探索创新，尊重基层和群众的首创精神，推动价格管理由直接定价向规范价格行为、营造良好价格环境、服务宏观调控转变。充分发挥价格杠杆作用，促进经济转型升级和提质增效。

——坚持稳慎推进。价格改革要与财政税收、收入分配、行业管理体制等改革相协调，合理区分基本与非基本需求，统筹兼顾行业上下游、企业发展和民生保障、经济效率和社会公平、经济发展和环境保护等关系，把握好时机、节奏和力度，切实防范各类风险，确保平稳有序。

（三）主要目标。到 2017 年，竞争性领域和环节价格基本放开，政府定价范围主要限定在重要公用事业、公益性服务、网络型自然垄断环节。到 2020 年，市场决定价格机制基本完善，科学、规范、透明的价格监管制度和反垄断执法体系基本建立，价格调控机制基本健全。

二、深化重点领域价格改革，充分发挥市场决定价格作用

紧紧围绕使市场在资源配置中起决定性作用，加快价格改革步伐，深入推进简政放权、放管结合、优化服务，尊重企业自主定价权、消费者自由选择权，促进商品和要素自由流动、公平交易。

（四）完善农产品价格形成机制。统筹利用国际国内两个市场，注重发挥市场形成价格作用，农产品价格主要由市场决定。按照“突出重点、有保有放”原则，立足我国国情，对不同品种实行差别化支持政策，调整改进“黄箱”支持政策，逐步扩大“绿箱”支持政策实施规模和范围，保护农民生产积极性，

促进农业生产可持续发展，确保谷物基本自给、口粮绝对安全。继续执行并完善稻谷、小麦最低收购价政策，改革完善玉米收储制度，继续实施棉花、大豆目标价格改革试点，完善补贴发放办法。加强农产品成本调查和价格监测，加快建立全球农业数据调查分析系统，为政府制定农产品价格、农业补贴等政策提供重要支撑。

（五）加快推进能源价格市场化。按照“管住中间、放开两头”总体思路，推进电力、天然气等能源价格改革，促进市场主体多元化竞争，稳妥处理和逐步减少交叉补贴，还原能源商品属性。择机放开成品油价格，尽快全面理顺天然气价格，加快放开天然气气源和销售价格，有序放开上网电价和公益性以外的销售电价，建立主要由市场决定能源价格的机制。把输配电价与发售电价在形成机制上分开，单独核定输配电价，分步实现公益性以外的发售电价由市场形成。按照“准许成本加合理收益”原则，合理制定电网、天然气管网输配价格。扩大输配电价改革试点范围，逐步覆盖到各省级电网，科学核定电网企业准许收入和分电压等级输配电价，改变对电网企业的监管模式，逐步形成规则明晰、水平合理、监管有力、科学透明的独立输配电价体系。在放开竞争性环节电价之前，完善煤电价格联动机制和标杆电价体系，使电力价格更好反映市场需求和成本变化。

（六）完善环境服务价格政策。统筹运用环保税收、收费及相关服务价格政策，加大经济杠杆调节力度，逐步使企业排放各类污染物承担的支出高于主动治理成本，提高企业主动治污减排的积极性。按照“污染付费、公平负担、补偿成本、合理盈利”原则，合理提高污水处理收费标准，城镇污水处理收费标准不应低于污水处理和污泥处理处置成本，探索建立政府向污水处理企业拨付的处理服务费用与污水处理效果挂钩调整机制，对污水处理资源化利用实行鼓励性价格政策。积极推进排污权有偿使用和交易试点工作，完善排污权交易价格体系，运用市场手段引导企业主动治污减排。

（七）理顺医疗服务价格。围绕深化医药卫生体制改革目标，按照“总量控制、结构调整、有升有降、逐步到位”原则，积极稳妥推进医疗服务价格改革,合理调整医疗服务价格,同步强化价格、医保等相关政策衔接,确保医疗机构发展可持续、医保基金可承受、群众负担不增加。建立以成本和收入结构变化为基础的价格动态调整机制,到2020年基本理顺医疗服务比价关系。落实非公立医疗机构医疗服务市场调节价政策。公立医疗机构医疗服务项目价格实行分类管理,对市场竞争比较充分、个性化需求比较强的医疗服务项目价格实行市场调节价,其中医保基金支付的服务项目由医保经办机构与医疗机构谈判合理确定支付标准。进一步完善药品采购机制,发挥医保控费作用,药品实际交易价格主要由市场竞争形成。

(八)健全交通运输价格机制。逐步放开铁路运输竞争性领域价格,扩大由经营者自主定价的范围;完善铁路货运与公路挂钩的价格动态调整机制,简化运价结构;构建以列车运行速度和等级为基础、体现服务质量差异的旅客运输票价体系。逐步扩大道路客运、民航国内航线客运、港口经营等领域由经营者自主定价的范围,适时放开竞争性领域价格,完善价格收费规则。放开邮政竞争性业务资费,理顺邮政业务资费结构和水平。实行有利于促进停车设施建设、有利于缓解城市交通拥堵、有效促进公共交通优先发展与公共道路资源利用的停车收费政策。进一步完善出租汽车运价形成机制,发挥运价调节出租汽车运输市场供求关系的杠杆作用,建立健全出租汽车运价动态调整机制以及运价与燃料价格联动办法。

(九)创新公用事业和公益性服务价格管理。清晰界定政府、企业和用户的权利义务,区分基本和非基本需求,建立健全公用事业和公益性服务财政投入与价格调整相协调机制,促进政府和社会资本合作,保证行业可持续发展,满足多元化需求。全面实行居民用水用电用气阶梯价格制度,推行供热按用热量计价收费制度,并根据实际情况进一步完善。教育、文化、养老、殡葬等公益性服务要结合政府购买服务改革进程,实行分类管理。对义务教育阶段公办学校学生免收学杂费,公办幼儿园、高中(含中职)、高等学校学费作为行政事业性收费管理;营利性民办学校收费实行自主定价,非营利性民办学校收费政策由省级政府按照市场化方向根据当地实际情况确定。政府投资兴办的养老服务机构依法对“三无”老人免费;对其他特殊困难老人提供养老服务,其床位费、护理费实行政府定价管理,其他养老服务价格由经营者自主定价。分类推进旅游景区门票及相关服务价格改革。推动公用事业和公益性服务经营者加大信息公开力度,接受社会监督,保障社会公众知情权、监督权。

三、建立健全政府定价制度,使权力在阳光下运行

对于极少数保留的政府定价项目,要推进定价项目清单化,规范定价程序,加强成本监审,推进成本公开,坚决管细管好管到位,最大限度减少自由裁量权,推进政府定价公开透明。

(十)推进政府定价项目清单化。中央和地方要在加快推进价格改革的基础上,于2016年以前制定发布新的政府定价目录,将政府定价范围主要限定在重要公用事业、公益性服务、网络型自然垄断环节。凡是政府定价项目,一律纳入政府定价目录管理。目录内的定价项目要逐项明确定价内容和定价部门,确保目录之外无定价权,政府定价纳入权力和责任清单。定期评估价格改革成效和市场竞争程度,适时调整具体定价项目。

(十一)规范政府定价程序。对纳入政府定价目录的项目,要制定具体的管理办法、定价机制、成本监审规则,进一步规范定价程序。鼓励和支持第三方提出定调价方案建议、参与价格听证。完善政府定价过程中的公众参与、合法性审查、专家论证等制度,保证工作程序明晰、规范、公开、透明,主动接受社会监督,有效约束政府定价行为。

(十二)加强成本监审和成本信息公开。坚持成本监审原则,将成本监审作为政府制定和调整价格的重要程序,不断完善成本监审机制。对按规定实行成本监审的,要逐步建立健全成本公开制度。公用事业和公益性服务的经营者应当按照政府定价机构的规定公开成本,政府定价机构在制定和调整价格前应当公开成本监审结论。

四、加强市场价格监管和反垄断执法，逐步确立竞争政策的基础性地位

清理和废除妨碍全国统一市场和公平竞争的各种规定和做法，严禁和惩处各类违法实行优惠政策行为，建立公平、开放、透明的市场价格监管规则，大力推进市场价格监管和反垄断执法，反对垄断和不正当竞争。加快建立竞争政策与产业、投资等政策的协调机制，实施公平竞争审查制度，促进统一开放、竞争有序的市场体系建设。

（十三）健全市场价格行为规则。在经营者自主定价领域，对经济社会影响重大特别是与民生紧密相关的商品和服务，要依法制定价格行为规则和监管办法；对存在市场竞争不充分、交易双方地位不对等、市场信息不对称等问题的领域，要研究制定相应议价规则、价格行为规范和指南，完善明码标价、收费公示等制度规定，合理引导经营者价格行为。

（十四）推进宽带网络提速降费。规范电信资费行为，推进宽带网络提速降费，为"互联网+"发展提供有力支撑。指导、推动电信企业简化资费结构，切实提高宽带上网等业务的性价比，并为城乡低收入群体提供更加优惠的资费方案。督促电信企业合理制定互联网接入服务资费标准和计费办法，促进电信网间互联互通。严禁利用不正当定价行为阻碍电信服务竞争，扰乱市场秩序。加强资费行为监管，清理宽带网络建设环节中存在的进场费、协调费、分摊费等不合理费用，严厉打击价格违法行为。

（十五）加强市场价格监管。建立健全机构权威、法律完备、机制完善、执行有力的市场价格监管工作体系，有效预防、及时制止和依法查处各类价格违法行为。坚持日常监管和专项检查相结合，加强民生领域价格监管，着力解决群众反映的突出问题，保护消费者权益。加大监督检查力度，对政府已放开的商品和服务价格，要确保经营者依法享有自主定价权。

（十六）强化反垄断执法。密切关注竞争动态，对涉嫌垄断行为及时启动反垄断调查，着力查处达成实施垄断协议、滥用市场支配地位和滥用行政权力排除限制竞争等垄断行为，依法公布处理决定，维护公平竞争的市场环境。

建立健全垄断案件线索收集机制，拓宽案件来源。研究制定反垄断相关指南，完善市场竞争规则。促进经营者加强反垄断合规建设。

（十七）完善价格社会监督体系。充分发挥全国四级联网的12358价格举报管理信息系统作用，鼓励消费者和经营者共同参与价格监督。加强举报数据分析，定期发布分析报告，警示经营者，提醒消费者。建立健全街道、社区、乡镇、村居民价格监督员队伍，完善价格社会监督网络。依托社会信用体系，加快推进价格诚信建设，构建经营者价格信用档案，开展价格诚信单位创建活动，设立价格失信者"黑名单"，对构成价格违法的失信行为予以联合惩戒。鼓励和支持新闻媒体积极参与价格社会监督，完善舆论监督和引导机制。

五、充分发挥价格杠杆作用，更好服务宏观调控

在全面深化改革、强化价格监管的同时，加强和改善宏观调控，保持价格总水平基本稳定；充分发挥价格杠杆作用，促进节能环保和结构调整，推动经济转型升级。

（十八）加强价格总水平调控。加强价格与财政、货币、投资、产业、进出口、物资储备等政策手段的协调配合，合理运用法律手段、经济手段和必要的行政手段，形成政策合力，努力保持价格总水平处于合理区间。加强通缩、通胀预警，制定和完善相应防范治理预案。健全价格监测预警机制和应急处置体系，构建大宗商品价格指数体系，健全重要商品储备制度，提升价格总水平调控能力。

（十九）健全生产领域节能环保价格政策。建立有利于节能减排的价格体系，逐步使能源价格充分反映环境治理成本。继续实施并适时调整脱硫、脱硝、除尘等环保电价政策。鼓励各地根据产业发展实际和结构调整需要，结合电力、水等领域体制改革进程，研究完善对"两高一剩"（高耗能、高污染、产能过剩）行业落后工艺、设备和产品生产的差别电价、水价等价格措施，对电解铝、水泥等行业实行基于单位能耗超定额加价的电价政策，加快淘汰落后产能，促进产业结构转型升级。

（二十）完善资源有偿使用制度和生态补偿制度。加快自然资源及其产品价格和财税制度改革，全面反映市场供求、资源稀缺程度、生态环境损害成本和修复效益。完善涉及水土保持、矿山、草原植被、森林植被、海洋倾倒等资源环境收费基金或有偿使用收费政策。推进水资源费改革，研究征收水资源税，推动在地下水超采地区先行先试。采取综合措施逐步理顺水资源价格，深入推进农业水价综合改革，促进水资源保护和节约使用。

（二十一）创新促进区域发展的价格政策。对具有区域特征的政府和社会资本合作项目，已具备竞争条件的，尽快放开价格管理；仍需要实行价格管理的，探索将定价权限下放到地方，提高价格调整灵活性，调动社会投资积极性。加快制定完善适应自由贸易试验区发展的价格政策，能够下放到区内自主实施的尽快下放，促进各类市场主体公平竞争。

六、保障措施

价格工作涉及面广、政策性强、社会关注度高，牵一发而动全身。必须加强组织落实，科学制定方案，完善配套措施，做好舆论引导，为加快完善主要由市场决定价格机制提供有力保障。

（二十二）加强组织落实。各地区各有关部门要充分认识加快完善主要由市场决定价格机制的重要性、紧迫性和艰巨性，统一思想、形成合力，以敢啃“硬骨头”精神打好攻坚战。要深入调研、科学论证，广泛听取各方面意见，突出重点、分类推进，细化工作方案，及时总结评估，稳步有序推进，务求取得实效。影响重大、暂不具备全面推开条件的，可先行开展试点，发挥示范引领作用，积累可复制、可推广的经验。要以抓铁有痕、踏石留印的作风，狠抓落实，明确时间表、路线图、责任状，定期督查、强化问责，全力打通政策出台的“最先一公里”、政策实施的“中梗阻”与政策落地的“最后一公里”，确保各项措施落地生根。

（二十三）健全价格法制。紧密结合价格改革、调控和监管工作实际，加快修订价格法等相关法律法规，完善以价格法、反垄断法为核心的价格法律法规，及时制定或修订政府定价行为规则以及成本监审、价格监测、价格听证、规范市场价格行为等规章制度，全面推进依法治价。

（二十四）强化能力建设。在减少政府定价事项的同时，注重做好价格监测预警、成本调查监审、价格调控、市场价格监管和反垄断执法、价格公共服务等工作，并同步加强队伍建设，充实和加强工作力量，夯实工作基础。大力推进价格信息化建设，为增强价格调控监管服务能力提供有力支撑。鼓励高等学校和科研机构建立价格与反垄断研究机构，加强国际交流合作，培养专门人才。整合反垄断执法主体和力量，相对集中执法权。

（二十五）兜住民生底线。牢固树立底线思维，始终把保障和改善民生作为工作的出发点和落脚点。推行涉及民生的价格政策特别是重大价格改革政策时，要充分考虑社会承受能力，特别是政策对低收入群体生活的可能影响，做好风险评估，完善配套措施。落实和完善社会救助、保障标准与物价上涨挂钩的联动机制，完善社会救助制度特别是对特困人群的救助措施，保障困难群众基本生活不受影响。加强民生领域价格监管，做好价格争议纠纷调解处理，维护群众合法价格权益。

（二十六）做好舆论引导。加大对全面深化价格改革、规范政府定价、强化市场价格监管与反垄断执法等方面的宣传报道力度，加强新闻发布，准确阐述价格政策，讲好“价格改革故事”，及时引导舆论，回应社会关切，传递有利于加快完善主要由市场决定价格机制、推动经济转型升级的好声音和正能量，积极营造良好舆论氛围。

附件二

济南市市政公用事业局
关于进一步规范燃气设施建设和用户开发的通告

（济政公字〔2015〕139 号）

根据《济南市燃气管理条例》有关规定，为加强城市燃气管网设施建设和燃气用户开发管理，避免擅自建设燃气管道设施、擅自开发燃气用户以及私接市政燃气管线盗用燃气行为的发生，维护公共安全和人民群众及燃气经营企业的合法利益，现就有关事项通告如下：

一、规范管道燃气经营。在我市从事管道燃气经营的单位和个人，必须经政府批准，并在规定的区域内从事管道燃气设施建设、经营与项目开发。

二、坚决关停违法建设的燃气设施。在我市城市燃气管网覆盖范围内，禁止建设液化石油气瓶组供应站、天然气区域供应站等燃气设施，已经建成运行的，开发建设单位应当立即停止运行，并向所在区域的管道燃气经营企业提出开通管道燃气申请，由管道燃气经营企业对原建设施进行改造或重新安装，按现行规定并入市政燃气管网。对违规违法从事燃气设施建设和经营行为的，燃气主管部门和城市管理行政执法部门应当依法查处。对发现违规违法从事燃气设施建设和经营行为，不依法查处而造成严重后果的，应当依法追究有关人员的责任。

三、严格管道燃气用户开发程序。需配套建设燃气设施的开发企业、单位或居民用户，应向市行政审批服务中心（市政公用事业窗口）提出申请，经审核具备条件的，在缴纳城市燃气管网配套费和工程安装费后，与管道燃气企业签订施工合同。开发企业、单位或居民用户委托其他单位或个人收取相关费用并进行燃气设施安装属违法行为，管道燃气经营企业不得为其所建设的燃气设施接入市政燃气管网。擅自连通市政燃气管网盗取燃气的，燃气企业应及时向公安机关报案，并对所接燃气管线进行切断处置，由此造成的后果由违规违法建设经营的单位或个人承担。

四、依法加强监督管理。县(市)燃气主管部门、区燃气管理部门，应当加强对燃气设施建设的监督管理，通过加强日常监督检查和受理举报投诉，发现和了解所辖区范围内违法建设燃气设施和私接市政燃气管线盗用燃气的情况，并依法告知相关执法部门。燃气企业应当加强日常检查巡查，及时发现经营区域内涉及燃气安全的违规违法行为，并报告当地政府或燃气主管部门。

本通告自 2015 年 12 月 1 日起实施，有效期 3 年。

济南市市政公用事业局

2015 年 11 月 23 日

附件三

湖北省住房和城乡建设厅关于加强城镇燃气专项规划管控,严格LNG工程建设管理的通知

(鄂建办〔2016〕26号)

各市州、直管市、神农架林区住房和城乡建设委委员会,武汉市城市管理委员会:

近日来,随着LNG价格走低因素的影响,我省部分地区一些工商业燃气用户为节约用气成本,追求企业利益最大化,在天然气管道供气区域范围内不经批准擅自盲目建设所谓的“LNG自供储气场站”。这种现象,既不符合燃气专项规划,又不符合安全生产规定,既不便于安全监管,又存在着重大的安全隐患。为认真贯彻落实上级关于安全生产工作的一系列重要指示要求,加强城镇燃气专项规划管控,严格LNG工程建设管理,坚决遏制擅自建设“LNG自供储气场站”的问题,确保我省城镇燃气行业安全健康发展,现就有关问题通知如下:

一、严格规划管控。各地城镇燃气管理部门要严格规划实施,凡不符合当地城市总体规划和燃气专项规划的LNG工程建设项目,一律不得批准。如当地经济社会建设发展大局所需,在不影响当地供气市场稳定,不影响社会公共安全的前提下,报经当地政府批准,到相关部门办理规划许可证、施工许可证等有关手续后,方可实施,并报省住建厅备案。

二、加快储气设施建设。各地城镇燃气管理部门应根据《城镇燃气管理条例》,督导支持属地天然气企业依据当地燃气专项规划,加快天然气应急供

应、调峰储气设施建设，保证向天然气用户持续、稳定、安全供气。

三、提高天然气经营企业服务质量。各级燃气管理部门要加强天然气经营企业服务质量监管，督导天然气经营改进服务态度，优化服务流程，提高办事效率，降低报装费用，提升服务质量水平，为燃气用户提供优质、安全、方便、经济的供气环境。

四、严厉打击乱建燃气设施违法违规行为。各地城镇燃气管理部门要认真履行职责，严格规范本地区燃气经营市场秩序，对无证建设燃气设施违法违规行为要严厉打击，坚决遏制擅自建设“LNG 自供储气场站”的突出问题，确保我省城镇燃气行业安全健康发展。

湖北省住房和城乡建设厅

2016 年 1 月 28 日

附件四

国家工商行政管理总局关于公用企业限制竞争和垄断行为突出问题的公告

（工商竞争字〔2016〕54号）

公用企业作为公用事业的经营者，向社会提供基础公用产品或公共服务，事关广大经营者和消费者合法权益。目前，供水、供电、供气、公共交通、殡葬等行业的强制交易、滥收费用、搭售商品、附加不合理交易条件等限制竞争和垄断行为十分突出，社会反映强烈。工商总局决定自2016年4月～10月在全国范围内开展集中整治公用企业限制竞争和垄断行为专项执法行动。

一、当前公用企业经营中突出问题的主要表现形式

（一）供水、供电、供气公用企业

1. 强制或变相强制申请办理水、电、气入户的经营者或消费者购买其提供的入户设备和材料。如：以产品质量不合格或不了解安装技术等借口，对用户自行提供的合格设备和材料，不提供或拖延提供水、电、气服务等；

2. 强制或变相强制用户接受其指定经营者提供的服务，如：以打包收取服务费、安装费等名义，强制用户接受本应由公用企业提供的水表委托检定服务、指定施工单位的设计、安装工程等服务；

3. 强制或变相强制向用户收取最低用水（电、气）费用、强行向收取用户“用水（电、气）押金”“保证金”或者强行指定、收取“预付水（电、气）费”的最低限额；

4. 强制或变相强制用户购买保险（如财产损失险、人身意外伤害等）或其他不必要的商品；

5. 水电气企业及其下属单位或被指定的经营者的滥收费用行为，例如对新建住宅楼住户强制收取入户费（电力管网建设费用），否则不予办理电卡、提供用电服务；向用户强制收取气瓶检测费、气瓶清洁费，否则不予供气等。

（二）公共交通企业

1. 用户初次申领公交 IC 卡时，公交公司收取或变相收取明显高于成本价的工本费或押金；

2. 强制或变相强制乘客购买意外伤害保险；

3. 在办理公交 IC 卡时，强制或变相强制乘客接受其指定的经营者提供的延伸服务或滥收费用。

（三）殡葬行业企业

1. 强制死者家属购买其销售的骨灰盒、祭奠用品，否则不予提供殡葬服务或保存骨灰等延伸服务；

2. 在殡葬费用中直接计入骨灰盒、祭奠用品等的费用，滥收死者家属费用；

3. 强制或变相强制死者家属接受其他收费祭奠服务。

二、各公用企业要认真开展自查自纠，自觉纠正违法行为。对主动纠正违法行为并切实采取整改行动的，监督检查机关可以从轻处罚。

三、欢迎社会各界和消费者向当地工商、市场监督管理部门投诉举报供水、供电、供气、公共交通、殡葬等行业企业涉嫌违反《反不正当竞争法》、《中华人民共和国反垄断法》的行为，加强社会监督和社会共治，共同营造公平、公正的营商环境。

国家工商行政管理总局

2016 年 4 月 7 日

附件五

国家发展改革委关于理顺非居民用天然气价格的通知

（发改价格〔2015〕351 号）

各省、自治区、直辖市、新疆生产建设兵团发展改革委、物价局，中国石油天然气集团公司、中国石油化工集团公司：

按照 2015 年实现存量气与增量气价格并轨的既定目标，结合国内天然气市场形势和可替代能源价格变化情况，决定理顺非居民用气价格，试点放开直供用户用气价格。现就有关事项通知如下：

一、实现存量气和增量气价格并轨

根据 2014 年下半年以来燃料油和液化石油气等可替代能源价格变化情况，按照现行天然气价格机制，增量气最高门站价格每千立方米降低 440 元，存量气最高门站价格每千立方米提高 40 元（广东、广西、海南、重庆、四川按与全国衔接的原则安排），实现价格并轨，理顺非居民用天然气价格。并轨后的各省份天然气最高门站价格见附表。

二、试点放开直供用户用气门站价格

放开天然气直供用户（化肥企业除外）用气门站价格，由供需双方协商定价，进行市场化改革试点。直供用户，是指直接向上游天然气供应商购买天然气，用于生产或消费、不再对外转售的用户。

鉴于化肥市场持续低迷，化肥用气价格改革分步实施，再给企业一定过渡期。化肥用气不区分存量气和增量气，价格在现行存量气价格基础上适当提高，提价幅度最高不超过每千立方米200元。同时提高化肥用气保障水平，对承担冬季调峰责任的化肥企业实行可中断气价政策，用气价格折让幅度不得低于每千立方米200元。

三、居民用气门站价格暂不作调整

居民生活、学校教学和学生生活、养老福利机构等用气（不包括集中供热用气）门站价格暂不作调整。方案实施后新增用气城市居民用气门站价格按该省（区、市）并轨后门站价格政策执行。

四、实施时间

上述方案自2015年4月1日起实施。

五、工作要求

非居民用气价格并轨及直供用户价格放开试点改革，是深化资源性产品价格改革的重大举措，涉及面广，社会关注度高，各地区、各有关部门和天然气生产经营企业要高度重视、通力合作，共同做好相关工作。

（一）精心组织方案实施。各地区、各有关部门要统一思想，加强组织领导、精心部署，认真排查可能出现的问题，把风险消除在萌芽状态；要加强市场监测分析和预警，建立应急预案，完善应急措施，确保方案平稳出台。天然气生产经营企业要主动配合地方发展改革（价格）部门，加强与用气企业的沟通和协商，争取用户的理解和支持。

（二）切实保障天然气市场平稳运行。有关部门和天然气生产经营企业要加强生产组织和供需衔接，保障市场平稳运行。各地要强化需求侧管理，在安排非居民用气销售价格时，从紧核定省内管道运输价格和配气价格，积极推行季节性差价、可中断气价政策，尽快建立健全居民生活用气阶梯价格制度。天然气生产经营企业要与用气企业平等协商确定具体结算价格，对承担调峰义务的企业，要推行可中断气价，体现价格折让；对西部个别省份以及确有困难的供热企业等，给予适当价格优惠；严格执行价格政策，不得通过减少居民和化肥生产用气量等方式变相提高居民和化肥生产用气价格。

（三）确保出租车等用气行业稳定。各地区、各有关部门要高度重视价格并轨对出租车等用气行业可能产生的影响，密切关注行业动态，采取综合措施，及时消除不稳定因素，维护出租车等用气行业稳定。对城市公交和农村道路客运，继续按现行补贴政策执行。

（四）加强价格监督检查。各地要加强价格放开后企业价格行为监管，加大天然气价格特别是居民和化肥生产用气价格的检查和巡查力度，依法查处擅自提高或变相提高门站价格，转供过程中截留、挪用居民和化肥生产用气量或变相加价，以及加气站搭车涨价、哄抬气价等违法违规行为，切实维护天然气市场价格秩序。

（五）营造良好舆论氛围。各地要加强舆论宣传引导，有针对性地宣传解释存量气与增量气价格并轨、直供用户用气价格放开试点的重要意义，及时回应社会关切，争取社会各方理解和支持，营造良好舆论环境，确保方案平稳实施。

附件：各省（区、市）天然气最高门站价格表（略）

国家发展改革委

2015年2月26日

附件六

湖北省发展改革委、省物价局、省能源局关于降低企业用气成本有关工作的通知

（鄂发改能源〔2016〕385 号）

各市、州、直辖市、林区发展改革委、物价局，有关企业：

为贯彻落实省人民政府办公厅《关于降低企业成本激发市场活力的意见》（鄂政办发〔2016〕27 号），现就降低企业用气成本有关事项通知如下：

一、拓宽天然气供应渠道，提供供应保障能力

积极争取中石油、中石化等上游供气企业增加资源供应总量，提高资源供应保障能力，鼓励各类社会资本投资引进国内外 LNG 资源，建设本区域 LNG 接收站、调峰储气设施，构建多元化资源供应格局。

二、制定落实天然气价格优惠措施，推动天然气利用

一是利用当前国内外 LNG 价格较低的有利时机，在符合城市规划、环保、安全、消防规范要求前提下，鼓励 LNG 在重点用户的利用；二是落实区域煤改气相关补贴政策，燃气企业给予煤改气用户初装费及气价优惠；三是参照阶梯气价定价模式，对工业用户用气价格给予优惠；四是企业生产经营场所内可以单独计量的职工集体宿舍、食堂生活用气可执行居民气价。

三、鼓励引导天然气大用户直供，推进价格市场化改革

落实国家天然气直供用户用气价格放开试点的相关政策，积极推动天然

气大用户直供和供需双方协商定价。上游天然气销售企业要降低大用户标准，按照“充分尊重市场，兼顾各方利益”的原则，对大用户给予优惠的门站价格，地方燃气企业同步对天然气管道价格给予优惠，降低大用户用气成本，对大用户直供过程中，可由上游天然气销售企业、城市燃气企业、大用户三方共同签订供气合同，可不改变原有结算方式。

四、加强行业监审力度，确定天然气合理输配价格，清理不合理收费

各地价格主管部门要加强对省内天然气长输管道、城市输配管网价格成本监审力度，进一步核查天然气企业管网及设施准许成本和合理收益，确定天然气合理输配价格，降低非居民用户供气价格、加强天然气延伸服务价格的清理规范工作，依法查处各类价格违法违规行为。

湖北省发展和改革委员会

湖北省物价局

湖北省能源局

2016年6月15日

附件七

国家发展改革委关于加强政府定价成本监审工作的意见

（发改价格〔2016〕1329 号）

各省、自治区、直辖市发展改革委、物价局：

成本监审是政府制定和调整价格的重要程序，是价格监管的重要内容。近年来，各级价格主管部门紧紧围绕深化价格机制改革，积极推进成本监审工作，取得了明显成效。但是，与新形势下政府价格管理转变职能、放管结合、提升监管水平的要求还有差距，成本监审制度有待完善，各地工作进展不平衡，一些地方的认识还有待提高。为贯彻落实《中共中央国务院关于推进价格机制改革的若干意见》（中发〔2015〕28 号），适应新要求，现就加强政府定价成本监审工作提出以下意见。

一、总体要求

加强政府定价成本监审是价格工作定位转型的重要方向，对提升政府价格监管水平、推进政府定价公开透明、促进经营者加强管理、保护消费者合法权益具有重要意义。要坚持成本监审原则，依成本定价的商品和服务，制定或调整价格原则上都要进行成本监审。要围绕价格机制改革的目标和任务，坚持依法监审、客观公正和公开透明原则，进一步开拓思路、创新方式、加强力量、提升质量，充分发挥服务监管职能，为经济社会发展和价格机制改革提供有力支撑。

到 2017 年，成本监审工作取得积极进展，重点行业成本监审办法体系基本形成,重点领域和关键环节成本监审深入开展。到2020年,成本监审工作更加制度化、科学化和规范化,成本监审职能定位清晰准确,制度规则健全完善,方式方法科学合理,重点领域全面覆盖,成本公开规范有序,工作水平进一步提高。

二、健全成本监审制度

(一)明确成本监审项目。成本监审项目实行清单管理,通过发布目录明确成本监审项目内容和具体形式,列入目录的商品和服务,未经成本监审,不得制定或调整价格。建立成本监审目录动态调整机制,政府定价目录修订后应及时调整成本监审目录。按照深化价格机制改革要求,重点推进能源、环境、交通运输、医疗服务等网络型自然垄断环节、重要公用事业和公益性服务等领域的成本监审工作。

(二)界定成本监审职责。遵循"谁定价、谁监审"原则,列入国务院价格主管部门定价成本监审目录的项目,由国家发展改革委(价格司)组织开展;列入省级成本监审目录的项目,由价格主管部门定价的,按照目录中明确的分工,由省或市、县价格主管部门组织开展。价格主管部门履行成本监审主体责任,出具成本监审报告,对成本监审结论负责。

(三)健全成本监审规则。加快修订成本监审办法,健全成本监审通用指标和审核标准体系。对于行业特点明显的重要商品和服务,按照成本监审权限尽快制定行业成本监审办法。国务院价格主管部门抓紧制定天然气管道运输、铁路普通旅客列车运输定价成本监审办法;各省级价格主管部门要对纳入本省(区、市)监审目录的商品和服务逐一进行梳理,抓紧制定城市燃气、污水处理、集中供热等行业成本监审办法。已经出台的,要顺应形势变化及时修改完善。

(四)规范成本监审程序。按照成本监审要求,严格履行发送成本监审通知、资料初审、实地审核、书面告知经营者、出具成本监审报告等程序。将实地审核作为成本监审的关键环节,严格遵循成本监审一般技术规范、行业成本监审办法有关标准。对成本监审中的重大问题,坚持集体研究和民主决策。

三、创新成本监审方式

(五)统筹系统力量。开拓思路,积极探索,上下联动,左右协同,增强成本监审工作的系统性、整体性。总结实践经验,推进重大项目省(区、市)间、市县间交叉监审,探索省(区、市)间、省市县间联合监审。力量有限的市县,可以采取请上级价格主管部门监审的方式开展工作。

(六)发挥第三方支持作用。探索借助第三方力量,缓解成本监审力量不足。在成本监审实地审核阶段,可以通过政府购买服务方式,引入具有会计、审计等专业优势的第三方机构或人员参与审核,进一步提高成本监审效率。健全工作机制和程序,明确第三方责任和义务,规范第三方工作行为。第三方机构或人员应按照价格主管部门确定的依据、原则、方法和标准,开展成本审核,并对其工作结果负责。第三方机构或人员不得泄露成本审核过程中获取或制作的相关信息。

(七)加强信息化管理。运用现代信息技术手段,建立完善政府定价分行业成本信息库,保持经营者成本信息的连续性和可比性,加强成本监审历史数据信息统计分析,掌握行业成本及其变动情况,更好发挥成本监审职能作用。建立健全成本监审档案管理制度,加强成本监审电子和书面档案管理,妥善保存经营者成本资料和价格主管部门制作的文书、报告,实现资料可查询、可追溯。

四、推进成本信息公开

(八)建立健全成本信息公开制度。省级以上价格主管部门对纳入成本监审目录的商品和服务,按照定价权限和范围,逐步建立健全成本信息公开制度,明确企业和政府定价机构公开成本信息的范围、内容、形式和方法,落实成本信息发布主体责任,积极稳妥,由点到面,分步实施,有序推进,实现成本信息公开制度化、规范化和常态化。

（九）有序推进成本信息公开。总结城市供水成本信息公开实践经验，逐步扩大公开范围。各地可根据实际情况，在有线电视、城市燃气等公用事业和公益性服务行业先行推进成本信息公开，经营者应当按照价格主管部门的规定主动公开成本，政府定价机构在制定和调整价格前公开成本监审结论。

五、夯实工作基础

（十）加强组织领导。各级价格主管部门要充分认识加强成本监审工作的重要意义，把成本监审工作摆在更加突出位置，统一思想，明确任务，强化责任，统筹谋划，确保落实。

（十一）充实人员力量。根据价格工作定位转型要求，调整人员配置，充实成本监审工作力量。积极争取编制管理部门支持，在机构设置、人员编制等方面提供保障。对成本专项编制使用情况进行清理，禁止挤占挪用，确保编制归位、人员归队。

（十二）加强能力建设。以解决当前制约成本监审工作发展的重大问题为导向，加强理论研究。注重业务知识和专业技能培训，采取集中培训、联合监审和重大项目审前培训等多种方式，锻炼队伍，提高素质。遵守廉政要求，严肃工作纪律，规范成本监审行为。

（十三）落实经费保障。加强与财政部门的沟通协调，落实财政部《关于同意成本监审不收取费用的复函》（财综〔2006〕59号）要求，将开展成本监审包括借助第三方力量所需经费纳入本级财政预算，为成本监审工作顺利开展提供有力保障。

国家发展改革委

2016年6月15日

附件八

住房城乡建设部等部门关于进一步鼓励和引导民间资本进入城市供水、燃气、供热、污水和垃圾处理行业的意见

（建城〔2016〕208号）

各省、自治区、直辖市、新疆生产建设兵团住房城乡建设厅（建委、建设局）、发展改革委、财政厅（局）、国土资源主管部门，北京市城管委、水务局，天津市市容园林委、水务局，上海市绿化和市容管理局、水务局，重庆市市政委，海南省水务厅，中国人民银行上海总部、各分行、营业管理部，各省会（首府）城市中心支行，各副省级城市中心支行：

为进一步贯彻落实《国务院关于创新重点领域投融资机制鼓励社会投资的指导意见》（国发〔2014〕60号），鼓励和引导民间资本进入城市供水、燃气、供热、污水和垃圾处理等市政公用行业，按照《国务院办公厅关于进一步做好民间投资有关工作的通知》（国办发明电〔2016〕12号）要求，现提出以下意见：

一、进一步认识民间资本进入市政公用行业的重要意义

党中央、国务院高度重视促进非公有制经济和民间投资健康发展。近年来，国务院有关部门陆续出台了多项政策措施，积极推进市政公用行业向民间资本开放。民间资本的进入，对促进市政基础设施建设、提高市政公用行业服务和供应保障水平发挥了重要作用。但当前民间资本进入城市供水、燃气、供热、污水和垃圾处理等市政公用行业，仍不同程度地存在一些壁垒和体

制机制障碍。

鼓励和引导民间资本进入市政公用行业既利当前又惠长远,对稳增长、保就业具有重要意义,也是推进供给侧结构性改革的重要内容。各地要进一步提高认识,采取有效措施,破除民间资本进入市政公用行业的各种显性和隐性壁垒,完善促进民间投资的各项政策,深化投融资体制改革,促进市政公用行业健康发展。

二、拓宽民间资本投资渠道

(一)规范直接投资。民间资本可以采取独资、合资等方式直接投资城镇燃气、供热、垃圾处理设施建设和运营。可以采取合作、参股等方式参与供水、污水处理设施建设和经营。具备条件的民营企业可作为专业运营商,受托运营供水、燃气、供热、污水和垃圾处理设施。鼓励民间资本通过政府和社会资本合作(PPP)模式参与市政公用设施建设运营。

(二)鼓励间接投资。鼓励民间资本通过依法合规投资产业投资基金等方式,参与城市供水、燃气、供热、污水和垃圾处理设施建设和运营。鼓励民间资本通过参与国有企业改制重组、股权认购等进入市政公用行业,政府可根据行业特点和不同地区实际,采取控股或委派公益董事等方法,保持必要的调控能力。

(三)提高产业集中度。鼓励市县、乡镇和村级污水收集处理、垃圾处理项目"打包"投资和运营,实施统一招标、建设和运行,探索市政公用设施建设运营以城带乡模式。鼓励大型、专业化城市供水、燃气、供热、污水和垃圾处理企业,通过资产兼并、企业重组,打破区域和行业等限制,形成专业化、规模化的大型企业集团,解决企业"小""散""弱"等问题。鼓励有实力、有规模的专业化民营供热企业参与改造、兼并不符合环境要求的小锅炉,扩大集中供热面积。鼓励优先使用工业余热提供供热服务。鼓励地方政府、热用户通过合同能源管理模式委托专业化供热公司负责锅炉运行、维护。鼓励燃气供应商参加天然气市场交易、竞价供气,为更多民营企业参与燃气供应提供更大的空间。

三、改善民间资本投资环境

（一）落实土地供应政策。在遵守相关规划的前提下，对符合《划拨用地目录》的供水、燃气、供热、污水和垃圾处理项目用地，经依法批准可以划拨方式供应。支持实行土地有偿使用，土地出让底价按照国家有关土地政策的规定执行；不符合《划拨用地目录》且只有一个意向投资者的，可依法以协议方式供应土地，有两个以上意向投资者、需要通过竞争方式确定项目投资者的，可在市、县人民政府土地管理部门拟订土地出让方案的基础上，将竞争确定投资者的环节和竞争确定用地者的环节合并进行。

（二）完善行业用电政策。完善峰谷分时电价政策和两部制电价用户基本电价执行方式，支持供水、燃气、供热、排水、污水和垃圾处理企业参与电力直接交易，降低企业用电成本。

（三）完善金融服务政策。充分发挥开发性、政策性金融机构作用，加大对城市供水、燃气、供热、污水和垃圾处理等市政公用行业的信贷支持力度。鼓励银行业金融机构在风险可控、商业可持续的前提下，加快创新金融产品和服务方式，积极开展特许经营权、购买服务协议预期收益、地下管廊有偿使用收费权等担保创新类贷款业务，做好在市政公用行业推广 PPP 模式的配套金融服务。支持相关企业和项目发行短期融资券、中期票据、资产支持票据、项目收益票据等非金融企业债务融资工具及可续期债券、项目收益债券，拓宽市场化资金来源。

（四）加快推进社会诚信建设。按照《国务院关于建立完善守信联合激励和失信联合惩戒制度加快推进社会诚信建设的指导意见》（国发〔2016〕33号）要求，建立健全全国范围的城市供水、燃气、供热、污水和垃圾处理行业信用信息归集共享和使用机制，将有关信息纳入全国信用信息共享平台，并对相关主体实行守信联合激励和失信联合惩戒。积极引导中央、地方媒体、互联网等加强垃圾处理行业的正面宣传，客观认识垃圾处理问题。

四、完善价费财税政策

(一)完善价格政策。加快改进城市供水、燃气、供热价格形成、调整和补偿机制,稳定民间投资合理收益预期。价格调整不到位时,地方政府可根据实际情况对企业运营进行合理补偿。推进天然气价格市场化改革,建立完善天然气价格上下游联动机制,完善居民阶梯气价制度,鼓励推行非居民用气季节性差价政策。督促各地贯彻落实煤热价格联动机制,推动供热项目市场化运作和供热企业良性发展。

(二)完善收费制度。严格落实《污水处理费征收使用管理办法》(财税〔2014〕151 号)、《关于制定和调整污水处理收费标准等有关问题的通知》(发改价格〔2015〕119 号)的相关要求,没有建立收费制度的要尽快建立,收费标准调整不到位的要尽快调整到位。完善垃圾处理收费办法,按照补偿垃圾收集、运输、处理成本和合理盈利的原则,加强收费工作,提高收缴率。污水和垃圾处理费要纳入政府预算管理,按照政府购买服务合同约定的期限及时、足额拨付。供水、燃气、供热等企业运营管线进入城市地下综合管廊的,可根据实际成本变化情况,适时适当调整供水、燃气、供热等价格。

(三)完善财税政策。落实对供水、燃气、污水和垃圾处理、污泥处置及再生水利用等市政公用行业的财税支持政策,对民间资本给予公平待遇。对北方采暖地区供热企业增值税、房产税、城镇土地使用税继续执行减免税收优惠政策。

(四)确保政府必要投入。发挥政府资金引导作用,加强政府对城镇供水、燃气、供热、污水处理管网等设施建设改造的投入。政府资金投入形成的资产可以通过特许经营等 PPP 模式引入民间资本经营。

五、加强组织领导

住房城乡建设部负责鼓励和引导民间资本进入城市供水、燃气、供热、污水和垃圾处理等市政公用行业的指导、协调和监督。住房城乡建设部、国家发展改革委、财政部、国土资源部、中国人民银行等部门负责完善相关配套措施，进一步稳定市场预期，充分调动民间投资的积极性，切实发挥好民间投资对经济增长的拉动作用。各省、自治区、直辖市有关主管部门负责本行政区域内相关工作的指导和监管。各城市人民政府及其有关管理部门应依据有关法律法规，加强对民间资本进入市政公用行业的管理，抓好有关扶持政策的落实。

中华人民共和国住房和城乡建设部

中华人民共和国国家发展和改革委员会

中华人民共和国财政部

中华人民共和国国土资源部

中国人民银行

2016 年 9 月 22 日

图书在版编目(CIP)数据

PPP项目争端解决实务操作之一:城镇燃气篇 / 赵洪升编著. —北京:法律出版社,2016.11
ISBN 978-7-5197-0333-2

Ⅰ.①P… Ⅱ.①赵… Ⅲ.①城市燃气—基础设施建设—特许经营—经济纠纷—处理—研究—中国 Ⅳ.①D922.181.4

中国版本图书馆CIP数据核字(2016)第284632号

PPP项目争端解决实务操作之一:城镇燃气篇

赵洪升 编著

责任编辑 刘秀丽
装帧设计 汪奇峰

开本 710毫米×1000毫米 1/16
印张 17.5 **字数** 230千
版本 2016年12月第1版
印次 2016年12月第1次印刷
出版 法律出版社
编辑统筹 独立项目策划部
总发行 中国法律图书有限公司
经销 新华书店
印刷 三河市龙大印装有限公司
责任印制 张建伟

法律出版社/北京市丰台区莲花池西里7号(100073)
电子邮件/info@lawpress.com.cn
销售热线/010-63939792/9779
网址/www.lawpress.com.cn
咨询电话/010-63939796

中国法律图书有限公司/北京市丰台区莲花池西里7号(100073)
全国各地中法图分、子公司电话:
第一法律书店/010-63939781/9782 西安分公司/029-85388843 重庆公司/023-65382816/2908
上海公司/021-62071010/1636 北京分公司/010-62534456 深圳公司/0755-83072995

书号:ISBN 978-7-5197-0333-2
定价:58.00元
(如有缺页或倒装,中国法律图书有限公司负责退换)